湖北省学术著作出版专项资金资助项目

湖北古桥

唐寰澄 唐浩 著

武汉出版社

前言

湖北省简称“鄂”，因地处洞庭湖以北，故称湖北。

湖北省三面环山，东有幕阜山，北有大别山，西有大巴山等山岭环绕，只有南面是地势较平缓的，因此，整个湖北省是一个向南敞开的不完整盆地。

江汉平原原与湖南洞庭湖平原相连，平原上的众多湖泊是古代云梦泽的残余部分，河流以长江及其最大支流汉江为主，素有“千湖之省”的美誉。丰富的水域、交错的港汊、深邃的沟壑，给桥梁的建设提出了充分的要求，也为世代桥工提供了才华施展的广阔舞台。

早在夏朝时期，华夏文明就已经出现在了湖北境内。从春秋战国的楚地，至清康熙三年（1664 年）湖广分置确定湖北省，再到 1911 年辛亥革命在武昌的第一声枪响，从古至今历经 2000 多年，聪明勤劳的湖北人民在中华民族的历史长河中创造了一个个辉煌。本书介绍的湖北古桥只是这众多辉煌中的一个。

湖北省年代最早的古桥应属邓城南门桥，位于襄阳市樊城区团山镇邓城遗址护城河上，该城始建于春秋时期，由于年代久远，原有的护城河上的南门桥已经损毁，现在的 3 孔石拱桥可能是明代重建。

本书实地考察并记录了有年代记载可查和年代不详的现存古桥共 403 座（不含天生桥 5 座），其中唐代 3 座、宋代 5 座、元代 14 座、明代 83 座、清代 241 座、民国 11 座、年代不详 46 座。其型制多样，设计精巧，造型优美，结构坚实。从结构特点划分，有拱桥、梁桥两大类。其中拱桥按材料分有砖拱、石拱，按拱形分有弧形拱、半圆形拱、悬链线形拱和天然石拱；梁桥分为石墩石梁桥和木梁桥。还有石拱和石梁组合的桥型和以石拱和木梁为基础构建的风雨桥或称凉桥。石拱桥和石墩石梁桥最为普遍，全省各地都有分布，鄂东、鄂南最为集中；木梁桥及风雨桥主要分布在鄂西土家族、苗族聚居区，鄂南也有少量分布，具有浓厚的民族特色。

为了方便查寻和比较各地域的文化和桥梁特色，按古桥的分布，本书将湖北省的古桥划分成了东（黄冈市、黄石市、鄂州市）、南（咸宁市）、西（宜昌市、神农架林区、恩施土家族苗族自治州）、北（孝感市、随州市、襄阳市、十堰市）、中（武汉市、仙桃市、天门市、潜江市、荆门市、荆州市）五个区域加以介绍。

书中除了将中国古桥建筑本身展现给读者以外，也简要涉及了与桥梁艺术相联系的诸如诗词、楹联、绘画、碑文、石刻、雕塑等文化领域的累累硕果。古桥传说亦是这百花园中的一朵奇葩，它寄托着劳动人民对美好生活的向往、夸赞着能工巧匠的技艺、追思着为修桥铺路作出贡献的仁人志士，口口相传弘扬着中国传统的道德观念。为了能让读者集中地欣赏到这些美丽的传说，我从 20 世纪八九十年代全省各县市文化馆的民俗文化读本中，摘抄了部分有关古桥的传说归于附录之中以飨读者。

唐　浩

唐寰澄（1926—2014），著名的桥梁设计专家、桥梁美学家和桥梁史学家。1926 年 9 月 29 日出生在上海市金山区。1948 年毕业于上海国立交通大学土木工程专业。中铁大桥局教授级高级工程师，专家顾问组专家，土木工程师学会会员。1955 年获武汉长江大桥桥头建筑和引桥设计首奖。2008 年获“茅以升科学技术奖”最高奖——桥梁大奖。2013 年入选中国科学院评选的“20 世纪中国著名科学家”。

独立编著《中国科学技术史——桥梁卷》、《中国古代桥梁》、《桥梁美的哲学》、《世界跨海交通工程》、《中国木拱桥研究》等著作，参加编著《中国古桥技术史》、《中国石拱桥研究》、《中国桥梁技术史》、《桥梁工程》、《中国大百科全书（第二版）》、《中国桥梁》等著作，并多次获得国家级图书奖和美国图书奖。

唐浩，1956 年生，唐寰澄之长子。茅以升基金会古桥研究会研究员，工程师。武汉大学 2002 级 EMBA。多年协助其父亲开展中国古桥的研究和中国古桥历史的研究。参加编著已出版的有《中国长江流域文化大系 II ——江桥古今》，正在研究编著的有《中国桥梁技术史》（古代卷二卷，总九卷）、《唐寰澄文集》（三卷），《古史·志·古桥文摘》等著作。

目 录

壹

古桥概论篇

一、古桥概论篇[①]

中国古代桥梁是中华古代文明的一个重要组成部分。“它集文物的历史、艺术、科学三大价值于一身，其科学技术的成分较之辉煌的宫殿、坛庙、寺观更为突出。古代桥梁反映了人类在历史发展过程中所创造的科学技术与文化艺术的伟大成就，是一份十分可贵的物质和非物质文化遗产。”（罗哲文）[②]

桥梁作为建筑是既普通而又特殊的，自古如此。普通，因为它是过河跨谷所必需，而河流峡谷则遍布大地，随处可遇；特殊，因为它是空中的道路，结构复杂，施工困难，还往往伴随着其他特殊的建筑物或建筑群。不同的地区自然和社会发展条件的不同，创造出桥梁的规模和类型也不尽相同。

桥梁建筑依赖于社会的生产力和科学技术水平，并服从于政治、经济、军事等的需要，与人们的生活、生产、文学、艺术、宗教等有着千丝万缕的联系。不同的时代，有不同的客观条件、不同的技术和能力，于是便有不同的进程和效果。

桥梁规模有小有大，有简单有复杂。功能除解决人行，还同时或专门解决诸如通船、车、水、路。进行桥梁建设需要一定的人才和物力、组织方式和管理水平。人们吸取失败和成功的教训经验，手口相传、行诸文字，代有增益。相对庞大规模的桥梁建筑，能显示出一个时期的社会发展和人民的聪明才智、组织能力、建设决心和克服困难的勇气。

一个国家诸多民族的文化，表现出民族的风格。在桥梁建筑方面，中华各民族的桥梁艺术便和世界上其他民族不同。以中国的哲理，指导中国的艺术，建造出中国式的桥梁。

中国古代桥梁，于相当长的历史时期里，自成系统，处在世界桥梁历史的前列，是有其渊源和根据的。本书介绍的湖北古代桥梁，考虑到桥梁的建筑材料和建桥工艺，断代于民国初期。

【第一节　古桥渊源】

人类生活离不开水。

人用水以作饮食，以资洗涤，以种五谷，以养六畜，一日不能无之。所以不论穴居巢处，仍需聚于水侧，先是傍泉靠河，后或凿井开渠。然而水有利亦有不利。

苏轼《何公桥铭》称："天壤之际，水居其多，人之往来，如鹈在河。顺水而行，云驶鸟疾，维水之利，千里咫尺。乱流而涉，过膝则止，维水之害，咫尺千里。"③

《中兴永安桥记》记："水行乎地中，大为江河淮济，小为溪涧井泉。汲而取之，引而导之，可以充灌溉、具食饮、资涤濯、备塗泽。然可用而不可犯。……使犯之而不溺，履之而不陷（冰），去其害而就其利者，盖有道焉。于水之直流而远者，作舟航以行之。于水之横流而近者，造桥梁以通之。"④

自然界便已有天生的石梁石拱、溪涧落石、横流睡木、悬谷藤萝。这些不假人力的天然桥梁，可以使原始人类扩大活动范围，不至于相隔绝而不通。

当我们的祖先由原始游牧转为定点聚居，随着生活的需要和生产资料的日臻繁盛，逐渐完整地创建了宅室坛台、城郭道路、车舆舟楫，早期的建筑群，便成为部落聚居经营的场所。桥梁也初具规模，并且日益成为生活中不可缺少的重要建筑。

---

①部分采用茅以升先生《中国古桥技术史》概论原句，以志深念。
②本书编著中老友罗哲文谢世一周年，特引用他文，以示与其60余年朋友和古代桥梁研究之情。
③《古今图书集成·考工典》卷三十二桥梁部，48页。
④《咸淳临安志》卷之二十一。

考古学家们在杭州湾以南的宁绍平原河姆渡[①]发现，六七千年前新石器时代遗址已有带榫卯的木梁柱建筑构件。并发掘出若干小件饰物，如木鞘骨匕，其鞘厚薄均匀，上下平直，弧度一致，外壁两头缠有多道藤篾类圈箍，足证当时已具备了对竹、木、藤、骨等加工的手段和工艺，后逐渐将其技术使用于建造房屋、桥梁等建筑。

1954 年，在陕西西安半坡村发现了新石器时代的氏族聚落，位于浐河东岸台地上。已发现密集的圆形住房四五十座及若干长方形房屋，每间面积一般为 16~20 平方米。最大的约百余平方米。木柱、土壁、木椽、草顶。在部落周围，挖有深、宽各约 5~6 米的大围沟。这条沟当年可能有水，估计是防御封豕长蛇和异族侵略的设施。其出入之际，势必有桥，也可能是可撤式的活动木桥。时约在公元前 4000 年左右。人们已进入横流而近者“造”桥梁以通之的地步。

史前和之后的原始桥梁，由于材料和工艺等种种原因，不可能在风雨侵蚀、洪波荡突、战争纷起的漫长岁月中保存下来。因此，或从遗迹的发掘，或从史籍的记载，或从石刻壁画，或从歌咏诗文中窥见一二。但那时古代的桥梁，总是十分简单的。

《易》说：“利涉大川”，可见大川无桥，只能占卜吉祥的日子，想法渡过。《诗经》里有对过河的各种描述。从赛裳涉水，到游泳过河，浅则抛石作堤，深则架梁跨水。有一定的条件和地位，可以“造舟为梁”（即浮桥）。对于更阔大的江河，只能望之“喟然而叹”，或梦想“一苇可航”。

王昌龄《灞桥赋》句：“圣人以美利利天下，作舟车。禹乃开凿，百川纡余，舟不可以无水，水不可以通舆。遂各丽于所得，非其安而不居。横浮梁于极浦，会有迹于通墟。”[②]可见顺河而行可以用舟，横河而渡亦能用舟。较早的古代桥梁，大概不是木梁柱桥，便是浮桥。也只有少数河流的少数地方有桥。技术和财力尚不足以使桥梁建筑遍地开花。

图 1—1—1　武当山矴步（摄影：孙紫微）

一『“桥梁”释证』

桥梁是渡河或跨越其他沟谷障碍的建筑，早在原始社会就存在。其名称有矼（后称矴步）、榷、彴、杠、徛、圯、梁、桥、梁桥、桥梁等等。

（一）文字考证

中国的象形文字是根据万物的形象，概括创造出来的。由简单化的摹绘写形，演进为抽象的笔画符号，辨物正名，每个字都有一定的意义。

甲骨文中有“ ”或“ ”字，意思是指抛石水中，踏步成桥，后来称之为矼。

1. 矼

《广韵》、《集韵》、《韵会》注“矼”为：“古双切，音江，聚石为步，渡水也。通作杠。”也就是今天所谓的矴（或作碇）步（或作埠），俗称石踏步、跳墩子。既然上无木梁，理不得通杠。杠是后来的字。

矼，严格地说也不能称桥，然而是梁或桥的起步。

矼，先或堆乱石于河中，形状不齐，石块齿齿，随河底深浅而曲折。再则整齐地排砌甚至嵌块石于天然的岩石底，或人造的石滩、石堰之上。堰以蓄水，堰顶泄洪，石齿便成为过河堰口上的矴步。在山间浅水河道，一年四季中，除大雨和洪水外，矴步可畅行无阻。全国山区，矴步随处可见，图 1—1—1 是位于湖北十堰武当山明代神道上（上山古神道有两条，明、清各建一条）的矴步。

---

① 《河姆渡发现原始社会重要遗址》，浙江省文管会、浙江省博物馆，载《文物》，1976 年 8 期，6 ~ 14 页。
② 《古今图书集成·考工典》卷三十二桥梁部。

2. 榷、彴

《广志》记："独木之桥曰榷，亦曰彴。"又记："彴，横木渡水也。"《广雅》对"榷"、"彴"的解释均为"独梁也"，即今山间溪涧之上横搁独木为桥，如湖北十堰武当山神道上的独木桥（图1—1—2）。

独木，不加工而为桥，行走殊为不便。有将独木一边削平，两端各嵌一小圆木，使桥既便于行走，又搁置平稳，不会转动。独木小桥，亦有文章（图1—1—3）。

图1—1—2　武当山独木桥

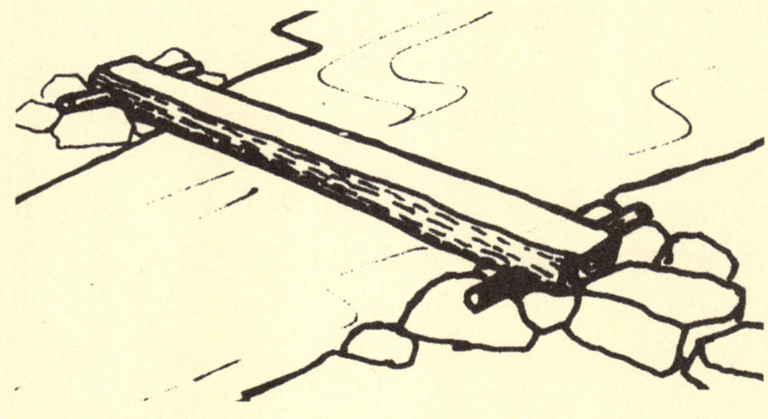

图1—1—3　稍加加工的独木桥（手绘）

3．杠、徛

杠和徛为小桥。

《康熙字典》：“小桥为之杠。”《说文》释：“石杠者，谓两头聚石，以木横架之，可行，非石桥也。”

《尔雅・释宫》：“石杠谓之徛。”《说文》释：“徛”称“举胫有渡也”。段氏注为：“聚石水中以为步渡彴也。”又“石杠者，谓两头聚石，以木横架之，可行，非石桥也。”

杠和徛可以是独木桥，但不严格限于“独”木，也包括只能单向走行的双木桥。可以是单孔搁木，“两头”聚石，但也含“水中”聚石的多孔小桥。

4．圯

《广韵》：“圯，土桥名，在泅州。”颜注：“圯，音颐，楚人以桥为圯。”《史记・留侯世家》：“良尝闲从容步游下邳圯上，有一老父衣褐，至良所，直堕其履圯下……”今楚地桥亦不名圯。

5．梁、桥

梁和桥是异名同义的两个词。

许慎《说文解字》释梁：“梁，水桥也。从木从水，刅声。”段注为：“梁之字，用木跨水，则今之桥也。”而“桥”则是：“桥，水梁也。从木，乔声，乔高而曲也。桥之为言趫（善缘木走之才）也，矫然也。”

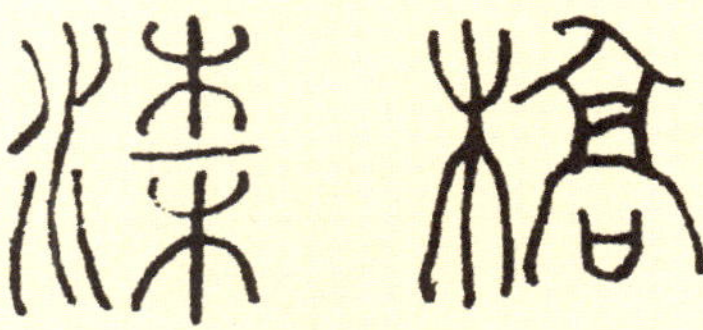

图 1—1—4　梁、桥

梁、桥都从木，原意都是木梁桥。可是梁字早而桥字晚。梁古文见图 1—1—4 图左，即水上立柱（或墩）而架木。桥字从木从乔，乔在从声之外，形象上还像一座上建桥亭、下通船只的驼峰式木梁桥（图 1—1—4 图右）。近年实物如 1975 年底湖北云梦出土、秦国安陆令吏喜（公元前 217 年）的墓[①]中其手握的竹简，书《为吏之道》。文有：“除害兴利，兹（慈）爱万姓。……千（阡）佰（陌）津桥，囷屋□（墙）垣……”那时尚没有拱桥。只有“高而曲”的多孔木骆驰虹梁桥。

梁或作桥梁，或作隄（堤）梁，或作鱼梁。《尔雅》：“隄，谓之梁。”即横衡阻水的隄（堤）也称梁，这和今称山梁或鼻梁的涵义相同。但这已不属于桥梁的范围之内。

---

① 《湖北云梦秦简释文》，云梦秦墓竹简整理小组，载《文物》，1976 年第 6 期，11 ～ 14 页。

二『“神话”桥梁 』

当人力尚不足以克服渡河的困难的时候，人们会以丰富的想象力，幻想飞禽水兽能帮助架桥。

天上飞的是喜鹊，或称乌鹊、灵鹊。

《淮南子》记：“乌鹊填河成桥而渡织女。”天上银河，人间把它看作一条河流，又称银汉。河一侧有织女星，另一侧为牵牛星，两相配偶，男耕女织，十足是人间社会的基层移向天庭。隔河无桥，只有七夕之夜，人间喜鹊飞去搭桥以渡织女，牛郎织女才有一年一度的相会。所谓“金风玉露一相逢，便胜却人间无数”。乌鹊实不能造桥，后世却可以乌鹊名桥。宋之问、沈佺期诗中亦都咏到乌鹊桥。湖北孝感亦有以鹤命名的“双鹤桥”，详情待后篇介绍。

图 1-1-5　湖北孝感双鹤桥

水中游的是鼋鼍。

鼋似鳖而鼍似鳄。鼍皮可以蒙鼓，鼋血可以染帛。命鼋鼍“架桥”，这样的事例竟然很多。首先是大禹。《拾遗记》：“舜命禹疏川奠岳，济巨海，鼋鼍以为桥梁。”其次是周穆王姬满。《竹书纪年》记他伐楚：“大起九师，东至于九江，驾鼋鼍以为梁。”《集仙录》又说他往西至今新疆看西王母，“鼋鼍为梁以济弱水”。第三个是櫜离国太子东明。他父亲怕他夺位，撵他走。《论衡·吉验篇》称：“东明走，南至掩淲水，以弓击水，鱼鳖浮为桥。”《高僧传》里亦有类似记载。真所谓是“乞灵于水府，假道于介族”。说来若有其事，其实只是幻想。柳涣《赵州桥铭》称“驾海维河，浮鼋役鹊”，[1]杜甫诗“鼋鼍窟石势，参差乌鹊桥”，[2]用典而已了。

不役灵物，便请“神仙”架桥。

最著名的是附会于秦始皇的海神驱石竖柱的故事。晋伏琛《三齐略记》：“秦始皇作石桥于海上，欲过海看日出处。有神人驱石，去不速，神人鞭之，皆流血，今石桥犹赤色。”《山东通志》也说：“始皇造桥观日，海神为之驱石竖柱。”

有名罗公远者，据说能掷杖成桥。道士叶法善能驾虹为桥，作唐玄宗上月宫的道路。这些都是不经但有趣的传说。张嘉贞称之为“徒闻于耳，不觏于目”[3]。而诗人造句，往往浪漫主义和现实主义相结合。如唐代张说和唐玄宗石桥四言诗道：“玉梁架回，碧沼涵空（实，石拱桥）。鞭石海上（虚），锁锻河中（实，蒲津铁索浮桥）。横汉飞鹊（虚），规天拖虹（实，此指石拱）。仙圣来往（虚），风云路通（实）。”[4]张衡《思玄赋》曰：伏灵龟以负坻，亘螭龙之飞梁”[5]，也只是形象化地形容一座石墩石梁或石拱桥。

至于用神话、灵物作为桥梁的装饰以行压胜之法，弥补人力的不足，则又当别论。

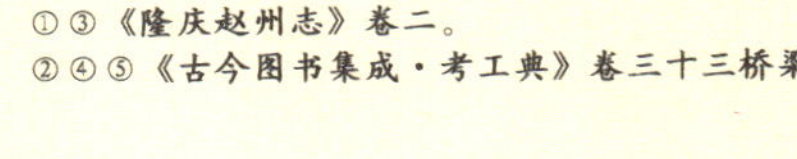

①③《隆庆赵州志》卷二。

②④⑤《古今图书集成·考工典》卷三十三桥梁部。

【第二节　古桥与自然】

中国古代桥梁，从简支木梁、木浮桥始，发展出很多类型，每种桥梁的结构和自然水系、材料等都有着密切的联系。

一『桥与江河』

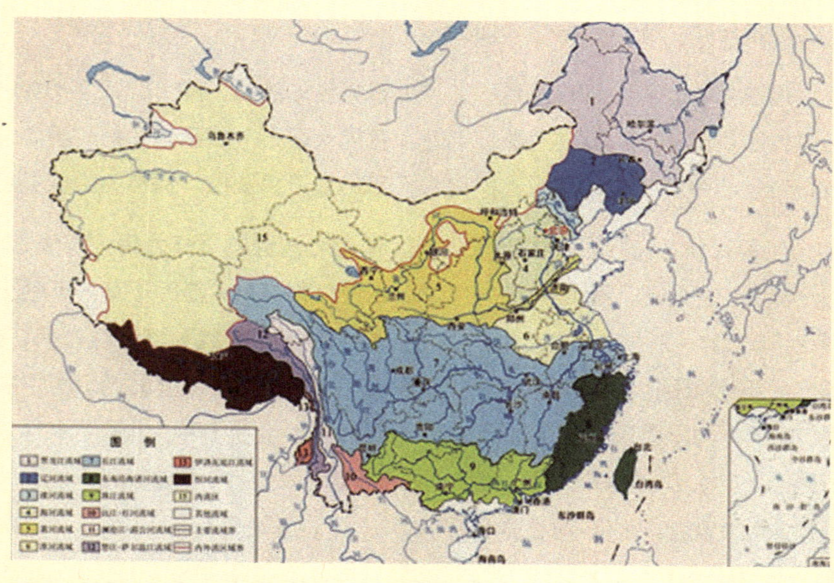

图 1—2—1　中国主要水系流域图

中国地域广阔，南北东西，气候冷暖不同，地形高低悬殊。北方高亢冬寒，南方卑低炎湿。古人从国内地形的角度来认识，以为天倾西北，地陷东南。实因西部有崇山峻岭，去天不盈尺；东南却沃野千里，湖泽晶莹，水网密布。古桥集中主要的水系有黄河、淮河、长江、珠江流域。湖北省属长江流域。

李白形容西南的高山是：“上有六龙回日之高标，下有冲波逆折之回川。黄鹤之飞尚不可得，猨猱欲度愁攀援。”欧阳詹生长在福建，所见西南“迷高峡深，九州之险。阴豁穷谷，万仞直下，犇崖峭壁，千里无土（都是石头）”。故铁索桥常见于西南，石拱桥亦是假壁而生，高耸于峡谷间。①

至于中原，燕冀之间，《隆庆赵州志》说：“皇岗沙流，坟衍膏沃，龙平马鞍（山名），崎岖郁盘，长川千里，胜气苍然。”②至于北方的河道，天寒水涸，冬日冰封。可是春夏潦水，又可以怀山襄陵。张彧说赵州“汶川伊何，诸川互凑，秋霖夏潦，奔突延袤。”③黄河这样的河道，又有特别的地方。因为河套南北曲折，反而有时上游因在南而冰解，下游在北，依旧冰封，水流不畅，积凌千里。张彧记蒲津黄河：“每冬冰未合，春沍初解，流澌峥嵘，塞川而下。如础如臼，如堆如阜，或摐或棍，或磨或切。”④气势之盛，使人束手无策。古代黄河多以浮桥架之，便于拆卸。

即使南方的山区河流无冰封之患，可是季节性河道，正如宋代杨亿形容豫章郡河流：“山源陡涨，水波四起，出长风，驾巨浪。乱石盘礚以相击，大木轩昂而杂下。所值者立为齑粉，所赴者荡为藩篱。两崖之间，不辨牛马，一邑之人，尽化鱼鳖。”⑤洪水来时，夹带漂流物，所到之处足使所建的桥梁（木桥）“飘荡无遗余”。故一般的木梁桥不能满足需要，而演变成跨度和净空均大的贯木拱桥。

因为季节性河道不利于常年行舟，所以陆上交通以车马为主，桥亦趋于平缓，如敞肩圆弧石拱桥（赵州桥）。

东南地区又不相同。

清代陶元藻《广会稽风俗赋并序》称：“其为山也，峻而不险，巨而不顽，盘行静穆，起伏幽闲。其为川也，流非奔泻，聚沙盘涡，千村有楫，百里无波。缥渺郁仓，潆洄绰约，妃耦停匀，映带错落。顾盼则别有烟霞，寻丈则自成丘壑。绝天梯石栈之劳，多稳舵安舟之乐。”

冲积平原，遍布水网，却是千里尽土，百里无山。朱长文《吴郡图经续记》卷上《城邑门》记：“观于城中，众流贯州，吐吸震泽（太湖）。小浜别派，旁夹路衢，盖不如是，无以泄积潦、安居民也。故虽有泽国，而城中未尝有垫溺荡析之患。非智者创于前，能者踵于后，安能致此哉？”于是“郛郭填溢，楼阁相望。飞杠如虹，栉比棋布”。然而这些地方，潮流涨退，一样流急；软土地质，承载力低；桥下过船，净空要求高，又引起和山区不同的困难。于是薄墩高拱石拱桥由此诞生。

①⑤转引自《中国科学技术史·桥梁卷》第3页，唐寰澄著，科学出版社，2000年第一版。
②③④《隆庆赵州志》。

二『桥与材料』

由于气候、地形、地质、河道流况、交通条件各不相同，就产生了利用不同材料建筑的不同类型的桥梁。中国古桥用材，无非藤、竹、木、石、铁，其中尤以木石为主。材料都取之自然。

古来用木，取豫章、楩楠、桫椤、文梓、松、柏、榆、杉之属。几乎都是优良的品种。“大木轮囷”，采用径尺的木材是很普遍的。因为还有众多宫室民居都用木，森林不断地被砍伐和遭破坏，好木料供应越来越困难，到后期，大致只有松、柏、榆、杉等较普遍的材木。

一切材料，即使是优良的材质都会破败。昔有石泐（风化）、土（版筑、土砖）圮、木朽、绳绝、铁锈、舟从危之谓。工匠们虽会尽量设法改进木桥结构，以期永久，但相比之下，还是石料坚固，于是结构用石，采用各种砌石的方法，包括石拱。历史上很多桥梁，或是木石兼用，如石柱或石墩木梁，或先木后石，如变木栈为石栈，改木梁为石梁。一条河上，先用木船摆渡，再造木桥或舟桥（浮桥），最后一劳永逸改为石梁或石拱。如湖北宜昌五峰县采花乡楠木村的楠木桥，原来就是用楠木建造的，后改建成石拱桥。湖北石桥的建筑材料主要为花岗岩，少量使用红砂岩、石灰岩。

有一篇很有趣的判定用木还是用石的唐代文章《对造桥判》，起因是：“河阳欲造石梁，以费广，请造舟计。风乌海燕，亦用鬻巨万。州使相争不定。”孙崇古认为：“河阳地即帝畿，境惟天邑。石季伦（石崇）之别业，吹楼云断；潘河阳（潘岳）之古县，春树花开。波石沿洄，杳昆仑之水；半马阗咽，俟鼋鼍之构。虹梁鹊柱，既暂劳而永逸；风乌海燕，但有损而无成。爰叩两端，且多职竞。将申一部，希效管窥。宜兴鞭石之功，无取接舟之议。”[①]文中所引用好多便是前述的神话、传说、典故，其实最后他主张就是要采用石头修桥。

人类合理运用自然界的材料，顺从、组合自然界的客观条件和规律，使自然为人类的生产和生活服务。即使这样，也没有一个建筑物可以永垂不朽，除非是吐故纳新，不断地修缮保养。也只有那些有划时代意义的桥梁，受到历代官方和人民的重视，有专人负责，有组织地加以维护，才能够达到几百甚至一千几百年的留存。

① 《古今图书集成·考工典》卷三十三桥梁部，47页。

第三节　古桥文化及美学

随着经济的发展、桥梁建设的进步，人们对桥梁本身的美和桥梁与环境的协调也产生了更高的要求。

史学家论我国古代文化艺术，认为“汉族传统的文化是史官文化”。史官文化的特性，一般地说，就是幻想性少，写实性多；浮华性少，朴厚性多；纤巧性少，宏伟性多；静止性少，浮动性多。自东汉建安以后开始发生变革，即由原来寓巧于拙寓美于朴的作风，演变为拙朴渐消巧美渐增的作风。其间佛法东渐，又产生了中国式佛理的禅宗，建筑方面，特别是其装饰性的附属部分，在一定程度上受到宗教色调的影响。隋唐时期中外文化交流甚盛，艺术风格又注入了新的因素。桥梁是架空建筑，除了它所特有的实用功能和由于实用功能而确定了的基本形式外，它不能不受到周围大量建筑群的感染和影响，而表现为某种程度的共性和协调；在另一方面，桥梁又常是置身于山川潆洄的林泉胜地，天然风景又要求它以特有的姿态，为幽寂或壮美的环境增添风采。桥梁本身就是实用和艺术的结合，脱离不了朴拙—繁华的循环发展规律。

一『古桥与美学』

“自作新词韵最娇，小红低唱我吹箫。曲终过尽松陵路，回首烟波十四桥。”

这是南宋诗人姜夔（约 1155—1221 年）经太湖回吴江途中所作的一首诗，描绘出一幅良辰美景、赏心乐事的图画。这里有自然之美、诗词之美、音乐之美、歌声之美、情之美、桥之美，更有一种心领神会的清韵之美。

桥梁之美，是景物之美、造型之美、雕琢之美、主附衬映之美、工程与艺术结合之美。古今中外，人们内心习惯了对桥梁建筑物赋予美的期盼和要求，促使设计建造者不是把桥梁简单建造成仅有功能的建筑，而且用不同的方式和手法赋予其美的元素。久而久之，许多面世的桥梁成为工程与美的结合体，成为一件艺术品。更多的文化元素和情感倾入其中，呈现出千姿百态的美景，给人们带来情感的愉悦和享受。著名英国科学家李约瑟在评价中国的桥梁建筑艺术时说：“没有一座中国桥是欠美的，并且有很多特殊的美。”

『1. 和谐之美』

桥梁并不是孤立于世，它是实用与艺术相结合的建筑物，总是处于特定的历史时期和自然环境之中。得之于自然，归之于自然，与自然环境相协调，是桥梁艺术的重要环节。

“天人合一”作为古人的哲学思想，指导桥梁建造几千年，古人在建造过程中寻求人和桥的平衡、桥与自然的和谐，这是一种升华了的审美观。所以古人非常注重桥址的选择，比如协调好桥与自然环境的和谐，将桥置于美的大环境中。位于咸宁市通城县马港镇扬塘坳灵官村境内的灵官桥，横跨在发源于张师山麓的马港上游溪港上，桥处群山叠翠、古刹青松之地，颇有超尘脱俗之境界，可以看出古人借景选址是费了一番功夫的。

《老子》说：“道大，天大，地大，人亦大。”“人法地，地法天，天法道，道法自然。”撇开一切后来附会的封建迷信思想，从建筑结构、艺术的角度来看，桥梁的构造要顺应自然界的重力、水、火、风等“阴阳消长”的力量，同时又要与自然取得和谐。恰当的桥式和体量与山水融为一体，是和谐之美的具体表现。

『2. 对称之美』

古人把造型美看得很重要，凡是现存的古桥，不论桥型与否，都可以看出桥的造型普遍很讲究，是独具匠心的作品。古人也很注重对称美感，对称结构、等跨结构的桥梁随处可见。值得一提的倒是有非对称之美的经典之作，如原位于恩施州巴东县东瀼口镇绿竹筏村的寅兵桥。原桥为单孔尖拱石桥，始建于清代，南北向跨韩家河沟。该桥由秭归和巴东两县各建一端，因此选料和构筑工艺不尽相同。尤其是此桥北侧桥孔中心分界两端的结构完全不一样。秭归一端，采用传统的拱券带眉石结构；而巴东一端，不设拱券，用逐层向桥孔中挑出的叠涩方式。东西合拢成为整体，桥洞自然形成完整的拱形。此为古桥中斗胜的奇构，全国仅有，路人过此，无不赞叹。遗憾的是，在因三峡建库移建的时候均改成拱券纵联砌筑了。

『3. 八纲之美』

中国美学中四个主要的相对面是刚柔、动静、阴阳、虚实，称为“八纲”。古人对八纲在桥梁上的运用具有很好的把握。有人说，“建筑是固定的音乐”，或是起伏，或是曲折，桥梁的律动给人以美感。最成功的杰出运用是皇家和私家园林之中的桥、亭、阁以及遍布江南河网中形态各异的桥。园林中的桥一时隐在小山廊道之间，一时置于池塘荷柳中央，或是平坦，或是小小的攀越，曲直有别，所追求的静与动、韵律与节奏表现得淋漓尽致。江南河网地区桥梁众多，以苏州周围为例，在河边的小屋、街市与河中小船的配景下，小桥成为点缀之笔，弯弯拱起的小桥，给这场景增添了许多律动和活泼，使人感到桥与景秀美无比。湖北古桥中如武汉黄陂的半河桥，五孔石拱、梁组合桥，桥面呈“之”字形，有梁有拱，八纲之美得以充分体现。

图 1—3—1　司马桥栏板浮雕

『4. 装饰之美』

唐代柳宗元在谈及文学和形式之间关系时，曾精辟地将内容和装饰的关系分为两种类型，即“无乎内而饰乎外”的虚饰和“有乎内而不饰乎外”的藏真。建筑装饰其实也如此，甚至还可以有第三种，即“有乎内而饰乎外”的比较完满的结合。

装饰对主体可以是附加的（无乎内），也可以是内部必然的（有乎内）。事实上很少有不加修饰的桥梁。只是装饰会有简有繁，因地、因要求而不同，并且随时间的推移，人们的喜爱，也会在简繁之间，周行不殆。

精妙的桥梁建筑物衬景是古人运用美学的独特手段。可能古人认为一座桥矗立在天然环境中过于孤单，这么重要的物件不装饰一下会有所缺憾。所以古人建造桥梁，会在桥上或桥旁边做一些附属建筑，如华表、阙、牌坊、亭、榭、廊、阁、幢、塔等，还会在栏杆上雕刻，以此对桥梁进行修饰，增加桥梁美感。这样的实例非常多。古代的能工巧匠不仅把桥梁主体建造得宏伟不凡，还把美的意念融入附属建筑之中，共同构成了我国古代独具的桥梁艺术风格。湖北古桥中栏板装饰最美的当属仙桃市沔城回族镇金华村北的司马桥。此桥南北向跨沔阳古城护城河，为单孔石拱桥，条石砌筑，桥面两侧设石板护栏，栏板浮雕渔樵耕读、弈棋、婚礼等人物和龙凤等图案。（图 1—3—1）

二『古桥与宗教』

在中国有势力的宗教为道和佛。道教的影响不及佛教。历史上张陵创五斗米道，除其子张鲁汉末在汉中曾为驿栈出过一些力外，很少看到有道教徒募劝造桥的记载。民间倒也有受道教“四恩三有”思想影响捐款修桥的。四恩者：一天地恩，二君主恩，三父母恩，四师长恩；三有者：一有情者，二有识者，三有缘者。如福建闽侯县上街温阳桥上刻“弟子林怀资为四恩三有舍梁一条”。其他桥刻也有见。

《大智度论》说比丘（僧人）“上从如来乞法以练神；下就俗人乞食以资身”。行的是“着衣持钵，入城乞食”，然后洗足敷座、坐而谈佛的纯粹修行的办法，把佛徒们在世的生存完全假托在众人身上。佛教传入中国后，逐渐有所改变，禅门注意到此，在化缘之外，自行生产劳动和为老百姓做好事，行善戒恶，随喜功德。

佛教要求敬佛、供僧、造寺庙宝塔，是为延续宗教的措施。俗话说“救人一命，胜造七级浮屠”，又说“行三百善，如造浮屠”，非常注重实际的善行，提倡修桥铺路，阴功积德。

湖北黄梅五祖寺的石拱廊桥“飞虹桥”的东西两头门上，就分别写着“放下箸”、“莫错过”的佛戒，为的就是能起教化作用。（图 1—3—2）

图 1—3—2　湖北黄梅五祖寺的石拱廊桥“飞虹桥”桥头

在中国桥梁历史中，自五代以后，与僧人有关的桥梁为数甚多。如宋代河北正定高僧怀丙，既修整赵州桥，又设法起出山西永济黄河蒲津浮桥落水的铁牛。福建泉州僧人祖派，始议募建最长的石梁墩桥安平桥。僧道询一人在泉州造大石桥六七座，前后以建桥为务五十余年。僧江常、智资募建福建晋江大道桥。僧文会建泉州石笋桥。僧仁惠、守徽、惠胜、惠魁都曾建石桥。清浙江僧人妙真修临海下津浮桥。明代西藏密宗喇嘛唐东杰布除了率徒化缘之外，创设藏戏，以演出聚资，在西藏地区修建了58座铁索桥和60余座木桥，所修桥梁远至不丹国。

老百姓受教义影响或出于善心、孝心，也会发奋独力修桥，以愚公移山的精神，数十年如一日，或子孙相继，终于成桥。如元山东堂邑人刘斌，为修复西安灞陵桥，辞家结庐灞岸，他一身兼能匠人(石工)、梓人(木工)、冶人(锻冶)、斯轮(做车轮等圆木作)，“以素艺供其所费”，其精神终于感动了地方官吏和士绅，甚至蒙元世祖的召见，最后造成了十五孔石拱桥。明万历年间贵州人葛镜，独资建福泉一石桥，三建不成，最后发誓：“吾当罄家荡产，以成此桥，如再坠败，将以身殉之。”三孔石拱桥成，名曰“葛镜桥”，其工艺、结构堪称一流，故茅以升老先生叹为：“北有赵州桥，南有葛镜桥。”同里吴家桥是清嘉庆间吴东阳所建，夫死妻继，所以桥又名继善。四川灌县何先德修竹索桥，亦是夫死妻继，故当年亦名夫妻桥。清浙江新昌玉成桥，由马正炫父子两代建成。清浙江泰顺回龙桥，始建于道光二十八年(1848年)，完成于光绪二年(1876年)，前后28年，历四世，其志不衰，实在是感动人。这类事迹，岂可不名垂青史!

位于湖北恩施州来凤县三胡乡石桥村黄石风景区的广福桥，就是由12名寡妇集资修建的两孔半圆形拱石拱桥。中央桥拱处有一排十二块“尖岩”，刻有“邓杜氏嗣尖”、“杜李氏嗣尖”、“李姚氏嗣尖”等红色字样。

全国如此可歌可泣的建桥故事，见之于记载和传说的还不少。因为其感动人，所以有时就神而化之，演为传说。

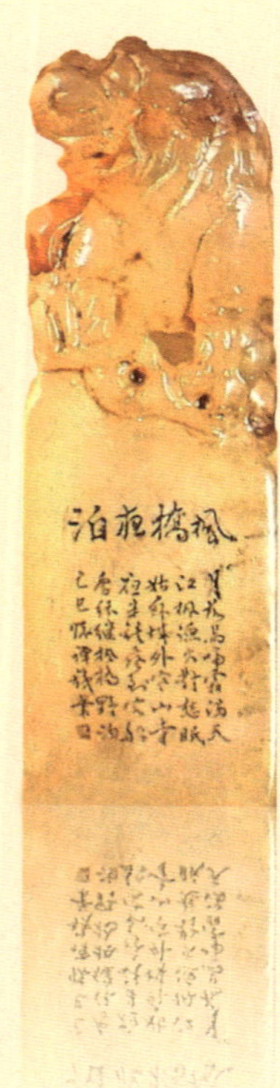

三『古桥与诗词』

古人对桥梁的记录、赞美和借桥咏叹抒情的诗词歌赋数量之多，是一个难于统计的巨大数字。其丰富多彩、清丽动人的诗句，情景交融的描绘，语言之优美，用意之深远，让后人赞叹，也增添了人们对桥梁爱好的情感。

如唐温庭筠《商山早行》："鸡声茅店月，人迹板桥霜。"唐韩翃《送王光辅归青州兼寄储侍郎》："蝉声驿路秋山里，草色河桥落照中。"《相和歌辞·江南曲》："春楼不闭葳蕤锁，绿水回通宛转桥。"唐温庭筠《舞曲歌辞·屈柘词》："杨柳萦桥绿，玫瑰拂地红。"唐刘元淑《杂曲歌辞·妾薄命》："夜夜愁君辽海外，年年弃妾渭桥西。"元马致远《天净沙·秋思》："枯藤老树昏鸦，小桥流水人家，古道西风瘦马。"唐杜牧有"长洲茂苑草萧萧，暮烟秋雨过枫桥"的优美诗句。他的《寄扬州韩绰判官》："青山隐隐水迢迢，秋尽江南草木凋。二十四桥明月夜，玉人何处教吹箫。"优美无比的诗句，几乎使二十四桥成为扬州的代名词，令后人感叹。

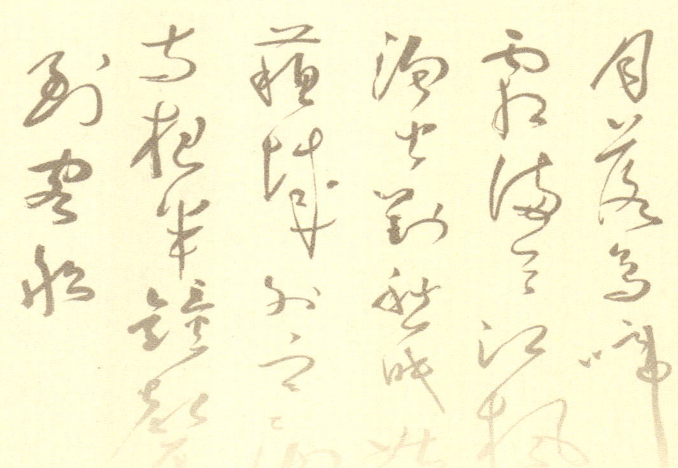

诗词中更多的是借景抒怀，寄情山水。如唐张继的《枫桥夜泊》：“月落乌啼霜满天，江枫渔火对愁眠。姑苏城外寒山寺，夜半钟声到客船。”桥旁船中诗人孤寂落寞的心态一览无余。陕西西安的灞桥，古时人送客至此桥，折柳赠别。宋柳永《少年游·参差烟树灞陵桥》词曰：“参差烟树灞陵桥，风物尽前朝。衰杨古柳，几经攀折，憔悴楚宫腰。”灞陵有桥，来迎去送，情尽桥边，至此黯然，故人呼“销魂桥”。

历代文人墨客咏叹桥的故事，赞赏桥及周边的景物风光，借景抒情，但对桥梁研究者来说，很多诗词已不只是一般的抒情之作，其中也包含着无比丰富的桥史资料，其在桥梁功用、建筑艺术上的各种描述与评价，成为桥梁文化的一部分。“石栏桥上时翘首，应傍清虚忆帝都”（明李东阳《卢沟晓月》），是说桥有石护栏；“中官三宝下西洋，载得仙桥白玉梁”（明陶崇政《飞虹桥诗》），是讲桥为石梁桥；“昔桥本千柱，挂湖如断霓”（宋苏轼《两桥诗·西新桥》），留下对已逝长桥的想象；“织铁悬梯飞步惊，独立缥缈青霄平”（明杨慎《霁虹桥》），描写铁索桥凌空飞架的险奇……

四『古桥碑刻、楹联以及关于桥的绘画』

古人建桥，喜立碑石、题楹联。

为让后人记住桥梁的建造始末与功劳，许多古桥的桥头都有立碑和铭文。例如卢沟桥从金代建成时起，就在桥的两头立碑。现存的东侧立碑“卢沟晓月”，金时就被列为燕京八景之一；西侧碑亭内则有乾隆所题永定河石碑。碑、亭都精美无比，与桥共同成为名胜古迹。

桥上建桥屋，桥自有楹联，少则一副，多则几十副。自宋起石拱桥有对联石后，桥联又成了一门学问。记事、点景、写情、寓意，随桥而异。古桥楹联多出自高人之手，大都构思精巧，用词严谨，对仗工整，意趣深远。

福建泉州的洛阳桥，于北宋嘉祐四年（1059 年）建成，历代骚人墨客游览此桥时题了不少佳联妙对，为石桥生色增光。例如“潮来直涌千寻雪；日落斜横百丈虹。”“两翼石栏扶海出；三秋水月渡空行。”“秋水洒空数百道；海舟浮月两三人。”“造道行义以为利；图功易危而成安。”“太守二千石；宗道五百年。”“五道扶翼，万年纪有；皇阁广大，四海不波。”

苏州虎丘山普济桥的花岗岩楹柱对联云：“东望鸿城，水绕山塘连七里；西瞻虎阜，云藏塔影立孤峰。”“北发塘桥，水驿往来通陆墓；南临路轨，云车咫尺到梁溪。”既描述桥的地理位置，又吟咏桥所处的自然景色。游人拾级登桥，向西眺望，云岩寺塔被翠绿的虎丘山簇拥；极目东去，蜿蜒流过的山塘河上，舟楫往来不息，两岸粉墙青瓦的民舍临水而筑，一派水乡风光。楹联着意写景，把石桥、古塔、流水和城市融为一体，相映成趣，勾画出神采飞扬的画面。

“断桥残雪”为宋时西湖十景之一，桥有联云：“断桥桥不断；残雪雪未残。”每当瑞雪初晴，站在宝石山上眺望，桥的阳面已冰消雪化，露出褐色的桥面，所以向阳面望去，雪残桥断；桥的阴面却还是白雪皑皑，故向阴面望去，“断桥不断”。

最著名的桥梁绘画要数北宋张择端的《清明上河图》，在5米长的画卷里，各色人物、牛、马、骡、驴、车、轿、船、建筑、街道等栩栩如生，生动地表现了中国12世纪纷繁热闹、兴旺发达的都市生活面貌。画面里多处以桥为景，也从一个侧面反映出桥梁在城市中起到的重要作用，体现了宋代桥梁建筑的特征和水平。

【第四节　古桥形式和工匠】

一『古桥形式』

中国的古桥形式多样，可谓琳琅满目，美不胜收。按大的形式和功能分有：

（一）自然界成

天生桥（天然地质形成桥形的地貌）、矴步（植石于水中）。

（二）人工创造

梁桥——木梁（细分为：木料作柱形墩、石料作墩、木料斜支撑木梁、木料逐层叠加伸臂为梁、木料斜支撑和木料叠加伸臂结合为梁等）。

——石梁（细分为：单石料为柱形墩、石料砌筑为墩、石料叠加伸臂托梁、桥面呈十字形为梁、桥面呈 Y 字形为梁等）。

拱桥——石拱（半圆形拱、全圆形拱、圆弧形拱、悬链线形拱、椭圆形拱、马蹄形拱、尖形拱、门洞形拱、折边形拱、拱梁结合形拱等）。

——竹拱（拱上部承重、拱中部承重等）。

——木拱（木料支撑架拱、大木相贯为拱等）。

索桥——溜索（在竹、钢索上溜行）。

——竹、藤网桥（以竹或藤作网状桥身）。

——铁索（以铁链为索架桥）。

——铁杆（以短铁杆连接成长铁链为索架桥）。

浮桥——皮筏、船、排（以不同浮体为载物）。

栈阁（依山所架的道路、桥梁）。

复道（建筑之间的悬空通道）。

（三）按桥的功能又可分：

廊　桥（结构有：木梁、石梁、伸臂梁、撑架梁、贯木拱、石拱）。

立交桥（两桥或桥和道路互交）。

开启桥（桥面可开启通航）。

吊　桥（桥面可收起）。

渠　桥（桥上为渡水的渠道）。

闸　桥（有可开启的木制或石制水闸）。

水关桥（在水上设关隘，下通水。）。

水中桥（桥面淹没在水平面之下）。

盐　桥（以盐为材料修路架桥，多见于盐湖）等。

即使如此分类也不能囊括所有，以上每个子目均可再分。

二『古桥的营造法式』

湖北乃至中国的古桥均是以石桥为主，石桥之中又是以石拱桥为主，古桥的营造法式亦是以介绍石拱桥为多。石拱桥的拱轴线大致可分为圆弧拱（割圆拱）、半圆拱、马蹄拱、尖拱（两点圆拱）、蛋圆拱（三点圆拱）、椭圆拱等拱。近代所称悬链线、抛物线等拱形，在古桥中则仅有形似而无精确的数值根据。（图 1—4—1）

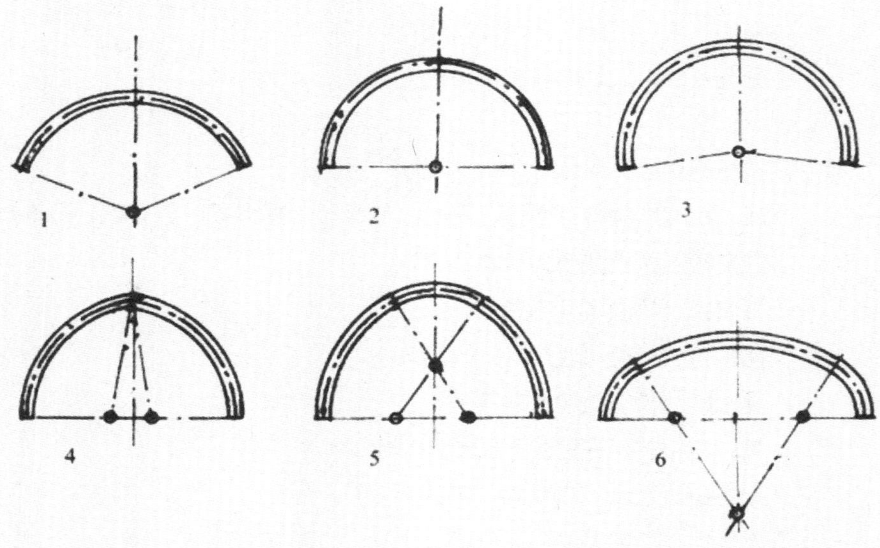

图 1—4—1　中国石拱拱券各种拱轴线

1. 圆弧拱（割圆拱）2. 半圆拱 3. 马蹄拱 4. 尖拱 5. 蛋圆拱 6. 椭圆拱

拱券的砌筑方法，随着朝代逐步有所改进，常为：并列、并列榫卯、横放并列、纵联、分节并列、联锁分节并列、镶面纵联、框式纵联、乱石、镶面乱石砌筑等方法（图 1—4—2）。石拱桥可以是诸拱轴线形和砌筑方式的组合，再加上变化多端的拱上建筑、墩台形式、桥跨布置等以及各个时期的爱好，造就了不同的建筑装饰和栏杆式样，中国石拱桥的造型因此是多种多样的。

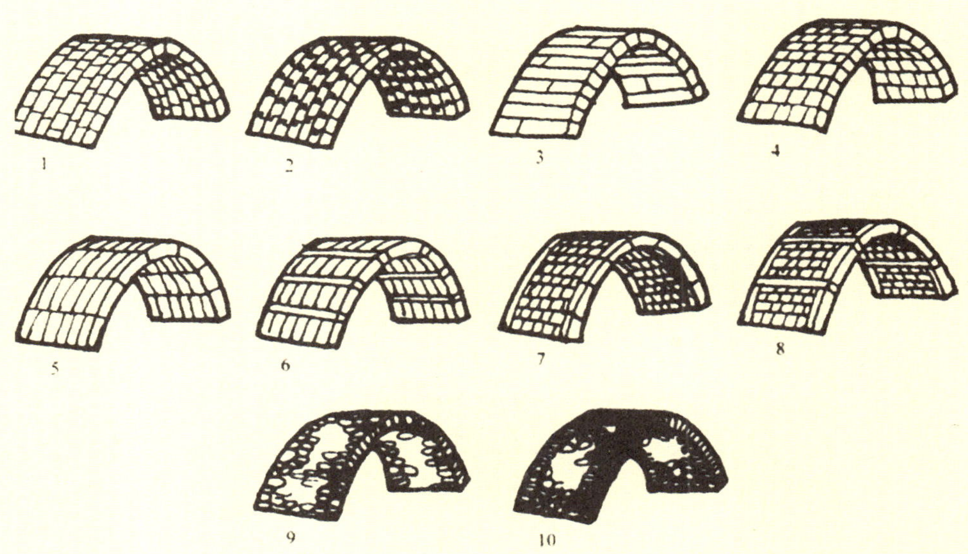

图 1—4—2　中国石拱拱券砌筑方法

1. 并列 2. 并列榫卯 3. 横放并列 4. 纵联 5. 分节并列 6. 联锁分节并列 7. 镶面纵联 8. 框式纵联 9. 乱石 10. 镶面乱石

石拱桥各部分的名称随朝代、地区有变化，匠师们的俗称有时也不一样。为便于叙述，兹以王璧文先生（故宫博物院古建专家，已故）整理的清代官式石拱桥各部分名称，作为暂定的统一称谓。（图 1—4—3）

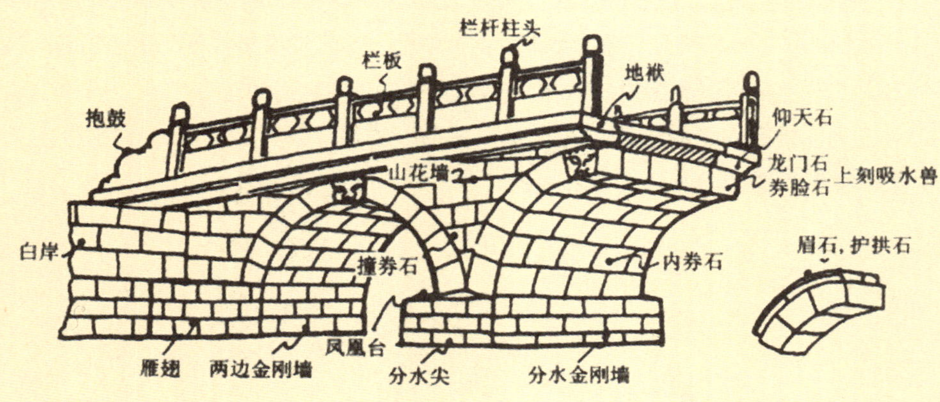

图 1—4—3　清代官式石拱桥各部分名称图

南方多见的薄墩薄拱驼峰式石拱桥，构造又不一样，各部分专门名称亦略有不同，按各地方习惯的称呼如图。（图 1—4—4）

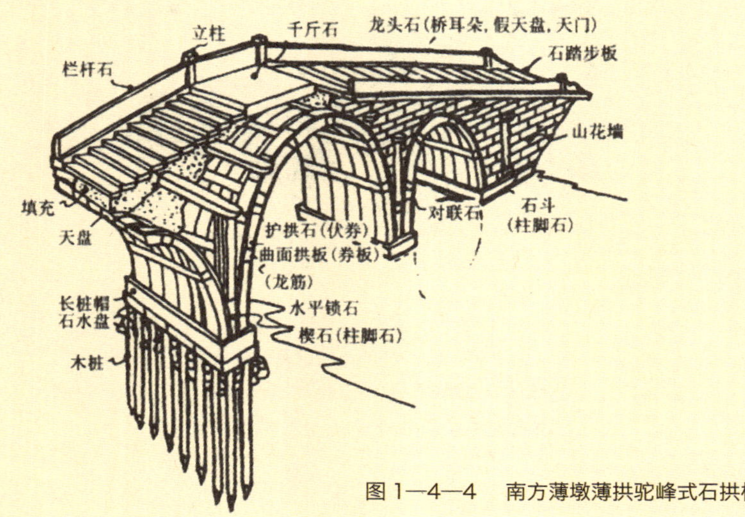

图 1—4—4　南方薄墩薄拱驼峰式石拱桥各部分名称图

三『古桥工匠』

桥梁形式，无论中外，大致相同。为什么会自然而然地形成中国古代桥梁所特有的风格呢？我国古代造桥技术的传播和继承，和其他手工业者一样，采用的是口传手授的方式，师徒相继或者子承父业，沿传不绝。师承传习的传统方法，是历史的产物。根据文献记载和实物分析，原因大致为：一是中国匠师们的造桥技艺世代相传，每一代杰出匠师都具有一脉相承的传统和个人独有的特殊的桥梁建造风格；二是其柱、阙、门、楼、亭、榭、台、阁等附属建筑，有浓厚独特的民族和地方色彩；三是彩绘和木石雕刻艺术，作为桥梁的装饰，其题材内容、色彩布局、造型组合和雕琢手法，又有鲜明的传统爱好和深厚的历史沉淀。

我国的造桥技术也传到国外。如俄国彼得大帝就曾请中国派遣造桥专家西去，传授技术。可见中国古代的桥工，对中国乃至世界的桥梁事业，都曾经作出过伟大的贡献。

古时有冬官、司空管理百工，桥工匠师也在其列。《史记·五帝本纪》："舜曰：'谁能驯予工？'皆曰垂（人名）可。于是以垂为共工。……垂主工师，百工致功。"裴骃集解引马融曰："为司空，共理百工之事。"考唐制官营手工业，"少府监"（尚方监）掌管百工技巧的政务，"将作监"掌管土木工匠的政务。类似建筑工程师的高级匠人称为"长上匠"；州出钱雇用，因而也称为"明资匠"，名额二百六十人。柳宗元《梓人传》："故食于官府，吾受禄三倍；作于私家，吾收其直太半焉。"据此则古代匠师是具有专业技能、独立工作和指挥能力的工程技术人员，并且受禄于官府，还允许他作于私家，很像后世的自由职业者。有人以为古代工匠不受重视，没有文化，没有系统的科技知识，是缺乏根据的。

中国的匠师们涉及桥梁建筑的有匠人（石工）、梓人（木工）、冶人（锻冶）、斯轮（做车轮圆木）等，其作风谨严、献身敬业。《水经注·卷九·洹水》称：洹水"又北迳建春门，石梁不高大，治石工密。旧桥首夹建两石柱，螭矩趺勒甚佳。乘舆南幸，以其作制华妙，致之平城东侧西阙，北对射堂，绿水平潭，碧林侧浦，可游憩矣。"至于河北赵州桥"磨砻致密，千百象一"，四川龙脑桥桥小象巨，气象非凡，古代匠师们修造的各色桥梁建筑于中国大地上随处能见，不但使桥梁而且使市镇平添许多胜景。

【第五节　湖北古桥综述】

湖北是楚文化故里、三国文化之乡，厚重的历史积淀留下了丰富的文化遗产。湖北古桥在中国古桥历史上的地位和影响力虽不如江南，但其形制多样，设计精巧，造型优美，结构坚实。从结构特点划分，有拱桥、梁桥两大类。其中拱桥按材料分有砖拱、石拱，按拱形分有弧形拱、半圆形拱、悬链线形拱和天然石拱；梁桥分为石墩石梁桥和木梁桥。还有石拱和石梁组合的桥型和以石拱和木梁为基础构建的风雨桥或称凉桥。石拱桥和石墩石梁桥最为普遍，全省各地都有分布，鄂东、鄂南最为集中；木梁桥及风雨桥主要分布在鄂西土家族、苗族聚居区，鄂南也有少量分布，具有浓厚的民族特色。

湖北全省古桥总量虽不如江、浙、闽的一个市（县），但还是不乏亮点，有些可称中国之最。如：

位于仙桃市沔城回族镇金华村北的司马桥为光绪年间所建单孔石拱桥。桥面两侧设石板护栏，栏板浮雕人物、龙凤、松菊延年、岁寒三友、郭子仪上寿、渔樵耕读等，异常精美。

武汉市洪山区和平乡北洋桥村东湖港上的单孔石拱桥北洋桥，又名白杨桥、白洋桥。它始建于唐代，历经明、清、民初和新中国成立以后的多次修葺，虽身居大都市仍保存完好，几乎无残缺之处。

武汉市黄陂区罗汉寺镇河李湾村的半河桥建于明代。这座五孔石拱梁组合桥的桥面呈“之”字形，上面深深的车辙留下了岁月的痕迹。该桥为全省体量最大的一座石拱与梁柱结构结合的古桥，此体量的拱梁组合桥在全国也不多见。

咸宁市咸安区高桥镇高桥村东的五孔石拱廊桥高桥，桥高孔多，结构严谨。廊屋工艺精湛，气势宏伟。墩成棱形，桥洞拱形，青石砌成。桥横跨河中，宛如雨后彩虹。

咸宁市崇阳县港口乡大梅村泉坑西 300 米的大梅亭桥，是目前作者所知唯一建在山顶的单孔石拱桥。桥修建在山顶，古官道连接崇阳和通山两县，桥上桥下两条道成立交。桥券中沿壁有两排石凳，供爬到山顶的人、畜休息。

咸宁市崇阳县沙坪镇堰市村东的合心桥为十六孔石梁桥，建于清代同治年间。桥墩下用松木做桩，桥墩石料直接搁置在木桩上，150 余年过去了，沿用至今而不腐。

神农架林区木鱼镇南部彩旗村的天生桥，是地表水和地下水的流动、溶蚀、冲刷作用形成的，孔洞成葫芦状，气势宏伟壮观，如今是旅游胜地。

原建于恩施州巴东县东瀼口镇绿竹筏村的寅宾桥，建于清代，为单孔尖拱石桥。该桥由两县各建一端，因此选料和构筑工艺不尽相同。秭归一端，采用传统的拱券带眉石结构；而巴东一端，不设拱券，用逐层向桥孔中挑出的叠涩方式。两边合龙为完整的拱形，此种拱券的砌筑工艺全国仅见。

湖北单孔体量最大的万寿桥，位于恩施州建始县业州镇杨柳池村。该桥位于深山沟壑之中，连接两边的山道石阶均用近一米宽的厚石板铺就，最长一边山道有 1200 步石阶。

湖北最长的木梁廊桥是十字路风雨桥，位于恩施州咸丰县丁寨乡十字路村南，为三墩四孔木梁风雨桥。始建于清初，咸丰年间维修，民国五年（1916 年）原清朝议大夫秦朝昌捐资重建。桥长 44.8 米，宽 4 米。桥面起凉亭 13 间，木构单檐悬山顶，顶正中建四角攒尖顶亭阁，檐柱间设“十”字斜撑，力学结构完美。

中国唯一融合两种木拱桥技术的桥，是位于恩施州利川市毛坝乡花板村二组的永顺桥。它完美地结合了木伸臂与斜撑两种木拱技术，充分体现了古代桥工对桥梁结构受力的理解和精湛高超的技术。

“溜索”是古桥诸多桥式中的一种。它也有自身发展的一个过程，从藤到竹，再到铁链、钢索；从单索到双索，再到多索、链，直到现在大家还能看见的铁索桥。

位于恩施州鹤峰县铁炉白族乡渔山村六组和七组之间的渔山溜索建于 1997 年。虽不属于古桥，但在这个鹤峰县东南偏远的山村，被绝壁和深谷三面包围的深山僻壤中，这条长 1000 米、离谷底 480 米的溜索，是该地村民与外界联系的唯一通道。书里专门给它一席之地，作为这类古桥修造方式的遗存，保留下它的身影。

贰

鄂中篇

二、鄂中篇

鄂中非湖北之正中，而是湖北的政治、文化、经济中心。鄂中包含有武汉市、荆州市、荆门市、天门市、仙桃市和潜江市。

【武汉市】

武汉市，世界第三大河长江及其最大支流汉江横贯市区，将武汉一分为三，形成武昌、汉口、汉阳三镇鼎立的格局。武汉有着 3500 年的建城史，是中国近代规模最大的城市之一，也是中华民国的诞生地。

武汉市有城区汉阳区、硚口区、江汉区、江岸区、武昌区、青山区、洪山区、东西湖区、汉南区、蔡甸区、黄陂区、江夏区、新洲区、沌口经济开发区、东湖高新技术开发区、吴家山台商投资区。古桥最多的区是江夏区。

武汉市收录单孔石拱桥 23 座、三孔石拱桥 1 座、五孔石拱和石梁组合桥 1 座、单孔石墩石梁桥 3 座、二孔石墩石梁桥 1 座、三孔石墩石梁桥 1 座、五孔石墩石梁桥 1 座，合计 31 座。其中残桥 3 座。始建于唐代 1 座、元代 2 座、明代 7 座、清代 21 座。

北洋桥石狮

北洋桥

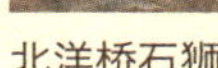

北洋桥石狮

北洋桥文物保护石碑

北洋桥

位于武汉市洪山区和平乡北洋桥村东湖港上。又名白杨桥、白洋桥。单孔石拱桥。始建于唐代，明万历三十年（1602 年）中丞常居敬重建，清代和民国初年曾屡加修葺。桥全长 50 米，宽 7.76 米，净跨 10 米，拱高 6 米。镶边纵联砌筑拱券，双圆心拱。桥身为红砂条石砌筑。1995 年对桥面进行过全面维修。桥东端北侧立明万历年间“楚城白洋桥碑记”碑和民国初年“乡人李凌重修北洋桥碑记”碑各 1 通，碑文记该桥的历史沿革。该桥在武汉火车站南 1 公里。旁边在建地铁站，城中村北洋桥村已经拆迁。

武汉市文物保护单位。

坐标 N：30° 36′ 25.5″，E：114° 24′ 03.8″。

北洋桥桥券

北洋桥桥面

桥名石碑

保留下来的桥栏板

保寿桥（残桥）

位于武汉市硚口区汉正街全新街保寿巷。单孔石拱桥。保寿桥石栏边一块石碑上，刻有建桥历史，标明这座桥始建于清朝康熙初年（1662 年），重修于清朝道光十四年（1834 年）。是硚口区保留下来的最后一座石桥，硚口的"硚"字便是取自该桥名。目前该桥因老城区改造拆迁已经用砖围起来，避免在拆迁中遭到破坏，故尺寸也无法测量。

武汉市文物保护单位。

坐标 N：30° 34′ 14.5″，E：114° 16′ 44.0″。

一些"老硚口"对沿武胜路、汉正街、六渡桥一带的"硚"如数家珍。今年 81 岁的王喜祖老人说，新中国成立前这一带因为汉水泛滥，低洼处形成无数条小河，有了河就有了桥。"保寿硚"下的那条小河叫玉带河。"我小时候，硚口有像保寿硚这样的小桥 30 多座。后来汉江和长江修建了防洪大堤，这些小河道没有再淹水，桥的功能便渐渐废除。再往后随着城市发展，原来的河流被填而成了闹市，保寿硚就是一个典型。"

三多桥

位于武汉市蔡甸区大集镇大集村郑湾东南 100 米。单孔石拱桥。南北向跨汉水小支流。建于明代。桥券纵联砌筑。桥面两侧设石望柱栏板。桥长 23 米，宽 3 米，孔跨 2.5 米。现在大集村和郑湾都已经拆村并镇，桥旁正在填港盖房，桥已荒废。

武汉市文物保护单位。

坐标 N：30° 29′ 56.9″，E：114° 03′ 36.5″。

三多桥

三多桥桥券

韬光桥

位于武汉市蔡甸区索河镇彭新集村。又名马城桥。单孔石拱桥。南北向跨汉水小支流。建于清代。桥拱上部楷书“功德何人及名誉岂敢邀石碑无所记铭日韬光桥”和“嘉庆十三年岁官戊辰季春吉日谨记”字样。山花墙上刻“中华民国二十三年十一月 水路走严家山张五 丁家集 上走系马口（汉川县）下走彭新集（汉阳县）”，看来民国时也修葺过。桥券纵联砌筑。桥长 31 米，宽 4.6 米，孔跨 5 米。

蔡甸区文物保护单位。

坐标 N：30° 02′ 22.4″，
E：114° 25′ 38.1″。

韬光桥（马城桥）文物保护石碑

韬光桥石刻

韬光桥

韬光桥桥券

桥券上刻韬光桥桥名

同善桥

位于武汉市蔡甸区永安街道红城村与向集村交接处。单孔石墩石梁桥，南北向跨渣河。建于清光绪三十年（1904年）。桥长6.2米，宽3米。桥面由七块麻石条搭建，其东侧刻有桥名“孙家渡同善桥”及“甲辰年奉慈母涂氏命，经理募必人……”等字样，桥栏已散失。桥身两侧设有八字形护坡，由麻石和红砂石砌筑而成，每面分别安装有铁环两个。作为武汉近郊为数不多且保存较好的石梁桥，其发现对于研究清末武汉周边乡间交通运输史具有重要的价值。（省文物局提供文字、照片）

同善桥

同善桥桥身铭文

南桥（含小桥 1 座）

位于武汉市江夏区山坡乡贺站陈六村。单孔石拱桥。桥长 36.7 米，宽 6.3 米，孔跨 6.9 米。建于元至正九年（1349 年）。有建桥碑记和清康熙三十六年 (1697 年) 修葺维修碑记嵌于桥身西南面山花墙。拱券纵联砌筑，驳岸以红砂条石砌筑，糯米石灰浆勾缝，桥面为大块青石板铺墁。券顶中部镌有“至正九年己丑春江夏南一鼎”字样。是武汉市现存最早且有确切年代可考的古桥。

据当地老人介绍，为修南桥需将河水先改道分流，故在离南桥 100 步的上游先修了一座小石拱桥，使河水分流，目前该小石拱桥还在，只是桥下无河，而是一片稻田。

已升级为湖北省文物保护单位。

坐标 N：30° 02′ 22.4″，E：114° 25′ 38.1″。

上：南桥
中：南桥文物保护石碑
下排从左至右为：南桥桥券、建桥碑记、桥面、为修南桥而先修的一座分流的小桥（离南桥 100 步）

张家桥

位于武汉市江夏区流芳街道办事处龙泉社区红旗村张桥湾。单孔石拱桥。东西向跨一小港。建于清代。桥券纵联砌筑。桥长 3.7 米，宽 2.7 米。桥原为村庄间联系孔道，现只作田间便桥。

坐标 N：30° 23′ 31.1″，E：114° 28′ 22.3″。

张家桥

寺王桥桥券

寺王桥

位于武汉市江夏区流芳街道办事处泉岗村。单孔石拱桥。建于清代。桥券纵联砌筑。桥长15.4米，宽2.9米。因东湖开发区建设，该村撤销，土地已划入开发区工业用地，桥目前尚在，但其将来的命运还不得而知。

坐标 N：30° 25′ 11.1″，
E：114° 28′ 49.5″。

寺王桥

浮山桥

左：浮山桥文物保护石碑
右：浮山桥桥券

浮山桥

位于武汉市江夏区湖泗镇浮山村。单孔石拱桥。建于清代。桥券纵联砌筑。桥长 22.7 米，宽 5.47 米。古桥附近是国家重点文物保护单位——湖泗瓷窑址群。

江夏区文物保护单位。

坐标 N：30° 03′ 41.3″，E：114° 28′ 50.2″。

团墩桥文物保护石碑

团墩桥

位于武汉市江夏区湖泗镇张林村。建于清代。单孔石拱桥，南北跨河港。桥券纵联砌筑。桥长 14.2 米，宽 4 米。桥北山包也是古瓷窑保护区。

江夏区文物保护单位。

坐标 N：30° 01′ 39.0″，E：114° 27′ 42.4″。

团墩桥桥券

团墩桥

黄斌桥

位于武汉市江夏区舒安乡官山村。建于清代。单孔石拱桥。桥券纵联砌筑。桥长 11.7 米，宽 2.6 米。

坐标 N：30° 04′ 00.6″，
E：114° 29′ 44.4″。

上：黄斌桥
下：黄斌桥桥券

程子桥

程子桥

位于武汉市江夏区安山镇八一村。单孔石拱桥。南北向跨程子港汊。建于明代。拱券纵联砌筑。桥长 19 米，宽 3. 8 米，孔跨 5 米。商周至汉代古城“程子城”遗址也位于此。

江夏区文物保护单位。

坐标 N: 30° 09′ 53.1″，
　　E: 114° 18′ 51.5″。

程子桥桥面

程子桥文物保护石碑

程子城遗址石碑

灵港桥

灵港桥

位于武汉市江夏区宁港乡宁港村东南。单孔石拱桥。东西向跨宁港河。建于清代。拱券纵联砌筑。桥面两侧设石护栏。桥长 17 米，宽 4.57 米，孔跨 7.62 米。该桥因受重型汽车碾压，拱券已经变形。

武汉市文物保护单位。

坐标 N: 30° 16′ 19.2″，

E: 114° 21′ 17.3″。

中左：灵港桥文物保护石碑
中右：功德碑
下左：重载后变形的桥券
下右：桥面和栏板

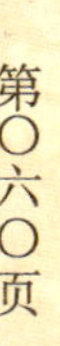

曾家桥（残桥）

位于武汉市江夏区郑店街道办事处劳一村曾家湾，107 国道东侧。单孔石拱桥。南北向跨一小港。建于清代。桥券纵联砌筑。桥长 9 米，宽 3.5 米。该桥已部分坍塌，基本弃用。

坐标 N：30° 16′ 19.2″，E：114° 21′ 17.3″。

曾家桥

枫树桥

位于武汉市江夏区郑店街道办事处劳四村枫树湾和西边张两村交界河上。单孔石拱桥。东西向跨小河。建于清代。桥券纵联砌筑。桥面现砌水泥护栏。桥长 15 米，宽 4.2 米，拱高 2.4 米。桥有石碑 2 通，字迹已不清，是近年从村民家找回的。

江夏区文物保护单位。

坐标 N: 30° 17′ 45.8″，
E: 114° 15′ 44.2″。

枫树桥文物保护石碑

枫树桥

乱泥田桥（残桥）

位于武汉市江夏区郑店街道办事处崇林岭村乱泥田村。单孔石拱桥。东西向跨一湖汊。建于清代。桥券纵联砌筑。桥长 5 米，宽 2.5 米。桥面已损，现为田间农作使用。

坐标 N：30° 15′ 04.7″，E：114° 15′ 12.2″。

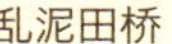
乱泥田桥

青莲庵桥

位于武汉市江夏区郑店街道办事处青莲庵村。两孔石墩石梁桥。南北向跨河。建于清代。桥长13.5米，宽1.95米，高2.95米。五条石梁并铺桥面，最厚的石梁厚0.38米。桥墩迎水面设分水尖。原为该区域主要通道，现被现代桥梁取代。

江夏区文物保护单位。

坐标N：30° 13′ 52.2″，E：114° 15′ 37.9″。

上：青莲庵桥文物保护石碑
中：青莲庵桥桥面
下左：青莲庵桥
下右：青莲庵桥墩

马家湾马家桥

位于武汉市江夏区郑店街道办事处莲花桥村。单孔石墩石梁桥。南北向跨小港。建于清代。桥长 4.5 米，宽 1.9 米，四条石梁并铺桥面，最厚的石梁厚 0.33 米。

坐标 N：30° 13′ 26.4″，E：114° 16′ 23.5″。

上：马家桥桥面
下：马家桥

新庙桥

位于武汉市江夏区五里界街道办事处罗立村。单孔石墩石梁桥。东西向跨小港。建于清代。桥长3米，原宽2.8米（四条石梁），现宽0.73米（仅剩两条石梁），单石梁宽0.37米，厚0.27米。

坐标N：30° 17′ 33.2″，E：114° 30′ 55.4″。

新庙桥

彭家桥桥券

彭家桥

位于武汉市江夏区五里界街道办事处星火村彭家湾。单孔石拱桥。南北跨一小港。建于清代。桥长 9 米，宽 3.2 米。拱券镶面纵联砌筑。现拱券部分坍塌，山花墙明显被拆掉了两层，桥面灌木丛生，已经开始败落。

坐标 N：30° 18′ 23.9″，E：114° 29′ 40.1″。

彭家桥

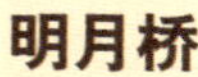

明月桥

位于武汉市江夏区五里界街道办事处东湖村。单孔石拱桥。东西向跨一河港。建于清代。拱券纵联砌筑。桥面灌木丛生，人已无法靠近测量，显然已弃用。

江夏区文物保护单位。

坐标 N：30° 21′ 07.8″，E：114° 24′ 51.3″。

明月桥文物保护石碑

明月桥

刘家大桥

刘家大桥

位于武汉市江夏区五里界街道办事处李家店村。单孔石拱桥。南北跨一小河塘。建于清代。拱券纵联砌筑，山花墙已部分坍塌，桥还在使用，桥上灌木茂盛。离该桥 100 米处的一古石梁桥已彻底垮塌。

坐标 N：30° 17′ 50.1″，E：114° 23′ 57.0″。

土地堂老街桥

位于武汉市江夏区乌龙泉街道办事处土地堂社区老街。单孔石拱桥。南北向跨一小河。建于清代。拱券纵联砌筑。桥长10米，宽4.6米。桥面现铺水泥路面，桥两边被房屋挤占。

坐标N：30° 12′ 42.3″，E：114° 19′ 42.3″。

土地堂老街桥

高家桥桥券

高家桥

位于武汉市江夏区乌龙泉街道办事处土地堂社区园艺场高家桑村。单孔石拱桥。东西向跨一小河。建于清代。拱券纵联砌筑。桥长 10 米，宽 4.6 米。

坐标 N：30° 14′ 04.0″，E：114° 21′ 56.4″。

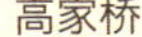

高家桥

狮子山三眼桥

位于武汉市江夏区纸坊街道办事处宁港社区狮子山村大屋杨湾。为江夏区现存唯一的一座三孔石拱桥。南北向跨在鱼塘上。建于清代。拱券纵联砌筑。桥长 35 米，宽 5.1 米。部分桥面和山花墙已坍塌，河道已改成了鱼塘。

武汉市文物保护单位。

坐标 N：30° 17′ 09.5″，

E：114° 23′ 38.1″。

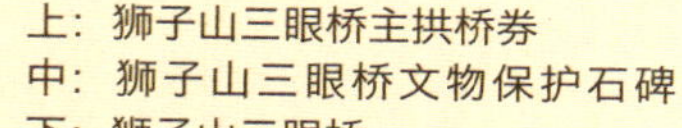

上：狮子山三眼桥主拱桥券
中：狮子山三眼桥文物保护石碑
下：狮子山三眼桥

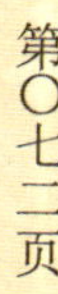

半河桥

位于武汉市黄陂区罗汉寺镇河李湾村。五孔石拱石梁组合桥。东西向跨龙须河。现桥建于明代，始建年代不详。拱券为镶面纵联砌筑。桥长 61 米，宽 4.5 米，最大孔跨 4.5 米。桥面呈“之”字形，留有洪车（独轮车）碾过的一道道车辙。该桥为全省体量最大的一座拱梁结合的古桥。

武汉市文物保护单位。

坐标 N：30° 56′ 51.2″，
E：114° 18′ 18.5″。

上：半河桥
中：半河桥文物保护石碑
下左：半河桥石梁桥桥面
下右：半河桥石拱桥桥券

张都桥

位于武汉市黄陂区张轩岭街办张都桥村。单孔尖拱石拱桥。桥东西向横跨滠水支流。建于明代。拱券镶面纵联砌筑。桥长 15 米，宽 5.2 米，高 6.2 米。拱顶迎水面嵌龙头，背水面嵌龙尾，现均已毁。桥面千斤石为太极图案。旁边已建现代桥梁取代了老桥。

坐标 N：31° 03′ 37.9″，
E：114° 21′ 18.0″。

上：张都桥桥券
下：张都桥

青石桥

青石桥桥券

青石桥

位于武汉市黄陂区木兰乡长轩岭至木兰山大道旁竹林湾北。单孔尖拱石拱桥。史料记载，始建于明末，后毁于战火，清康熙初年复建，道光年间修葺，2000 年再修。拱券纵联砌筑。桥长 15 米，宽 5.2 米，高 6.2 米。据当地老人介绍，其上游原还有一座“黑石桥”，毁于抗战时期。

坐标 N：31° 07′ 15.0″，
E：114° 24′ 58.4″。

彭家桥

位于武汉市黄陂区王家河镇长堰小街南 2 公里。又叫龙墩桥、龙头桥。四墩五孔石墩石梁桥。始建于明万历四十四年（1616 年），竣工于万历四十五年（1617 年）。在离桥几百米的下兴集村有石碑一通，记“（邑）之东（乡）三十五里南遥□彭就港桥（为）燕楚孔道往来缳骚每（洪）（水）泛涨□□属□水激（浪）飞□劾风凛冽□与梁荷重复病□涉弟浩□□利济然之□道任修理之责□予为□之计此僦费凡五□（日）（建）于丙辰□成于丁巳□而桥斯竣（工）矣……万历戊□吉（时）晨祷记□□□冬十二月弟浩金（力）监碑　督历二□□□□”，应为建桥碑记。

墩尖雕有龙头，后有龙尾，墩身迎水面镶着铁制狗、羊、牛、马的头，其意在护桥，并标识水位。桥长 20 米，宽 4 米，高 5 米。1999 年在古桥面之上加建现代公路桥，并设拱和加长加宽。

坐标 N：30° 59′ 37.1″，

E：114° 26′ 43.9″。

上排从左至右为：
彭家桥老石梁
彭家桥桥墩上铁羊
彭家桥桥墩上铁马
彭家桥桥墩上铁牛
下：彭家桥

孔叹桥

位于武汉市新洲区旧街镇孔子河村东北孔庙大成殿南侧。三孔石墩石梁桥，东北至西南向跨孔子河。始建于明万历三十二年（1604 年），清咸丰元年（1851 年）重修。桥长 23 米，宽 2.3 米。石梁下有石伸臂结构，桥墩上下游均作梭形分水尖。（摄影：吴礼冠）

孔庙

建于清代。湖北省文物保护单位。该建筑始建于西汉年间，由西汉淮南王刘安修建，南宋以前称为孔子庙，南宋末年龙仁夫在此首创书院，传播儒学文化。明、清两代多次改修扩建。坐北朝南，占地面积约 4370 平方米。两进四合院式布局，有大成殿及左右偏殿、讲堂等。大成殿面阔五间、24．5 米，进深四间、12.2 米，单檐硬山灰瓦顶，穿斗式构架，前檐设轩顶；讲堂为硬山顶二层楼，面阔三间、14.5 米，进深三间、14.2 米；左右偏殿均面阔九间、32 米，进深一间、7.2 米，单檐硬山灰瓦顶，抬梁式构架。大成殿内壁嵌重修孔庙碑 8 通。　“坐石”刻石（孔庙外）刻于一不规则状石上。原记载幅高 2.2 米、宽 0.8 米，楷书“坐石”，字径 0.8 米 ×0.54 米。现整块石仅 0.5 平方米左右。

“孔子使子路问津处”碑（现存孔庙内）

青石质，圆首。通高 1.75 米，宽 0.65 米，厚 0.17 米。边框阳刻缠枝花纹，中部楷书“孔子使子路问津处”。

上左：孔叹桥
上右：孔叹桥桥墩
下左：孔叹桥墩尖
下右：孔叹桥桥面

【天门市】

天门市直属省政府，下辖三个街道办事处、21 个镇、1 个乡、天门经济开发区、国营蒋湖农场、仙北工业园区、白茅湖棉花原种场。素有“茶圣故里”、“状元摇篮”之称。春秋属郧国，清雍正四年（1726 年）为避讳改景陵县为天门县，1987 年撤县设市。

收录单孔石拱桥 1 座。宋代。

雁桥（雁叫桥）

位于天门市竟陵街道办事处西寺路。单孔石拱桥。在诸多史料里，没能找到雁桥始建于何时的确切记载，传说始建于唐代。可以肯定的是，明万历年以前便有了雁桥。道光《天门县志》载 万历十五年(1587 年)，中书朱万祚鼎建。之后的清顺治初、康熙二十一年(1682 年）重修，立碑题“古雁桥”三字。乾隆十一年（1746 年）、道光二十七年（1847 年）重建时加石雕装饰和修桥题记。抗日战争时被炸毁，1981 年按原貌修复。各朝各代不断的修缮，足以表明这座石桥在茶圣故里人民心目中的价值。现为拱券纵联砌置，阶梯状桥面，两侧设石栏杆。券脸石嵌“雁桥”石匾。桥头立石碑 1 通，高 1.3 米，宽 0.8 米，厚 0.12 米，镌知县钱永题“古雁桥”。桥长 14.2 米，宽 5.93 米，孔跨 5.24 米。

传陆羽出生后被弃于此，幸得群雁覆护，戛然长鸣，惊动西塔寺僧积公，循声而至此，抱归抚养。为纪念“茶圣”陆羽，后人修建了雁桥与雁叫关。

现桥在“陆羽公园”的“陆羽纪念馆”前。

坐标 N：30° 39′ 22.9″，E：113° 09′ 38″。

陆羽文学泉井

位于竟陵街道办事处陆羽村官池北畔。建于清代。又名陆子井，俗称三眼井。始建于唐代，因陆羽在此向隐士邹夫子求学煮茗而得名，清代重修。井口盖六角形青石板，上凿直径 35 厘米的圆孔 3 个，呈“品”字形排列。井深 2.5 米。砖砌井壁。清乾隆四十七年(1782 年)安襄郧兵备使陈大文于井侧立石碑 1 通，高 1.8 米，宽 0.8 米，厚 0.18 米。碑阳刻“文学泉”，碑阴刻“品茶真迹”，均为楷书。

湖北省文物保护单位。

雁桥

桥名石碑

龙头

龙尾

【仙桃市】

仙桃市属省政府直辖，下辖 3 个街道办事处、15 个镇、1 个工业园和 7 个农、渔场。有新石器时代遗址、陈友谅故居，沔阳花鼓戏、皮影戏传统技艺。春秋属楚，隋大业初改建兴县为沔阳县，1986 年撤沔阳县设仙桃市。

收录单孔石拱桥 4 座、7 孔石拱桥 1 座，合计 5 座。年代是清代 4 座，民国 1 座。

万寿桥

位于仙桃市皂市镇西街西南 500 米。七孔石拱桥。南北向跨长汀河。建于清乾隆年间（1736—1795 年）。拱券纵联砌置。桥长 90 米，宽 25 米，孔跨 10 米。券脸石雕龙头、龙尾。桥面两侧设砖砌护栏。因为在城外新开挖了一条人工河，长汀河改道，老河道在监管不力的情况下严重淤塞，被大量生活垃圾填埋。

仙桃市文物保护单位。

坐标 N：30° 51′ 19.7″，
E：113° 20′ 29.0″。

上：10 年前尚见五孔的“万寿桥”
中：目前淹没的仅见两孔半的“万寿桥”
下：欣慰的是长汀河老河道上游正在治理中

石狮

司马桥

位于仙桃市沔城回族镇金华村北。单孔石拱桥。南北向跨沔阳古城护城河。始建年代不详，重建于清光绪年间。拱券纵联砌置。桥长14米，宽5米，孔跨6米。桥面两侧设石板护栏，栏板浮雕人物、龙凤图案。拱额嵌“司马桥”石匾，款署“光绪岁次庚寅众姓重建”，阴刻楷书。桥头立两件石象，石狮为后人所加。

湖北省文物保护单位。

坐标 N：30° 11′ 37.6″，
E：113° 13′ 32.8″。

司马桥

桥面

上：
古栏板一
古栏板二
古栏板三
古栏板四
中：
文保石碑

桥券

石象

东梁桥

位于仙桃市沔城回族镇七红村。单孔石拱桥。南北向跨沔阳古城护城河。建于清代。桥长13米，宽4.5米，孔跨5.5米。桥面砌石为栏，原有石雕麒麟、风景等图案。桥拱顶端嵌“光绪二十五年秋吉旦日重修”匾。现桥又在重修中，将石拱改成了砖拱，原来的石料散落在桥头和河中，甚是可惜。

坐标 N：30° 11′ 49.4″，
E：113° 14′ 20.3″。

正在重建中的东梁桥

镇上古井

东梁桥原桥上的石料

东梁桥桥券

被抛在河里的东梁桥抱鼓石

镇上老屋旁残留下的石雕

桥券

抱鼓石

文明桥

位于仙桃市沔城回族镇金华村南。单孔石拱桥。南北向跨沔阳古城护城河。建于清代。拱券纵联砌置。桥长 14 米，宽 4 米，孔跨 5.5 米。原桥面两侧设石护栏。

坐标 N：30° 10′ 56.7″，
E：113° 13′ 41.3″。

文明桥

官粮桥

位于仙桃市沔城回族镇九贺门街西侧，为沔城护城河桥之一。是当时邑人交粮纳税、朝廷转运漕米的主要通道，因之得名。原为木桥，1936 年改建为砖石质单孔石拱桥。南北向横跨玉带河。桥长 16 米，宽 4.6 米，孔跨 4 米。作为沔城的重要遗存，该桥的发现对研究清末江汉平原城市建筑规划史具有重要价值。（省文物局提供文字、图片）

官粮桥桥面

官粮桥

【潜江市】

潜江市属省政府直辖，下辖 4 个街道办事处、9 个镇、1 个经济开发区、6 个管理区、1 个农场和江汉石油管理局。有“水杉第二故乡”的美誉。有楚灵王建造的离宫章华台遗址。西周郧国地，宋乾德三年（965 年）升镇为潜江县，1988 年撤县设市。

该市未发现古桥，仅找到贺公桥遗址一处。

【荆门市】

荆门市下辖东宝区、掇刀区、屈家岭管理区、沙洋县、京山县、钟祥市，其中镇 50 个，乡 1 个，街道办事处 5 个，农业办事处、农（牧）场、水库单位等 11 个，省级经济（高新）技术开发区 4 个。明显陵是中南地区唯一一座帝陵。古桥保存基本完好。荆门西周属权、鄀国，唐贞元二十一年（805 年）析长林县置荆门县，1983 年设荆门市。

收录单孔石拱桥 22 座、2 孔石拱桥 2 座，3 孔石拱桥 2 座、4 孔石墩石梁桥 1 座、5 孔石墩石梁桥 1 座、16 孔石柱石梁桥 1 座，合计 29 座。其中改建 1 座。年代为唐代 1 座、明代 21 座、清代 7 座。

清水桥

位于荆门市东宝区龙泉街道办事处象山东麓龙泉公园文明湖南。单孔石拱桥。东西向跨文明湖汊。建于明代。拱券纵联砌筑。桥长 15 米，宽 3 米，孔跨 5.15 米。原桥面两侧设石护栏。

坐标 N：31° 01′ 39.2″，E：112° 11′ 45.7″。

清水桥桥面

清水桥

来龙桥

位于荆门市东宝区龙泉街道办事处龙泉公园文明湖东北角。单孔尖拱石拱桥。南北向跨竹碧河。建于清代。拱券纵联砌筑。桥长16.2米，宽9.5米，孔跨8.6米。桥面两侧设石护栏。东拱券顶部雕龙头，西拱券顶部雕龙尾。北坡为新铺石阶，南坡为缓坡。北坡桥头立柱上刻“来龙桥”。

坐标 N：31° 01′ 45.9″，
E：112° 11′ 48.9″。

来龙桥龙头

来龙桥龙尾

来龙桥桥面

来龙桥桥名石碑

来龙桥

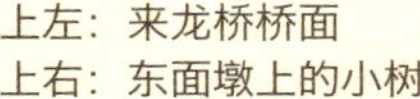

上左：来龙桥桥面
上右：东面墩上的小树
中：桥上望柱上的石雕石狮只剩南北各一只，且斜角对称保留
下：西迎水面
下右：远处为“南薰门”

板桥

位于荆门市东宝区龙泉街道办事处小南门外。双孔石拱桥。南北向跨竹碧河。建于清代。拱券纵联砌筑。桥长 16.72 米，宽 6 米，孔跨 6.2 米。桥墩上下游均设分水尖。

桥上设菜市场，颇有商贾古韵，但对古桥的保护不利。

坐标 N：31° 01′ 38.0″，
E：112° 12′ 08.4″。

文运福桥

位于荆门市东宝区龙泉街道办事处大南门外。三孔石拱桥。南北向跨竹碧河（竹皮河）。始建于明嘉靖年间（1522—1566 年），清道光十二年 (1832 年) 重修。拱券纵联砌筑。桥长 31.5 米，宽 6.8 米，中孔净跨 6.2 米，边孔净跨 5.75 米。桥面两侧设饰网格花纹的条石护栏。

桥上所嵌“三眼桥”石匾，是移自别桥。在荆门古城团结街中段竹皮河上，原有一座建于元代泰定年间（1324—1327 年）的长 26 米、宽 5 米、高 4 米的三孔石拱桥，俗称“三眼桥”。1985 年 10 月，荆门市政建设发展，象山大道南伸，竹皮河改道，原桥重建。新桥 1986 年 7 月竣工投入使用，重建后的新桥长 46 米、宽 38 米、高 6 米，两墩三跨，为钢筋混凝土结构。该桥改建时将古“三眼桥”石匾移至文运福桥。

坐标 N：31° 01′ 35.5″，
E：112° 12′ 03.7″。

上：文运福桥
中：文运福桥桥面为青石板，远处为“凤鸣门”
下：桥面青石板

会仙桥

位于荆门市东宝区子陵铺镇上泉村。单孔石拱桥。南北向跨汉水小支流。建于清代。拱券纵联砌筑。原桥长 6.40 米，宽 3.75 米，孔跨 4.50 米，现已部分填埋。桥旁立石碑 1 通，圭首，八字形座，高 0.55 米，宽 0.45 米，厚 0.12 米，楷书“会仙桥”。

坐标 N：31° 06′ 13.1″；

E：112° 11′ 46.5″。

上左：桥南古银杏树，已有 646 年。旁边为镇福利院
上右：会仙桥
中：原桥上石刻石碑记载捐款人姓名和金额
下：会仙桥石碑

八角新桥

位于荆门市东宝区子陵铺镇红庙村。四孔石墩石梁桥。南北向跨汉水小支流。建于清代。桥长16.6米，宽1.75米。原为每孔五条石梁，现有两孔各缺一条，但仍为村民农作的主要通道。

坐标N：31° 09′ 51.3″，
E：112° 16′ 06.9″。

八角新桥远眺

八角新桥

八角新桥桥面

北门桥

位于荆门市东宝区泉口街道办事处北门路北端。两孔半圆拱石拱桥。南北向跨竹碧河。建于明代。拱券纵联砌筑。桥长 16.9 米，宽 7 米，孔跨 6.2 米。券脸石雕龙头龙尾，弧形桥面，两侧护栏上阴刻横纵双菱及兰花图案。桥头两端石墩上楷书“北门桥”。现扩为三孔，一孔为现代砼梁。桥上设为小商品集市。

坐标 N：31° 02′ 22.9″，
E：112° 12′ 32.7″。

上：北门桥迎水面
中左：桥面青石板
中右：迎水面墩尖龙头
下：北门桥背水面

升仙桥桥洞也已封死

钟祥市文物保护单位
升 仙 桥
钟祥市人民政府
一九九四年五月公布
钟祥市人民政府立

升仙桥

位于荆门市钟祥市郢中街道办事处龙山东 200 米。单孔砖石拱桥。西北至东南向跨越山冲。建于明代。桥长 13.6 米，宽 10.5 米，孔跨 7.56 米。桥拱以长 0.44 米、宽 0.22 米、厚 0.12 米的灰砖一丁二顺起券，青石板平铺桥面。

现山洞已填平盖起了楼房，桥面仍在通车。

钟祥市文物保护单位。

坐标 N：31° 09′ 45.7″，

E：112° 36′ 05.4″。"

中：升仙桥文物保护石碑
下：桥北 50 米处的“报恩寺”

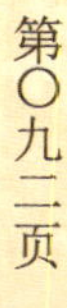

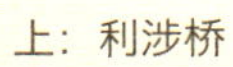

上：利涉桥
中：关公塑像
下：桥面为青石和砖混铺

利涉桥

位于荆门市钟祥市郢中街道办事处元佑路（元佑宫北、莫愁大道边）。单孔尖孔砖石拱桥。东西向跨越龟鹤池与宫塘之间的水渠。建于明代。桥长22米，宽6.8米，孔跨7.24米。桥拱以长0.3米、宽0.20米、厚0.08米的灰砖纵联叠砌。

现该桥已建成街头小景观，桥头立关公塑像，横刀立马。

钟祥市文物保护单位。

坐标 N：31° 09′ 44.3″，
E：112° 35′ 46.6″。

弓背桥

位于荆门市钟祥市郢中街道办事处弓背桥村北 200 米。单孔砖石拱桥。东西向跨乾宗河。建于清代。原桥长 10 米，中宽 4.5 米，两端宽 5 米，孔跨 4.25 米。桥拱以长 0.4 米、宽 0.22 米、厚 0.44 米的灰砖一丁二顺起券，桥面平铺大小各异的青石板。桥下当年可行船，现在河不如沟宽，桥被填埋，连一只鸭子也游不过了。

钟祥市文物保护单位。

坐标 N：31° 10′ 49.8″，E：112° 35′ 07.0″。

上：弓背桥
下：弓背桥桥面

全心桥

位于荆门市钟祥市长寿镇走朱坡村到五星村全心村西800米（全心村已并入五星村）。单孔石拱桥。南北跨一小溪。建于清代。拱券纵联砌筑。桥长 11.3 米，宽 4.2 米，孔跨 7.8 米。桥东原立石碑 1 通，青石质，高 0.6 米，宽 0.4 米。现碑已无存。

据村民介绍，该地就是当年张自忠将军抵抗日本侵略者鏖战的战场，古桥旁两个山头双方争夺激烈。张自忠将军使侵占西南的日本侵略者在此止步，没能进入中国西南。

坐标 N：31° 32′ 28.1″，

E：112° 35′ 46.5″。

上：桥券
中：龙尾龙头
下：全心桥

丽阳桥

位于荆门市钟祥市胡集街道办事处丽阳村。三孔石拱桥。南北向跨丽水。建于明代。拱券纵联砌筑。桥长 16.5 米，宽 0.68 米，中孔净跨 4.23 米，边孔净跨 3.48 米。南孔西壁嵌“桃园三结义”浮雕石匾。

钟祥市文物保护单位。

坐标 N：31° 24′ 47.7″，E：112° 19′ 20.9″。

桥已不行人、车，成了柴草的堆场

“桃园三结义”石匾

“龙头”在“文革”时被打秃了

显陵石桥

位于荆门市钟祥市区显陵内，新红门至棱恩门前的中轴线上。明嘉靖二年（1523年）嘉靖帝为父母兴建，历时 36 年建成。显陵石桥共五组，每组三座，共 15 座。均为单孔石拱桥。拱券纵联砌筑。桥长 14.6 米左右，宽 4.4 至 6.4 米不等，最大跨径 3.5 米。原石桥年久失修，1999 年按原制整修加固，面目一新。

显陵石桥保存最好的一组

显陵古桥桥券

栏杆新旧共存

连山桥（古生物化石桥）

位于荆门市钟祥市张集。石墩石梁桥。十六孔石柱石梁桥。始建于唐代，清乾隆五十一年（1786年）重修。桥长26.8米，宽0.85米。石桥为黛青色，共有16块桥板，每块桥板都是一块完整的大青石，每块桥板长约1米、宽0.85米、厚0.24米。

2010年8月，一批专家在钟祥张集镇老街考察时，无意中发现横亘在梅园河上的这座唐代古石桥的青石上竟有大批疑似古生物的化石。桥面的每块青石上都有一些奇怪的线条和图案，有些像蜿蜒前行的蛇，有的像在水中摇摆的水草，比较明显的图案有16处。其中，2块石板上的图案更为奇特，如同一个倒置的锥子，从锥尖到锥尾，锥体分成一节一节的，很像竹笋。一个锥体长约20毫米，分12节；另一个锥体长约60毫米，30多节。节与节之间的空隙已被白色矿物质填充。

当年8月9日，当地媒体将这批疑似化石的照片送交中科院院士、地层古生物学家戎嘉余进行鉴定。老人一眼就认出，这正是鹦鹉螺类角石。据了解，鹦鹉螺类最早出现于寒武纪晚期，奥陶纪最为兴盛，距今已有4.7亿年（比恐龙出现的年代还要早2亿多年），种类繁多，分布也极广，此后逐渐衰退。现在世界上只有鹦鹉螺一个属，共3个种。戎嘉余表示，这类化石只能在海相地层中才能找到，因为化石多呈圆锥状，似羊角，所以又称为角石。这批化石的发现至少能证明，当地在4.7亿年前曾是汪洋大海。老人表示，该化石对研究古地理环境和地层时代具有重要价值，值得好好保护。

镇党办主任王磊回忆，早在2002年，曾有3位广西师范大学地质学方面的教授来老街采风，认为石桥上的这些奇怪图案就是古生物化石。教授们找到当地政府，提出用10万元收购两块有“锥体”的桥板，拿回学校做教具，但被拒绝。

王磊称，古生物化石就是无价之宝，不能擅自处理；另一方面桥本身就是当地的文物保护单位，不能将桥板损坏进行交易。

王磊说，自从该事传出后，常有不明身份的人在桥附近转悠。但桥两侧的道路狭窄，无法通过大型车辆；同时，每块桥板重约2吨，靠人力根本无法搬动，所以目前才完好无恙。

桥边的旧屋子地基都有10多米高，而且全部都是用大石块垒砌的，在这些石块的缝隙中，到处插满了烧剩的香烛，很多石块的表面已被熏黑。

附近居民介绍，在石桥边烧香祈福是当地人的风俗，1949年前曾红火一时。每逢初一、十五，都会有很多人抢着到桥边烧香请愿，而大家膜拜的就是桥面上的“天书怪图”。现在人数虽没有那么多，但还是有人来烧香。

对桥的结论，当地老百姓感到兴奋：数百年来祭祀香火不断的古桥，原来是座“化石桥”。桥上那些祥瑞“图案”，其实是古生物化石。

桥上化石

桥墩的斜支撑

桥面

袁家河桥

位于荆门市钟祥市双河镇天台村五组袁家湾东山坡。五孔石墩石梁桥。南北向跨袁家河。建于清代。为当年乡村交通设施，由当地袁氏家族筹建。桥长 16 米，宽 2.3 米。桥墩用青石筑成，内为黑色夯土，桥墩平面呈棱形，上下游均设有分水尖，桥面由 19 块青石条铺接。（省文物局提供文字和照片）

袁家河桥

袁家河桥桥面

东门桥

【荆州市】

荆州市下辖沙市区、荆州区、江陵县、公安县、监利县、石首市、洪湖市、松滋市。共 47 个街道办事处、53 个镇、14 高乡、8 个省级开发区。荆州系楚文化的发祥地和三国时期魏、蜀、吴争夺最为激烈的战略要地，人文景观众多，历史遗迹遍布，属国家级历史文化名城。《尚书・禹贡》："荆及衡阳惟荆州。" 荆州为古九州之一，其出土的玉石、陶器、楚国漆器、战国丝绸、西汉古尸等堪称稀世珍宝。

荆州市收录单孔石拱桥 2 座、三孔石拱桥 1 座、九孔石拱桥 1 座、三孔石墩石梁桥 1 座，合计 5 座。其中残桥 1 座。年代为明代 2 座，清代 3 座。

东门桥

位于荆州市古城东门。九孔石拱桥。始建于清乾隆五十三年（1788 年），1970 年改单跨混凝土桥，1986 年再修成九孔石拱桥，共费人民币 4000 余万元。现桥为混凝土结构，石料饰面。桥长 98 米，中宽 15.7 米，两边各加 4.15 米人行道。

东门桥重修石碑

东门桥桥券和龙头

梅槐桥

位于荆州市荆州城西 15 公里。三孔石拱桥。跨越太湖港河，南通荆江大堤。建于康熙四十八年（1709 年）。为古时荆州过当阳、达夷陵、通巴蜀之驿道必经之路。拱券纵联砌筑。现桥面由小石板铺成。桥长 33 米，宽 5.4 米，中孔跨径 6.6 米。

昔传，旧时有梅槐合生，乡人以为吉兆，始架木桥以连湖港两岸。桥成树茂，逢时有暗香浮动、絮花飘飞，故留梅槐之名至今。有 12 块栏板上雕刻人物、花鸟、云龙图案，生动活泼，形象逼真。为民国时期荆州 72 座古石桥中仅存的一座，桥栏板上雕有 14 幅反映民风民俗的刻像。

桥上瓜柱、栏板、条石、雕像，所雕依稀可辨，尤以“植槐”、“赏梅”二图最为清晰。数首诗词独《述古》一字不缺：“玉质冰姿数丈高，叩求雨露下天曹。昨宵花木成灰土，二度梅花万古标。”

石碑屹立于桥侧，上书“流芳百世”，下书捐钱名录。正反均镌，有五百余人。领衔者为荆州将军巴图鲁巴，捐银一封，其余人众不等，至少者仅钱一串，皆为百姓。驿道要冲，不为官府所建，而是百姓之捐，唯此善举，便民利国。

2011 年加以修葺，采用五峰县的石料、湖南的工匠，重新配雕了 19 块栏板和石雕，用混凝土做了整板的基础。

荆州市文物保护单位。

坐标 N：30° 23′ 26.1″，
E：112° 01′ 12.7″。

修葺前

修葺后的梅槐桥

新增石雕

新增石雕栏板

老栏板

老抱鼓石，现铺桥面

老桥面石（图刻石桥）

老桥面石（图刻棋盘）

桥券

桥面

新雕龙头

作者在桥头

龙头桥

位于荆州市松滋市老城镇大堰头村龙头桥西 500 米。单孔石拱桥，东北至西南向跨黑石溪。建于清乾隆三十六年（1771 年）。桥长 5.5 米，宽 2.5 米。原券顶嵌“龙头桥”石匾。现桥面已铺混凝土并加宽。

荆州市文物保护单位。

坐标 N：30° 19′ 09.8″，
E：111° 44′ 03.8″。

桥上新立石碑

龙头桥

界溪桥（残桥）

位于荆州市公安县章庄铺镇桥岗村西南1公里。三孔石墩石梁桥。东北至西南向跨牛浪湖港。明正统年间知县绛元凯主持修建。桥原长15米，宽6.3米。现古桥已经淹没，上架双曲拱现代拱桥。

坐标N：29° 50′ 20.9″，
　　　E：111° 55′ 22.8″。

界溪桥石碑

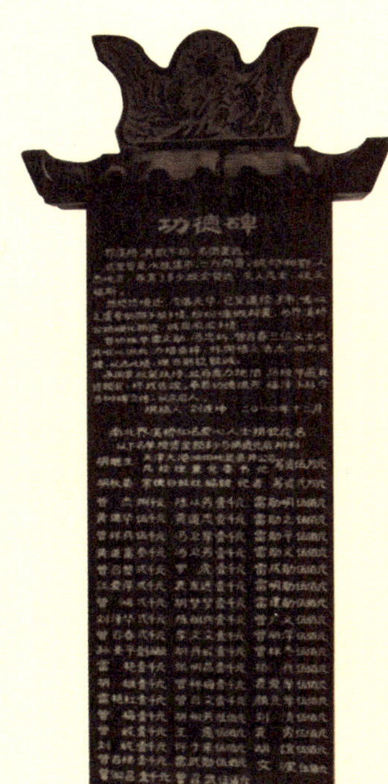

界溪桥功德碑

仅枯水季露出古桥拱顶，河对岸为湖南醴陵

桥上石碑

仙弈桥

位于荆州市监利县棋盘乡棋盘村东南 150 米。又称三盘棋桥，据说有两个神仙在这里下棋三盘，故名。单孔石拱桥。南北向跨一无名小河。建于明洪武十七年（1384 年）。拱券纵联砌筑。桥长 18 米，宽 4.5 米，孔跨 3.8 米。桥面两侧设石望柱栏板。北栏板嵌石碑，楷书“古仙弈桥”、“丙子重修”，浮雕人物、凉亭图案，拱顶嵌“永固千秋”石匾。

坐标 N：29° 44′ 38.8″，
E：113° 09′ 27.0″。

仙弈桥

桥券

鄂东篇

三、鄂东篇

鄂东涵盖了湖北的黄石市、鄂州市、黄冈市。古桥最多的是黄冈市，黄冈市古桥最多的是红安县。

【黄石市】

黄石市下辖黄石港区、西塞山区、下陆区、铁山区、阳新县、大冶市。境内桥、渡历史悠久。最早的是栖儒桥，始建于西汉。明嘉靖庚子年间（1540 年）《大冶县志》记载，黄石境内时有桥梁 78 座。

民国十八年（1929 年），境内开始兴建公路桥，到 1949 年，黄石境内有桥梁 36 座，总长 261 米。1963 年，黄石养路段开始将临时性（全木质）、半永久性（石台、石墩、木梁、木面）公路桥梁全部实现了永久化。当时古桥仅存 7 座。截止到 2013 年就更少了，官方记载只保留了一座改建加宽了的三孔石拱桥和一座五孔石墩石梁桥。年代为元代 1 座，清代 1 座。

姜桥

姜桥位于大冶市金湖乡马（叫）龙（角山）公路西侧 500 米处。三孔石拱桥。明嘉靖庚子《大冶县志》载，元至正年间（1341—1368 年），里人姜二佣工凿石而砌，因号姜桥。

拱券纵联砌筑。桥长 20 米，宽 5 米，高 3 米，每孔跨径 5.8 米，拱圈厚 0.35 米。原桥面有凉亭，两旁有石凳，两端有圆门，南段有两尊雕塑石像，尊称“水将军”，“文化大革命”时期，“水将军”被当作旧文化捣毁。现在桥面也已加宽并加建有屋和廊。（摄影：詹文都）

上：姜桥屋背面
中：姜桥廊面
下：姜桥桥面

贺桥

位于黄石大冶市西南 35 公里处虬川河畔的金牛镇贺桥村。即是邑志所称的长庚桥，即原贺氏天井洪庄的长庚桥。五孔石墩石梁桥。始建于清道光庚寅年（1830 年）， 贺氏伯星（起修）先生与其弟仲星（起敏）、季星（起伟）等，为了方便几十里交通而修之。此桥长 20.8 米 ，宽 1.2 米，由四根 0.3 米的石梁铺成 。桥墩四座，上下游均带分水尖。(文字、摄影：贺立群)

金牛隋唐成集，明初设镇，处在大冶、鄂州、武昌（今武汉江夏）、咸宁四县市交界处。虬川河北经梁子湖通长江，此桥曾是大冶、兴国、江夏三县通衢，为梁子湖逆水虬川的第一座桥。“天井洪”地处山麓环抱之中，中间低洼而平坦，大有天井之形。 虬川河乃该地区之大谷深沟，河水自东而北、由北而西地流经此地，因而亦称“天井硔”。 据传很早之前，在虬川河转弯处有一天然泉井，日照水红，由于虬川河河水泛滥，行路不便，贺氏义举，费资万缗建桥，疏通了江夏、兴国、大冶三县 ，泉井消失，留有地名曰“天井红凼”。当铺贺村本名贺氏“天井洪庄”，兹因创始人贺舜登率子孙在外从事典当经营兴建。故人称天井洪庄为“当铺贺”，时间一久，贺氏天井洪庄渐被人忘却，取而代之是“当铺贺”。此桥毗邻虬川河转弯处，人称为“贺家桥”，故政府将其周边的自然村组合成行政村，名曰“贺桥村”。

贺桥

【 鄂州市 】

鄂州市辖鄂城区、华容区、梁子湖区，三区共 4 个街道办事处、17 个镇、3 个乡。1958 年文物普查时，在鄂城县（今鄂州市）发现新石器时代的文化遗址 27 处，出土的有孔石铲、孔石斧、石凿、石镞，大量鼎、豆、缸、杯、碗、罐等陶器残片和陶制网坠、纺轮等，证明鄂州在四五千年前已开始了农业、渔业和手工业的生产。

西周时，楚子熊渠封中子红为鄂王，建筑城池，开辟了以鄂王城为中心的道路交通，从而成为鄂君启经商的贸易中心。据《太平寰宇记》引江夏记载“汉高祖析南郡，置江夏郡处于鄂”。又《通鉴・地里通释》载“南北二涂，有如绳直”。

三国时，吴王孙权迁都于鄂，改名武昌，在这里修建桥梁，凿山通路，建筑烽燧，设置戍寨，促进了道路的发展。孙权出城东打猎，遇水难渡，乃命人建桥，后来桥坏，人称“败桥”。

晋陶侃设夷市于城东，与五水蛮（古民族，古代巴人的一支）交易，沟通了大江南北的物资交流，促进了汉、蛮民族之间的融合。

唐修驿道，上通鄂州（今武汉市武昌区），下达兴国（今黄石市阳新县）。元太祖元年（1206 年），世主忽必烈进攻南宋，“自黄州之阳逻洑横桥梁，贯铁索至鄂州之白鹿矶”。那是浮桥。

时至明清，驿道里程增加，桥梁数量增多，民国初鄂城县境内共有桥梁 63 座。驿道上的马桥，在城西三十里当驿路之间，明景泰间重修，清同治中复修。光绪十一年《武昌县志》记“马桥，通衢也。江之南，武昌、大冶、兴国诸邑，江之北，黄冈、蕲水诸邑，其有事会省者，咸取道焉。日往月来，轮蹄如织，踵相接也”。

现今据作者所知，在该市尚无存完整古桥，遗址倒是有一二，但未录。

【黄冈市】

黄冈市下辖黄州区、团风县、浠水县、蕲春县、黄梅县、英山县、罗田县、红安县、麻城市、武穴市。共有 11 个街道办事处、95 个镇、20 个乡。与皖、豫、赣省交界，素有“吴头楚尾”之称。

黄冈市历史悠久，汉时即设为江夏郡地。人杰地灵，著名人物有毕昇、程颐、程颢、李时珍、李四光、闻一多、胡风、董必武、李先念等。有李时珍墓、黄州东坡赤壁、黄梅四祖寺和五祖寺等名胜古迹。

黄冈市收录单孔石拱桥 23 座、三孔石拱桥 5 座、两孔石墩石梁桥 8 座、三孔石墩石梁桥 11 座、四孔石墩石梁桥 7 座、五孔石墩石梁桥 5 座，六孔石墩石梁桥 2 座、七孔石墩石梁桥 1 座、八孔石墩石梁桥 3 座、单孔石墩石伸臂梁桥 1 座、三孔石墩石伸臂梁桥 4 座、三孔石柱石梁桥 1 座、七孔石柱石梁桥 1 座，合计 72 座。其中改建 3 座，残桥 4 座。年代为元代 2 座、明代 21 座、清代 36 座、年代不详 13 座。

灵芝桥

位于黄冈市英山县南河镇灵芝垸村。八孔石墩石梁桥。东西向跨瓦寺前河。建于清光绪二十五年 (1899 年)。桥长 40.34 米，宽 1.7 米。由 40 根长 4.27 ～ 5.3 米、宽 0.3 米、厚 0.3 米的石梁平铺桥面。桥墩上下游均设分水尖。古桥旁已建现代桥梁，如今该桥基本就是“观瞻”所用了。

湖北省重点文物保护单位。

坐标 N: 30° 36′ 13.5″，E: 115° 39′ 15.0″。

灵芝桥和作者

灵芝桥桥面

灵芝桥桥下游矴步

灵芝桥桥墩和石梁

灵芝桥文物保护石碑

灵芝桥桥墩上石刻

灵芝桥

百丈河桥

位于黄冈市英山县温泉镇百丈河村。单孔石拱桥。东西向跨百丈河。桥为村民查耀礼的太爷爷修建，按查老先生的回忆，桥始建于清光绪二十六年左右（1900 年）。拱券纵联砌筑。桥长 19 米、宽 4.5 米，拱高约 7 米。

英山县文物保护单位。

坐标 N: 30° 41′ 21.0″，E: 115° 43′ 19.6″。

百丈河桥桥面

百丈河桥近景

百丈河桥远景

上：百丈河桥文物保护石碑
中：百丈河桥桥券
下：百丈河桥桥面石刻

石山桥（残桥）

位于黄冈市罗田县北丰乡百杨冲村东 200 米。当地村民叫它马家桥，因为是马姓家族修的。三孔石墩石梁桥。东西向跨百杨冲山涧。建于清代。桥长 10.5 米，宽 1.5 米，由 15 根长 3.5 米、宽 0.3 米的石条平铺桥面。2012 年大水冲垮一孔。

坐标 N：30° 52′ 29.1″，E：115° 26′ 44.7″。

上左：古桥与古树
上右：石山桥下溪水
下：石山桥

庙儿桥

位于黄冈市罗田县骆驼坳镇芦家坳村西南 200 米。三孔石墩石梁桥。南北向跨山涧小溪。建于清代。桥长 13 米，宽 1.1 米，由 9 根长 4.5 米、宽 0.35 米的石条平铺桥面。

坐标 N：30° 41′ 44.0″，E：115° 23′ 41.2″。

上：庙儿桥
下：庙儿桥桥面两石梁中间新加的砼梁

安乐桥

位于黄冈市罗田县骆驼坳镇界河村北 200 米。五孔石墩石梁桥。西北至东南向跨界河。建于清代。原桥长 26 米，宽 1.2 米，由 15 根长 5.2 米、宽 0.4 米的石条平铺桥面。现在桥面加盖砼。

坐标 N：30° 43′ 18.5″，
E：115° 22′ 42.9″。

上：安乐桥
中：两边孔还保留有老石梁
下：老桥墩上加砌抬高了桥面

石磙桥

位于黄冈市浠水县胡河乡官桥畈村堰岸湾东 50 米。原桥基两侧皆设石磙，故名。单孔石拱桥。南北向跨小溪。始建于清光绪三年 (1877 年)。拱券镶面纵联砌筑。桥长 6 米，宽 2.9 米，孔跨 3 米。

2011 年由退休的信用社主任独资维修了该桥，加了新的栏杆。村民们则集资在古桥旁新建了现代桥走车，彻底把古桥保护了起来。

坐标 N：30° 37′ 23.1″，

E：115° 24′ 08.3″。

上：石磙桥桥面

下左：石磙桥

下右：石磙桥桥券

尽街桥

尽街桥桥券和墩

尽街桥

位于黄冈市浠水县清泉镇十月村（已纳入浠水县城区），又名生生桥、长寿桥。三孔石拱桥。南北向跨尽街河港。明成化年间（1465—1487 年）知县潘珏始建，清康熙年间（1662—1722 年）知县李振宗重修。拱券纵联砌置。桥长 24 米，宽 7 米，孔跨 5 米。原桥面两侧设石护栏。

浠水县文物保护单位。

坐标 N：30° 28′ 02.0″，
E：115° 14′ 52.4″。

闵家新桥边拱已变形

闵家新桥桥券

拆下的栏杆石料

界碑

闵家新桥

位于黄冈市浠水县蔡河镇闵新桥村。三孔石拱桥。南北向跨倒水河。建于清乾隆三十年(1765年)。拱券镶面纵联砌置。桥长34米，宽3.8米，主孔跨5.7米，次孔跨4.5米。原桥面两侧设石护栏。

浠水县文物保护单位。

坐标 N：30° 30′ 46.4″，
E：115° 24′ 44.3″。

闵家新桥桥墩坐落在岩石上

闵家新桥

苦竹港桥

苦竹港桥桥墩和桥券

苦竹港桥

位于黄冈市浠水县巴驿镇苦竹港村东50米。三孔石拱桥。南北向跨苦竹港。建于清代。拱券纵联砌置。桥长36米，宽5米，主孔跨5米，次孔跨4米。桥面两侧设石护栏，桥墩上下游均设分水尖。

坐标 N：30° 29′ 10.0″，
E：115° 08′ 27.2″。

重建后的黄泥嘴桥

黄泥嘴桥

位于黄冈市浠水县团陂镇黄泥嘴村东。三孔石拱桥。西北至东南向跨黄河港。建于清代。桥长 22 米，宽 5.4 米。桥面两侧设石护栏。2002 年被大水冲垮后重建。

坐标 N: 30° 41′ 18.2″，E: 115° 15′ 24.3″。

龙井河桥桥券

龙井河桥

位于黄冈市蕲春县田桥乡上龙井河村棚转桥湾西 100 米。单孔石拱桥。东北至西南向跨龙井河。建于清代。拱券镶面纵联砌置。桥长 6 米，宽 3.65 米，孔跨 3.36 米。原桥面两侧设石护栏。

坐标 N：30° 38′ 10.8″，
E：115° 45′ 49.4″

龙井河桥桥面

龙井河桥

龙井河小桥

位于黄冈市蕲春县田桥乡上龙井河村棚转桥湾西 50 米。一孔伸臂石梁桥。西北至东南向跨龙井河支流。清同治十二年（1873 年）重修。有石碑 1 通。桥长 2 米，宽 1 米。与龙井河桥相距 50 米。

上：龙井河小桥
中左：龙井河小桥伸臂细节
中右：龙井河小桥桥面
下：龙井河小桥石碑

三节桥

位于黄冈市武穴市梅川镇从政村胡用垸。三孔石柱石梁桥。南北向跨胡用港。建于清代。桥长 13.6 米，宽 0.74 米，桥内空高 1.8 米。桥面共三节，每节用长 4.2 米、宽 0.37 米、厚 0.25 米的两块青石板拼接而成。桥墩为“马扎式”，用麻条石支撑而成，高 1.8 米，长 1.4 米。作为湖北古代梁桥中的特殊类别，该桥的发现为研究乡土建筑的多样性提供了重要实物例证。（省文物局提供图片、文字）

三节桥桥面

三节桥

功德桥

桥跨两县，故都立了文物保护的石碑

功德桥

位于黄冈市武穴市余川镇双城驿村东1公里。单孔石拱桥。东西向跨袁山河，即武穴市和黄梅县交界处。建于明代。拱券纵联砌置。桥长25.7米，宽7.3米，孔跨6.25米。

同属武穴市和黄梅县文物保护单位。

坐标 N：30° 05′ 58.8″，
E：115° 47′ 36.5″。

功德桥古碑“广济桥”

功德桥桥券

功德桥桥面

灵润桥　（花桥、四祖桥）

位于黄梅县城西 15 公里大河镇四祖寺村。俗称四祖桥、花桥。单孔石拱廊桥。东西向跨山涧。始建于元至正十年（1350 年），由四祖寺主持祖意禅师募缘修建。拱券纵联砌筑。桥长 20 米，宽 6.1 米，高 4.9 米，跨径 7.35 米。桥上建有以 24 根立柱为框架的木构瓦面长轩，两端为高大的券顶式五花山门，门壁上有龙凤及飞禽走兽的石刻。东端券拱内侧麻石上阴刻楷书 100 余字，记建桥经过和时间。桥下矶石上、瀑布间分布着占地近 1000 平方米的古摩崖石刻群。有唐宋以来历代文人墨客的题字和诗文石刻 30 余处，其中以唐代书法家柳公权“碧玉流”石刻和唐宋八大家之一柳宗元的“破额山前碧玉流”诗刻最为珍贵。

灵润桥

1990年至1992年5月，黄梅县文化局工作组进驻四祖寺村（即花桥村）。工作组长、县文化局副局长黄雁同志申请县政府拨款，开辟从一天门经四祖寺到门坎山口的登山公路，这是破额山区的首个进山公路工程。公路绕道灵润桥北侧通过，在古桥之北新建钢筋混凝土单孔石桥一座。从此，灵润桥不准通行机动车，古桥得到保护。近年湖北省又拨专款对古桥进行梁修缮，并修建了停车场和堤岸的护栏。

湖北省文物保护单位。

伴随着灵润桥的还有：

四祖寺塔　位于大河镇四祖寺村，建于唐宋。四祖寺塔为四祖寺建筑群体中最具文物价值者，年代久远，形制各异，具有较高的文物、艺术价值。全国重点文物保护单位。

毗卢塔　位于授法洞南150米。又名慈云塔、真身塔。建于唐永徽二年(651年)，中国佛教禅宗四祖道信圆寂于此。方形单层仿木结构砖塔，面阔10米，进深9.5米，高11.34米。双层须弥座，束腰饰缠枝忍冬纹、荷花纹，上、下饰仰覆莲。东、西、南三面正中设莲弧门，门高3.15米，宽1.61米，均可入塔室。檐下施莲瓣和卷草花纹砖。四壁上方左右嵌雕字砖8块，阳刻“迦毗罗田诞生塔”、“摩迦罗国塔”、“迦思罗城诞生塔”、“□□城中思念塔”、“迦尸国转法轮塔”、“舍已国现神通塔”等，顶作四注式覆莲塔刹。室内呈八边形，八个转角处设半圆倚柱，上部墙体设斗栱。穹窿顶。柱间设佛龛，高1.39米，宽0.68米。（见《江汉考古》1980年第2期）

众生塔　位于四祖寺西北100米。建于宋代。俗称鲁班亭。六角单檐攒尖顶仿木结构石塔，通高8米，莲钵宝珠塔刹。塔内正中建椭圆形球状小石塔，六角须弥座，高2.21米。六面均设龛，龛内雕刻各种动物图案。北面楷书匠人姓名。（见《江汉考古》1980年第2期）

衣钵塔　位于四祖寺西北500米。建于宋代。单层仿木结构石塔，通高3.17米。方形塔基，六角形须弥座、塔身，刻象、葵花、狮子、荷花等图案。宝珠塔刹。

“碧玉流”摩崖石刻　位于灵润桥下。唐代。刻于桥下一面石鱼矶上。幅高2.55米，宽0.58米。竖排阴刻楷书“碧玉流”，字径0.85米×0.58米，落款“柳公权书”。

柳宗元诗文摩崖石刻　现位于四祖寺内。明嘉靖三十九年(1560年)刻于灵润桥下西南瀑布斜坡岩石上。幅高1.47米，宽0.87米。阳刻行书6行：“破额山前碧玉流，骚人遥驻木兰舟。春风无限潇湘意，欲采苹花不自由。宗元”，落款“大明嘉靖庚申胡效忠来游刻石”。

“南无阿弥陀佛”摩崖石刻　现位于四祖寺内。明万历八年(1580年)刻于灵润桥东南石板路旁岩石上。幅高0.45米，宽0.76米。阴刻楷书“南无阿弥陀佛”，字径0.35米

灵润桥桥头

×0.10 米，落款“万历庚辰仲春”。

石楚阳题词摩崖石刻　现位于四祖寺内。明崇祯元年（1628 年）刻于灵润桥下西南瀑布的斜坡岩石上。幅高 1. 88 米，宽 1 . 45 米。阴刻草书 6 行，正文字迹因磨损严重而无法辨认，落款“崇祯戊辰无着居士石楚阳”。

李得阳题诗摩崖石刻　现位于四祖寺内。明代。刻于灵润桥下一面长方形石矶上。幅高 1.1 米，宽 0.7 米。阴刻草书 5 行：“停骖选胜到禅扉，树色烟痕碧四周。老衲莫嫌身未隐，闲心已逐野云飞”，字径 0. 15 米×0.11 米。落款“明□□李得阳”。

刘南金题咏摩崖石刻　现位于四祖寺内。明代。刻于灵润桥下西南瀑布的斜坡岩石上。幅高 2 米，宽 1.88 米。阴刻楷书 5 行 108 字，正文 4 行，每行一首诗，落款“□山大梁刘南金题”，字径 0.13 米×0.10 米。

王辅元题诗摩崖石刻　现位于四祖寺内。清康熙三十一年（1692 年）刻于灵润桥下西南约 8 平方米的岩石上。幅高 1.16 米，宽 1.22 米。周框饰几何纹，阴刻楷书 4 行：“宝刹布黄金，仙泉流碧玉。清莹绝口汲，尘世赖以浴”，字径 0.12 米×0.08 米，落款“康熙壬申春王知黄州府事襄平王辅元公氏题”。

“泉”字摩崖石刻　现位于四祖寺内。清光绪元年（1875 年）刻于破额山出水口的石鱼矶上。幅高 2.5 米，宽 1.3 米。阴刻楷书“泉”字，字径 1.37 米×0.90 米，字上横书“清光绪元年有本如是”，题“南阳布衣”，款“邓文滨”。

灵润桥桥券

“长春门”摩崖石刻　现位于四祖寺内。清代。刻于观音岩洞口旁岩石上。幅高0.6米，宽1.2米。阴刻楷书“长春门”，字径0.22米×0.18米。

“观音岩”摩崖石刻　现位于四祖寺内。清代。刻于观音岩内面积约35平方米的长方形岩石上。阴刻隶书“观音岩”，字径0.50米见方。

黄氏题诗摩崖石刻　现位于四祖寺内。清代。刻于灵润桥下的石鱼矶上。幅高1.65米，宽0.84米。阴刻楷书4行：“双峰一片白云飞，古塔松苔紫气微。坐听桥头流碧玉，心随清响落渔矶”。落款“南昌黄仁□题”。字径0.17米×0.15米。

石鱼矶五言诗摩崖石刻　现位于四祖寺内。清代。刻于灵润桥下的石鱼矶上。幅高0.8米，宽0.7米。阴刻楷书4行：“碧流堪洗钵，白石可参禅。座到忘机处，王侯莫并肩”。字径0.10米见方，落款“黄□山人熙吉□□”。

“慧珠”摩崖石刻　现位于四祖寺内。清代。刻于灵润桥下的石鱼矶上。阴刻楷书“慧珠”，字径0.54米×0.41米，落款“姑射山人贾题”。

“洗心”摩崖石刻　现位于四祖寺内。清代。刻于灵润桥下一块约5米见方、3.2米高的长方体岩石上。阴刻楷书“洗心”，“洗”字径0.58米×0.53米，“心”字径0.59米×0.57米，落款“南阳布衣邓文滨”。

“洗笔”摩崖石刻　现位于四祖寺内。清代。刻于灵润桥下的石鱼矶上。阴刻楷书“洗笔”，字径0.58米×0.52米。

灵润桥石刻

飞虹桥

飞虹桥 （五祖桥、道源桥）

位于黄梅县五祖镇。俗名五祖桥，元代兴建。原名道源桥，因状如飞虹，更为现名。单孔石拱廊桥。东西向跨山涧。始建于元代，清乾隆五十八年（1793 年）重建。拱券纵联砌筑。桥长 33.65 米，宽 5.16 米，高 8.45 米，跨径 12.6 米。桥上长廊两端门楼分别有王万彭题书“放下箸”、“莫错过”的横额。

湖北省文物保护单位。

伴随着飞虹桥的还有：

“流响”摩崖石刻　现位于五祖寺内。宋代。刻于飞虹桥西侧涧底崖壁上。阴刻行书“流响”，字径 0.24 米 ×0.26 米。

悟英题摩崖石刻　现位于五祖寺内。宋宣和三年（1121 年）刻于沙销东北 100 米的崖壁上。幅高 1.2 米，宽 0.8 米。阴刻楷书 5 行 45 字：“乙未政和五年起首栽杉，至甲辰宣和元年住手，共计一十四万七千二百株。栽杉僧悟英谨题，第十三代住持表自”。

“阿弥陀佛”摩崖石刻　现位于五祖寺内。明隆庆四年（1570 年）刻于讲经台东侧 5 平方米的崖壁上。阴刻楷书“阿弥陀佛”，字径 0.32 米 ×0.25 米，题“东山僧轮刊”，款“隆庆庚午谷立”。

飞虹桥两边桥头

飞虹桥桥券

棋盘石摩崖石刻　现位于五祖寺内。清咸丰年间刻于放光石前长4米、宽2.5米的石平台上。阴刻围棋盘1幅，0.5米见方。左侧阴刻楷书："一澤大宗于□咸丰元年住令方元大清朝拜"。

"德福"摩崖石刻　现位于五祖寺内。清道光年间刻于放光石前崖壁上。幅高2.6米，宽3.18米。阴刻楷书"德福"，上部刻有"同治邓文斌题"、"自修堂"和"自求堂"等字样，题"楚梅南阳布衣"，款"邓文斌题"。"德福"二字中间刻一椭圆形篆文印章。

"法泉"摩崖石刻　现位于五祖寺内。清代。刻于真身殿西150米的崖壁上。阴刻隶书"法泉"，字径0.42米×0.57米。落款"钟谷书"。

"天远人"摩崖石刻　现位于五祖寺内。清代。刻于讲经台北侧崖壁上。幅高1.45米，宽0.48米。阴刻楷书"天远人"，落款"日岩题"。字径0.38米见方。

"狂象"摩崖石刻　现位于五祖寺内。清代。刻于舍身崖西侧崖壁上。阴刻行书"狂象"。字径0.20米×0.15米。

"授法洞"摩崖石刻　现位于五祖寺内。清代。刻于授法洞东8米的岩石上。幅高0.50米，宽1.21米。阴刻楷书"授法洞"，字径0.30米×0.26米。

"钵盂石"摩崖石刻　现位于五祖寺内。清代。刻于白莲池南15米的崖壁上。阴刻楷书"钵盂石"，字径0.91米×0.55米。

"洗手池"摩崖石刻　现位于五祖寺内。清代。刻于白莲池北60米的崖壁上。阴刻楷书"洗手池"，字径0.10米×0.13米，落款"龙渠"。

"桃源洞"摩崖石刻　现位于五祖寺内。清代。刻于桃源洞上方的崖壁上。阴刻楷书"桃源洞"，字径0.70米×0.60米。

放光石摩崖造像　现位于五祖寺内。清代。舍身崖下方凿一直径1.1米的圆龛，内浮雕一半身僧人像，面目丰满，着袈裟。像右侧1.1米处刻"放光石"，字径0.18米×0.19米，左侧刻"南无阿弥陀佛"，字径0.18米×0.19米。均阴刻楷书。

万石桥面加宽，帮了一圈砼拱

万石桥桥面

万石桥

【麻城市】

位于湖北省东北部，辖 3 个街办、15 个镇、1 个乡、1 个省级开发区。鄂豫皖三省结合部。秦为邾县地。汉为西陵县地。隋开皇十八年（598 年）改为麻城县。1986 年撤县设市。

万石桥

位于黄冈市麻城市宋埠镇郝铺村刘家兔湾西北 200 米。单孔石拱桥。东西向跨浮桥河支流。建于清代。拱券镶面纵联砌筑。桥长 12 米，宽 3 米。孔跨 6 米。

坐标 N：31° 04′ 20.6″，E：114° 48′ 01.2″。

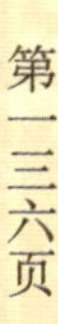

枫树湾桥

枫树湾桥

位于黄冈市麻城市阎家河镇万家湾村枫树湾南 500 米。单孔石拱桥。西北至东南向跨举水上游支流。建于清代。拱券镶面纵联砌筑。桥长 12 米，宽 4.8 米。孔跨 6 米。原石板平铺桥面，现加混凝土桥面。

坐标 N：31° 16′ 19.9″，
E：115° 07′ 14.3″。

枫树湾桥桥券

铁牛桥

铁牛桥

位于黄冈市麻城市南湖街道办事处水寨村杨梅湾南 100 米。单孔石拱桥。东西向跨举水支流。建于清代。拱券纵联砌筑。桥长 14 米，宽 4.2 米。孔跨 8.9 米。石板平铺桥面，原桥身西侧石缝中嵌一铸铁牛首探于桥石外，故名“铁牛桥”。现“铁牛”未见到。

麻城市文物保护单位。

坐标 N：31° 09′ 53.8″，E：114° 58′ 04.2″。

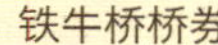

铁牛桥桥券

铁牛桥桥面

河西桥

河西桥

位于黄冈市麻城市三河口镇河西村西 100 米。单孔石拱桥，东西向跨一小河沟。建于清代。桥长 8 米，宽 5.6 米，孔跨 4.8 米。拱券镶面纵联砌筑。

坐标 N：31° 13′ 53.7″，
E：115° 14′ 23.2″。

河西桥桥面

河西桥桥券

楚北桥

位于黄冈市麻城市福田河镇小界岭村喻家湾东南 300 米。三孔石墩石伸臂梁桥。西北至东南向跨举水上游支流，原为通往河南的孔道。建于清代。桥长 15.6 米，宽 1.2 米。三列石板平铺桥面。

坐标 N：31° 35′ 57.4″，E：115° 09′ 48.5″。

楚北桥

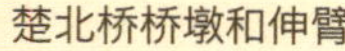

楚北桥桥墩和伸臂

楚北桥桥面

洪家河桥

位于黄冈市麻城市黄土港镇洪家河村。三孔石墩石梁桥。南北向跨举水上游支流。始建年代不详，估计与楚北桥同时代。桥长 12 米，宽 1.5 米。原三石梁中现夹 2 根砼梁。

坐标 N：31° 17′ 01.5″，E：115° 03′ 15.9″。

洪家河桥桥面石梁间夹砼梁

洪家河桥

裴家墩桥

裴家墩桥

位于黄冈市麻城市罗家铺乡新桥村裴家墩西200米。八孔石墩石梁桥。东西向跨举水支流。建于清代。桥长40米，宽1.4米。三列石板平铺桥面。其延长线上还有一座二孔石墩石梁桥，跨一小溪，两桥相距100米。

坐标N：31° 13′ 51.0″，
E：114° 56′ 04.7″。

上左：裴家墩桥文物保护石碑
上中：裴家墩桥伸臂
上右：裴家墩桥桥面
下：裴家墩桥延长线上的小桥

粉壁墙桥（后景是高速公路）

粉壁墙桥

位于黄冈市麻城市王福店镇四口塘村粉壁墙湾南 50 米。七孔石柱石梁桥。东西向跨举水上游支流。建于清代。桥长 25 米，宽 1.5 米。三列石条平铺桥面。桥墩为石板竖向卯榫砌筑，其形式又不同于北方的石柱墩，仅该处和孝感有见。

坐标 N：31° 18′ 25.3″，E：114° 54′ 39.2″。

粉壁墙桥桥墩（一）

粉壁墙桥桥墩（二）

粉壁墙桥桥面

【红安县】

红安县位于鄂豫两省交界处，辖 10 个镇、1 个乡、1 个农场、1 个天台山旅游管理处。春秋黄国地。明嘉靖四十二年（1563 年）由麻城、黄冈、黄陂 3 县析置黄安县。1952 年改称红安县。曾经诞生过数以百计的中国人民解放军将军，故俗称将军县。

永寿桥

位于黄冈市红安县上新集镇李氏畈村。单孔石拱桥。东北至西南向跨滠水中游支流。明嘉靖元年 (1522 年) 由当地李氏家族兴建。拱券为镶面纵联砌筑。桥长 33 米，宽 6 米，孔跨 8 米。桥面两侧原设石望柱栏板，现已毁。

如今在旁边修有现代桥梁，此桥几乎弃用。

坐标 N：31° 20′ 05.1″，
E：114° 27′ 13.9″。

上：永寿桥桥面
中：永寿桥桥券
下：在现代桥梁上看永寿桥

张家畈桥桥面

张家畈桥

位于黄冈市红安县上新集镇张家畈村。两孔石墩石梁桥。南北向跨一河沟。始建年代不详。桥长 4 米，宽 1.2 米。原桥面并列 4 条石梁，现只剩 3 条了。

坐标 N：31° 19′ 34.1″，
E：114° 26′ 51.0″

张家畈桥

郑家冲桥桥面

郑家冲桥

位于黄冈市红安县上新集镇郑家冲村西 200 米。四孔石墩石梁桥。东西向跨滠水上游支流。建于明代。桥长 15 米，宽 2 米。三列石板平铺桥面，桥墩上下游设分水尖，桥连接着房舍和农田。

坐标 N：31° 20′ 11.5″，
E：114° 29′ 26.9″。

郑家冲桥

李家冲桥 1#

位于黄冈市红安县上新集镇李家冲村。四孔石墩石梁桥。东西向跨滠水上游支流。始建年代不详。桥长 12 米，宽 1.2 米。三列石板平铺桥面，桥墩上下游设分水尖，桥连接着房舍和农田。

坐标：N：31° 20′ 11.5″，E：114° 29′ 26.9″。

上左：李家冲桥 1# 桥面
上右：李家冲桥 1# 桥墩
下：李家冲桥 1#

李家冲桥 2#

李家冲桥 2# 桥面

李家冲桥 2#

位于黄冈市红安县上新集镇李家冲村。三孔石墩石梁桥。东西向跨滠水上游支流。始建年代不详。桥长 9 米，宽 1.2 米。三列石板平铺桥面，桥墩上下游设分水尖，桥连接着房舍和农田。

坐标 N：31° 20′ 34.9″，
E：114° 29′ 15.5″。

小河湾桥

小河湾桥

位于黄冈市红安县上新集镇余家港村小河湾。五孔石墩石梁桥。东西向跨滠水上游支流。始建年代不详。桥长13米，宽0.9米。三列石板平铺桥面，桥墩上下游设分水尖。

坐标 N：31° 20′ 57.7″，
E：114° 28′ 27.9″。

小河湾桥桥面

小河湾桥桥墩

熊家田桥（残桥）

位于黄冈市红安县上新集镇桥店村熊家田。七孔石墩石梁桥。东北至西南向跨滠水中游支流。建于明嘉靖年间（1522—1566 年）。桥长 20 米，宽 1.75 米。桥上游设分水尖。不等宽两列石板平铺桥面。桥两端砌筑八字墙桥台。

该桥在 2011 年被洪水冲垮，是因为桥下游修了条石坝拦水，结果上游冲下来的水草在桥下堆集起来，水草托起了石梁并卷走，桥墩因失去梁的拉力而倒塌了，七孔石梁桥现只剩两孔。

坐标 N：31° 15′ 19.2″，
E：114° 25′ 21.1″。

上：在石坝上看熊家田桥残桥
下：熊家田桥桥面

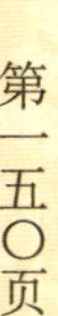

万家河桥

位于黄冈市红安县紫云乡方家墙村万家河湾。单孔石拱桥。东西向跨倒水上游支流。建于明隆庆五年（1571 年），清光绪二年（1876 年）维修。拱券镶面纵联砌筑。桥长 12 米，宽 3.2 米，孔跨 3.85 米。桥两端有石砌护坡。

坐标 N：31° 26′ 35.1″，
E：114° 42′ 46.6″。

上：万家河桥
下：万家河桥桥券

熊家嘴伸臂梁桥

位于黄冈市红安县檀树岗乡熊家嘴村北 200 米。三孔石墩石伸臂梁桥。南北向跨溪水。始建年代不详。桥长 8 米，宽 1 米，现为两条石梁夹一砼梁铺面，桥墩上下游设分水尖。

坐标 N：31° 27′ 53.8″，E：114° 48′ 36.9″。

左：熊家嘴伸臂梁桥桥面
右：熊家嘴伸臂梁桥

上左：卷棚桥桥面
上右：卷棚桥
下：卷棚桥桥券

卷棚桥

位于黄冈市红安县紫云乡七家畈村。单孔石拱桥。南北向跨倒水上游支流。建于明天启年间（1621—1627 年）。拱券纵联砌筑。桥长 10 米，宽 3.4 米，孔跨 5 米。条石平铺桥面。

坐标 N：31° 21′ 36.8″，
E：114° 45′ 09.8″。

七家畈伸臂梁桥

位于黄冈市红安县紫云乡七家畈村。三孔石墩石伸臂梁桥。南北向跨一河沟。始建年代不详。桥长 9 米，宽 1 米。现为两条石梁夹一砼梁铺面，桥墩上下游设分水尖。

坐标：N：31° 21′ 56.7″，E：114° 45′ 15.7″。

上：七家畈伸臂梁桥
下：七家畈伸臂梁桥桥面

上：福德桥桥面
下：福德桥

福德桥

位于黄冈市红安县七里坪镇福德桥村。三孔石墩石梁桥。东西向跨倒水上游支流。始建于明嘉靖十六年（1537 年）。桥长 14.1 米，宽 1.5 米。不等宽两列石板平铺桥面，上下游设分水尖。

坐标 N：31° 29′ 10.0″，E：114° 35′ 39.4″。

邓家桥

位于黄冈市红安县七里坪镇杨家冲村。两孔石墩石梁桥。始建年代不详。桥长 2 米，宽 1 米。旁边已建现代桥，该桥现成为柴草堆场。

坐标 N：31° 29′ 43.9″，E：114° 34′ 08.1″。

邓家桥

下杨家山桥

位于黄冈市红安县七里坪镇杨家山村下杨家山湾。五孔石墩石梁桥。东西向跨倒水上游支流。建于明嘉靖年间（1522—1566 年）。桥长 16 米，宽 1.5 米。不等宽三列石板平铺桥面，桥墩上游设分水尖。

在当地考察时，一老农要我“去跟村干部说，让他们别拆了古桥”，看来已经有了拆桥的动议了。

坐标 N：31° 30′ 30.8″，E：114° 40′ 06.1″。

下杨家山桥桥面

下杨家山桥

柳林河桥

柳林河桥

位于黄冈市红安县七里坪镇柳林河村柳林河湾。两孔石墩石梁桥。东西向跨檀树岗河。始建于明嘉靖年间（1522—1566 年）。原桥长 8.5 米，宽 1.4 米。三列青石条平铺桥面。现在改成两个鱼塘间的闸桥，并加宽缩短。

坐标 N：31° 26′ 07.0″，E：114° 39′ 29.7″。

龙观桥

位于黄冈市红安县七里坪镇周家墩村。单孔石拱桥。东南与西北方向跨一河沟。始建年代不详。桥券分节并列砌筑。桥长 3 米，宽 2 米。桥旁有石塔一座。

坐标 N：31° 25′ 38.9″，E：114° 38′ 56.8″。

龙观桥旁石塔

龙观桥

罗堰畈桥

位于黄冈市红安县七里坪镇盐店河村罗堰畈湾。两孔石墩石梁桥。东西向跨倒水上游支流。建于清乾隆年间（1736—1795 年）。桥长 3.5 米，宽 0.5 米。两列石板平铺桥面，桥墩设分水尖。

坐标 N：31° 26′ 11.7″，E：114° 36′ 58.0″。

罗堰畈桥

闵家湾桥

闵家湾桥

位于黄冈市红安县紫云乡闵家湾村。三孔石墩石梁桥。南北向跨倒水上游小支流。建于明嘉靖三十年 (1551 年)。桥长 10.5 米，宽 1.2 米。三列青石板平铺桥面。

坐标 N：31° 25′ 33.3″，E：114° 47′ 01.0″。

宝剑桥

位于黄冈市红安县八里湾镇宝剑桥村。单孔石拱桥。东西向跨一小河。始建于明嘉靖年间（1522—1566 年），清光绪年间（1875—1908 年）重修。桥券镶面纵联砌筑。桥长 12.3 米，宽 3.52 米，孔跨 4.8 米。相传因该桥屡建屡毁，后悬两把宝剑于拱顶，寓意斩龙，故名。现宝剑不存。

坐标 N：31° 01′ 08.4″，E：114° 39′ 39.7″。

上：宝剑桥
左：宝剑桥桥券
右：宝剑桥桥面

无名残桥

位于黄冈市红安县八里湾镇，去宝剑桥路上碰见。据现场判断原为五孔以上石墩石梁桥。始建年代不详。

坐标 N：31° 00′ 58.9″，E：114° 39′ 31.1″。

无名残桥

曾贵湾桥

位于黄冈市红安县八里湾镇陡山村曾贵湾。三孔石墩石梁桥。东北至西南向跨倒水中游小支流。建于清顺治十年（1653 年）。桥原长 15 米，宽 0.8 米，现只剩两孔。两列青石板平铺桥面，桥墩设分水尖。

坐标 N：31° 02′ 47.5″，E：114° 39′ 53.6″。

上：曾贵湾桥
下左：曾贵湾桥桥面
下右：曾贵湾桥桥墩

陡山湾桥

位于黄冈市红安县八里湾镇中和村陡山湾。四孔石墩石梁桥。东北至西南向跨倒水中游小支流。建于清乾隆三年（1738 年）。原桥长 30.5 米，宽 1.2 米。三列石板平铺桥面。现利用原桥墩改建混凝土桥面。

坐标 N：31° 03′ 37.3″，E：114° 40′ 53.9″。

陡山湾桥

上：在现代桥上看王屋嘴桥
下左：王屋嘴桥桥面
下右：王屋嘴桥桥墩

王屋嘴桥

位于黄冈市红安县八里湾镇中和村陡山湾附近的王屋嘴村。三孔石墩石梁桥。东北至西南向跨倒水中游小支流。始建年代不详。长6米，宽1米。桥墩上下游均设分水尖。

坐标N：31° 03′ 50.1″，E：114° 41′ 22.4″。

远看兴桥残桥

兴桥（残桥）

位于黄冈市红安县八里湾镇中和村谢家湾。四孔石墩石梁桥。东北至西南向跨倒水中游支流。建于清乾隆二十七年 (1762 年)。桥长 31 米，宽 1.5 米。三列石板平铺桥面。现被水冲垮仅剩一孔。

坐标 N：31° 03′ 23.0″，E：114° 40′ 22.0″。

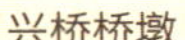

兴桥桥墩

涧山湾桥

涧山湾桥

位于黄冈市红安县八里湾镇陡山村涧山湾。原为两孔石墩石梁桥。西北至东南向跨倒水中游支流。建于清嘉庆三年（1798年）。桥长10.4米，宽0.9米。桥现加长到4孔。两列石板平铺桥面。

坐标 N：31° 02′ 24.9″，
E：114° 41′ 34.8″。

涧山湾桥桥面

土桥桥面

土桥桥墩

土桥

位于黄冈市红安县八里湾镇许家田村彭后湾。三孔石墩石梁桥。南北向跨倒水中游支流。建于清道光年间（1821—1850 年）。桥长 9 米，宽 2.2 米。三列青石板平铺桥面，石梁中间夹砼梁，桥墩设分水尖。

坐标 N：31° 00′ 28.0″，E：114° 37′ 01.3″。

土桥

姚家桥远眺

姚家桥

姚家桥

位于黄冈市红安县八里湾镇许家田村姚家嘴。八孔石梁桥，南北跨河。始建于清同治二年（1863）。桥长 39 米，宽 1.2 米。原三列青石板平铺桥面，现只剩两列，桥墩上下游均设分水尖。几乎每个桥墩都发生了不同程度的倾斜，现已成危桥。

坐标 N：31° 00′ 16.9″，

E：114° 36′ 40.0″。

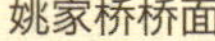

姚家桥桥面

谢家大湾桥

谢家大湾桥桥面

谢家大湾桥（残桥）

位于黄冈市红安县八里湾镇中和村谢家大湾。六孔石墩石梁桥。东北至西南向跨倒水中游支流。始建于清乾隆二十七年(1762年)，光绪二十七年(1901年)重修。桥长27米，宽1.6米。三列青石板平铺桥面，桥墩上下游均设分水尖。现已经被水冲垮一孔。

坐标 N：31° 03′ 37.3″，
E：114° 40′ 30.4″。

普安桥

位于黄冈市红安县觅儿寺镇普安村。单孔石拱桥。东北至西南向跨倒水中游支流。建于明崇祯八年(1635年)。拱券镶面纵联砌筑。桥长20米，宽3.1米，孔跨6.3米。石块平铺桥面。近代重修过。

坐标N：31° 01′ 48.3″，
E：114° 31′ 52.0″。

上：普安桥
下：普安桥桥券

周博士桥

位于黄冈市红安县二程乡詹程家村。单孔石拱桥。东西向跨倒水上游支流。建于明代。拱券纵联砌筑。桥长 9 米，宽 5 米，孔跨 5.8 米。原桥面两侧设石护栏，两端有护坡。现已弃用。

坐标 N：31° 15′ 46.9″，
E：114° 30′ 50.8″。

上：周博士桥
中：周博士桥桥券
下：周博士桥石碑

周家林桥

位于黄冈市红安县二程乡詹程家村。五孔石墩石梁桥，东西向跨倒水中游支流。建于明嘉靖年间（1522—1566 年）。桥长 21 米，宽 1.3 米。不等宽一至三列石板平铺桥面，桥墩上游设分水尖。桥两端砌筑八字墙。与周博士桥相距 50 米。

周家林桥桥面

周家林桥

高桥河桥

高桥河桥

位于黄冈市红安县高桥河乡高桥河村。三孔尖拱石拱桥。东北至西南向跨倒水中游支流。建于清乾隆年间（1736—1795年）。拱券镶面纵联砌筑。桥长 44.2 米，宽 5.35 米，主孔跨 8.65 米，次孔跨 7.26 米。桥面两侧设石望柱栏板，桥墩上下游均设分水尖。现重载汽车仍在桥上行驶。

坐标 N：31° 13′ 09.6″，E：114° 31′ 09.8″。

高桥河桥桥券

高桥河桥栏板和望柱

高桥河桥桥墩

新桥

位于黄冈市红安县高桥河乡栗林嘴村。单孔石拱桥。东西向跨倒水中游支流。建于明万历年间（1573—1619 年）。拱券纵联砌筑。桥长 28 米，宽 5.31 米，孔跨 4 米。原桥面两侧设石护栏。

坐标 N：31° 12′ 27.6″，
E：114° 36′ 02.3″。

上：新桥
中：新桥桥券
下：新桥桥面

桥岗小桥

桥岗小桥

位于黄冈市红安县高桥河乡桥岗村。单孔石拱桥。东西向跨倒水中游支流。建于明代。拱券镶面纵联砌筑。桥长24米，宽6米，孔跨8.8米。原桥面两侧设石护栏。现在桥已经垮了四分之一。

坐标N：31° 12′ 23.3″，E：114° 35′ 29.7″。

桥岗桥

桥岗桥桥券

桥岗桥

位于黄冈市红安县高桥镇桥头边村桥岗湾。单孔石拱桥。东西向跨新桥河。始建于明万历年间（1573—1619 年），由当地王氏族人倡修。拱券纵联砌置。桥全长 30 米，拱跨 10.5 米。桥面采用石板平铺而成，平面八字式，中宽 5.3 米，两侧敷设有石挡板、石栏杆。该桥比例协调，曲线优美，具有江南古桥典型特征，充分体现了鄂东南地区桥梁建造的高超技艺。（省文物局提供文字、图片）

袁家湾桥

位于黄冈市红安县高桥河乡高桥河村袁家湾。四孔石墩石梁桥。东北至西南向跨倒水中游支流。始建于明嘉靖年间（1522—1566 年）。原桥长 30 米，宽 2 米，四列青石板平铺桥面。现在利用原桥的两个桥墩改建。

坐标 N：31° 13′ 34.6″，E：114° 31′ 03.2″。

袁家湾桥

熊河桥

熊河桥

位于黄冈市红安县叶河乡张店村熊河湾。单孔石拱桥。东西向跨举水上游支流。建于清乾隆年间（1736—1795 年）。拱券镶面纵联砌筑。桥长 15.5 米，宽 5.1 米，孔跨 7 米。桥面两侧原设石护栏，现在护栏为新加。

坐标 N：31° 12′ 24.5″，E：114° 41′ 58.1″。

王家冲桥（含 2 座石梁桥）

位于黄冈市红安县赵河乡王家冲村。单孔石拱桥，东西向跨河沟。始建于清光绪年间。桥原长 10.5 米，宽 3.5 米，孔跨 5.8 米。桥体用规则石条分节并列砌成。现桥部分已瓮。

坐标 N：31° 23′ 18.9″，

E：114° 30′ 34.2″。

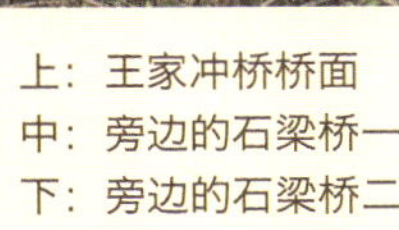

上：王家冲桥桥面

中：旁边的石梁桥一

下：旁边的石梁桥二

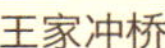

王家冲桥

杨家冲桥

位于黄冈市红安县赵河乡杨家冲村。三孔石墩石梁桥。南北跨小河。始建于清同治八年(1869年)。桥长10.5米，宽1.5米。三列石板平铺桥面。现在原桥墩上加混凝土板。

坐标N：31° 24′ 40.1″，
E：114° 30′ 06.0″。

杨家冲桥桥下细部和老石梁

杨家冲桥

永寿桥桥墩

永寿桥

位于黄冈市红安县华家河镇滚河村。四孔石墩石梁桥。南北向跨小河。始建年代不详。桥长 14 米，宽 1.5 米，三列石板平铺桥面，石板厚 0.3 米。桥墩上下游均设分水尖。

坐标 N：31° 22′ 20.7″，

E：114° 29′ 29.5″。

永寿桥桥面

永寿桥

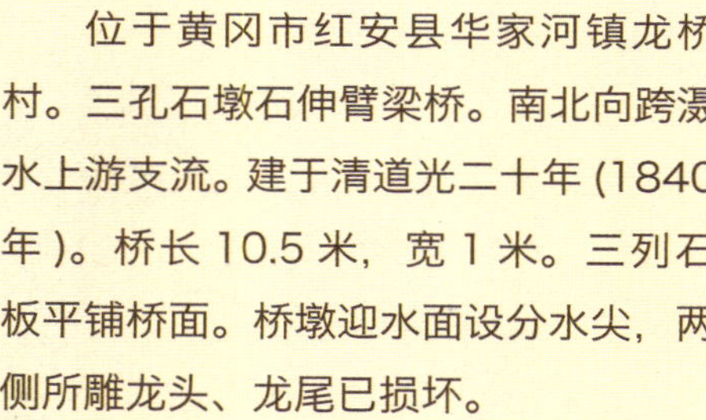

龙桥

位于黄冈市红安县华家河镇龙桥村。三孔石墩石伸臂梁桥。南北向跨滠水上游支流。建于清道光二十年 (1840 年)。桥长 10.5 米，宽 1 米。三列石板平铺桥面。桥墩迎水面设分水尖，两侧所雕龙头、龙尾已损坏。

坐标 N：31° 29′ 33.2″，
E：114° 30′ 27.9″。

上左：龙桥
上右：梁下伸臂
中左：被毁的龙头
中右：分水尖
下左：被毁的龙尾
下右：龙桥桥面

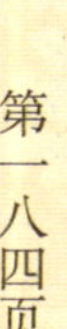

黄石桥

位于黄冈市红安县杏花乡李西一村秦家墩湾。两孔石墩石梁桥。西北至东南向跨倒水上游支流。建于明万历四十五年(1617 年)。为秦氏四世祖夫人秦黄氏守节捐款兴修。桥长 6 米，宽 1.8 米。桥墩上下游均设分水尖，墩上游端雕一龙头。不等宽厚两列石板平铺桥面。桥旁立青石碑 1 通，高 1.5 米，宽 0.9 米，厚 0.3 米，楷书“黄石桥”，款署“明万历四十五年六月十日”。

坐标 N：31° 18′ 39.1″，
E：114° 38′ 15.7″。

上左：黄石桥墩和龙头
上右：黄石桥石碑
中：黄石桥桥面
下左：黄石桥
下右：黄石桥旁古水井

回龙寨桥

回龙寨桥

位于黄冈市红安县太平桥乡回龙寨村石头湾。三孔石墩石梁桥。南北向跨倒水中游支流。建于清道光三年 (1823 年)。桥长 26.3 米，宽 1.5 米。不等宽一至三列青石板平铺桥面，桥墩上下游均设分水尖，两端桥台有石砌护坡。桥旁即是回龙寨。

坐标 N：30° 58′ 23.2″，E：114° 41′ 27.4″。

上左：回龙寨桥桥墩
上右：回龙寨桥桥面
下：回龙寨桥伸臂细节

汪家桥

汪家桥

位于黄冈市红安县太平桥乡汪家村。单孔石拱桥。东西向跨小河。始建年代不详。桥长 6 米，宽 2 米，桥南券上刻有“明月当头”4 字。

坐标 N：30° 57′ 27.6″，E：114° 38′ 07.1″。

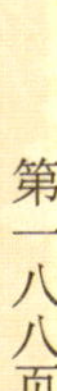

姚八斗桥

姚八斗桥

位于黄冈市红安县太平桥乡栋津桥村姚八斗湾。六孔石墩石梁桥。南北向跨倒水中游小支流。建于明崇祯年间（1628—1644 年）。桥长 35 米，宽 1.75 米。三列青石板平铺桥面，桥墩迎水面设分水尖。现在原桥墩上加高，改建现代桥梁。

坐标 N：30° 59′ 23.3″，E：114° 39′ 27.9″。

姚八斗桥古石梁

咸宁 / 192

四、鄂南篇

【 咸宁市 】

咸宁市下辖咸安区、崇阳县、嘉鱼县、通山县、通城县、赤壁市，共计 6 个办事处、51 个镇、12 个乡，素以“山清、水秀、桂香、竹翠、泉温、洞奇、桥多”的自然风貌和人文景观享有盛名。春秋属楚，宋真宗景德四年（1007 年），取《易 · 乾象》“万国咸宁”之意，改永安县为咸宁县。1984 年撤县设市。

咸宁市收录单孔石拱桥 65 座、两孔石拱桥 3 座、三孔石拱桥 24 座、五孔石拱桥 5 座、单孔石墩石梁桥 4 座、单孔石墩石伸臂梁桥 1 座、两孔石墩石梁桥 1 座、三孔石墩石梁桥 1 座、三孔石墩石伸臂梁桥 1 座、6 六孔石墩石梁桥 1 座、八孔石墩石梁桥 1 座、十六孔石墩石梁桥 1 座、单孔石墩木梁桥 1 座、三孔石墩木梁桥 2 座、五孔石墩木梁桥 1 座、七孔石墩木梁桥 1 座、天生桥 1 座、古桥遗址 1 座，合计 115 座。其中改建 10 座，残桥 3 座。年代为宋代 2 座、元代 3 座、明代 12 座、清代 65 座、民国 7 座、年代不详 25 座。

贺胜桥

贺胜桥

位于咸宁市咸安区贺胜桥镇。单孔石拱桥。东西向跨罐山下小河。始建于宋代。桥券镶面纵联砌筑。桥长 6 米，宽 2 米。

坐标 N：30° 01′ 33.8″，E：114° 21′ 37.8″。

贺胜桥原叫罐山桥，极富传奇色彩。传说南宋末年，元军大举入侵乡里。咸宁人王晔在罐山、青山一带，组织附近乡村中的勇士奋起抗击来犯元军。元军调集了大量兵力围剿王晔领导的义民。当时元兵驻扎在罐山，王晔率领义民驻守在青山，与其对峙。双方大战了七天七夜，不分胜负。到了第八天，王晔派手下秘密下山，让各乡义民携带响锣、稻草，趁夜深元兵熟睡之时，将他们团团围住。三更刚过，山上一声炮响，山下义民们从四面八方同时敲响锣鼓，燃起大火，杀死哨兵。元兵从梦中惊醒，以为是天兵下降，吓得四处逃窜。王晔趁机率领义兵进攻，杀得元兵鬼哭狼嚎，大败而归。赶走了敌人，众人聚在罐山桥旁的凉亭中举杯欢庆。为了纪念这次胜利，王晔将罐山桥改名为“贺胜桥”。王晔因此被后代尊奉为神人，而该桥也被尊奉为神桥，桥名不仅沿用至今，还成为该镇的名字。

鹿过桥　上：鹿过桥石阶　下：鹿过桥桥券

鹿过桥

位于咸宁市咸安区横沟桥镇鹿过村。单孔石拱桥。东西向跨高桥河支流。

明万历年间（1573—1619 年）周南始建，清康熙五十年 (1711 年) 乡绅周征功主持修缮，乾隆戊子年（1767 年）再修。拱券纵联砌筑。桥长 9 米，宽 4.8 米，孔跨 6 米。桥面中部平坦，两端设阶梯，原桥两侧设有石望柱栏板。

坐标 N：29° 51′ 35.6″，E：114° 27′ 10.3″。

据当地几位老人介绍，鹿村有周、程、卢、但、陈、张等诸多杂姓，其中周姓村民为多数。周姓主要分布在河的一边，其他杂姓分布在河的另一边。由于被河隔开，两岸人来往很不方便。乾隆年间，周姓出了一个叫周季成的人。周季成自幼聪明，忠诚厚道，为人仗义。40 岁时，他外出到湖北沙市一家盐行打杂挑水。一次，他见盐行管街（职务）与一客户争得面红耳赤，上前一问，原来是因为算错了账。周季成拿过算盘一拨，立即指出其中差错，令两个人心悦诚服。又一次，盐行老板与人赌棋，一盘 100 两银子。正好周季成路过，在他的指点下，老板反败为胜，连赢了 3 盘，老板从此对他刮目相看。过了几年，盐行管事（职务）死了，管街被提为管事，推荐周季成当了管街。周季成当上管街后，对工作认真负责，盐行生意兴隆，每年都要多增加一倍的收入，周季成也深得老板赏识。后来，老板年纪大了，就把盐行交给周季成经营。周季成接手后，由于经营有方，生意越做越大。60 岁时，周季成回家做寿，盖了几间房子后，见手头还有不少银子，决定为乡亲做点好事，就修建了一座桥。按当时的风俗，桥修成后，要用人堵桥眼祭桥。周季成考虑再三，想到自己一大把年纪，决定好事做到底，自己去祭桥。到了举行祭桥仪式那天，却有一只梅花鹿急地从桥上跑过。匠人认为这是天意，就用梅花鹿堵了桥眼祭桥。后人为了纪念那只救人的鹿，就将这座桥命名为鹿过桥。

舒德口桥

位于咸宁市咸安区横沟桥镇舒家村。单孔石拱桥。西北至东南向跨高桥河支流。清乾隆五十六年 (1791 年) 乡绅舒再田主持修建。拱券纵联砌筑。桥长 9.2 米，宽 4.3 米，孔跨 6.5 米。原桥面两侧设有石护栏。

坐标 N：29° 53′ 33.6″，E：114° 26′ 43.4″。

舒德口桥

毛桥

位于咸宁市咸安区横沟桥镇老街西端。单孔石拱桥。东西向跨高桥河支流。清嘉庆二十五年 (1820 年) 乡绅方友功主持修建。拱券纵联砌筑。桥长 8 米，宽 2.8 米，孔跨 5.5 米。原桥面两侧设石护栏，现水流已断，桥也几乎被居民房子和垃圾掩埋。

坐标 N：29° 55′ 44.5″，E：114° 21′ 35.1″。

毛桥

义录桥桥面

义录桥

义录桥

位于咸宁市咸安区横沟桥镇官山村新屋陈湾南 200 米。三孔石拱桥。东西向跨高桥河上游支流。清道光十九年（1839 年）乡绅陈义录主持修建。拱券纵联砌筑。桥长 46 米，宽 4.35 米，孔跨 12 米。原桥是交通要道，桥面两侧设石护栏，现桥券上灌木丛生并已经开始垮塌，只能行人和摩托。

坐标 N：29° 53′ 40.7″，

E：114° 26′ 54.3″。

刘家桥

位于咸宁市咸安区双溪桥镇。单孔石拱桥。始建年代不详。拱券纵联砌置。尺寸未测。

坐标 N：29° 54′ 46.0″，E：114° 29′ 35.4″。

刘家桥

刘家桥桥券

下屋杨桥桥面

下屋杨桥

下屋杨桥

位于咸宁市咸安区横沟桥镇杨畈村下屋杨湾东。单孔石拱桥。西北至东南向跨高桥河上游支流。建于清末。拱券纵联砌筑。桥长 3.8 米，宽 2.2 米，孔跨 3 米。原石板桥面建凉亭五间，现凉亭无存。

坐标 N：29° 53′ 09.9″，E：114° 26′ 10.3″。

潘家桥

潘家桥

位于咸宁市咸安区双溪桥镇潘桥村。单孔石拱桥。西北至东南向跨高桥河支流。建于清嘉庆七年 (1802 年)。拱券纵联砌筑。桥长 17 米，宽 5.5 米，孔跨 9.5 米。桥面两侧原设石望柱栏板。现桥重修和加固过。

坐标 N：29° 54′ 55.0″，E：114° 29′ 36.6″。

麦湾桥

麦湾桥

位于咸宁市咸安区双溪桥镇潘桥村大屋吴湾东南。单孔石拱桥。东西向跨高桥河上游支流。清同治二年（1863 年）吴昆成修建。拱券纵联砌筑。桥长 12.5 米，宽 0.8 米，孔跨 2.83 米。弧形桥面。

坐标 N：29° 54′ 07.0″，E：114° 29′ 10.1″。

六孔桥

位于咸宁市咸安区双溪桥镇双溪港下陈村。六孔折弯石墩石梁桥。横跨双溪河上游支流。始建于清代。

坐标 N：29° 54′ 07.5″，E：114° 29′ 35.4″。

与咸安区境内的石桥相比，这座桥的桥面、桥墩、桥孔都有许多独特之处。桥面平坦，长约四丈，宽不过两尺，由长条形青石块铺成。桥面整体构架接近“7”字形，以拐弯处为界，一部分桥面与河道垂直，另一部分与河道几乎平行。5个桥墩约4尺高，都用青石块砌成，从河流的东岸起，前3个桥墩是方形的，粗壮厚实如城堡，后两个是棱形的，显得瘦削单薄。因整个桥型是弯的，在拐弯处的第二个桥墩也呈弧形。桥孔设计也别出心裁，虽然都是方形，但大小各异，底部高低不同。第一个桥孔较小，底部也较高，在枯水季节，高出水面两尺左右，大小仅容一人爬行通过，是泄洪孔。第二个桥孔正对着河道，是主桥孔，跨度一丈左右，河水绝大部分是从这个桥孔通过的。第三个桥孔在拐弯处，跨度不大，高出水面两尺左右，也是一个泄洪孔。第四和第五个桥孔跨度与第二个桥孔差不多大小，在枯水季节，这两个桥孔的底部几乎与水面一样高，在涨水的季节也能帮助洪水流过。

在被“7”字形的桥身围成的河面上，有许多形状奇特的页岩，这些岩石几乎都以相同的方向和角度倾斜，远远看去，就像一堆堆残存的古籍。近看页岩的每一层都很薄，厚约1厘米。岩石有大有小，或断或连，形状各异，引人浮想联翩。有一块大而长的页岩卧在河水中央，是村民口中的“龙灯”。岩石一端高高昂起，有“鼻”有“眼”，状似龙头，另一端绵延数丈，时而跃出水面，时而潜入水中，如游龙戏水。“龙头”旁边还有一块大岩石，裸露部分很像贝壳，被当地人称为“蚌壳”。被流水冲刷和风化的页岩，零星点缀着绿色的青苔，构成了“龙灯”、“蚌壳”身上神秘的花纹。

六孔桥现在仍然在村民们的生活中发挥着重要作用。至于它为什么被设计并建成这种奇特的结构，当地村民将它解释为“兜风水”，据说“7”字形的桥身和河岸相连，就能够保证本村的风水不会流走。那些在当地村民口中充满传奇色彩的龙灯、蚌壳状的岩石，正是他们津津乐道的“风水”之一。

与六孔桥连接的石板路

六孔桥

六孔桥桥面

“大林窝，沙子垴，六孔桥，乌龟墩，牌楼挤，铁板丘。”这是从清朝乾隆年间流传至今的一首民谣，说的是咸宁双溪港下陈村的6个著名景点。这首民谣在当时一直传唱到京城乾隆皇帝的耳朵里。相传他第三次下江南的目的之一，就是要找到其中的六孔桥。据说乾隆一行在苏杭找了个底朝天，也没找到这座桥，后来才听说民谣中的六孔桥是在湖北咸宁。

据村里的老人说，港下陈村是一个福地，也是一个风水宝地。因为这个村子坐落在一片“荷叶地”中。什么叫“荷叶地”？老人解释说，荷叶要么贴水生长，要么高出水面很多，永不会被水淹。这条河的河水如果上涨，这个村子和田地就都像荷叶一样上升，不会被水淹，因此就叫“荷叶地”。这种说法虽然充满神话色彩，但1954年和1998年的特大洪水都没淹过这里，又让人将信将疑。可能是这种“荷叶地”的说法给人提供了心理安慰，这里很早就是一个人丁兴旺的村落，于是就出现了清代民谣中说的“牌楼挤”的盛况。

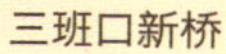
三班口新桥

三班口新桥桥券

三班口新桥

位于咸宁市咸安区龙潭乡三班口村。三孔石拱桥。西北至东南向跨淦水上游支流。建于清末。拱券纵联砌筑。桥长27米，宽4.3米，三孔等跨，孔跨7.5米。桥墩设分水尖。1982年修补“八”字驳岸。

坐标N：29° 48′ 14.6″，E：114° 17′ 42.8″。

桥头吕桥桥券

桥头吕桥

在去三班口新桥时，经乡亲指引见到该桥。村子里修有小广场和蓄水池，整个村庄给人一种乡亲们很和谐的感觉。单孔石拱桥。拱券纵联砌筑。始建年代不详。

坐标 N：29° 47′ 50.0″，
E：114° 17′ 53.9″。

桥头吕桥

龙潭桥

位于咸安区浮山办事处淦水河边上，距咸宁城区2公里。五孔石拱桥。拱券纵联砌筑。桥长70米，宽5.5米，高3.5米。桥墩设有分水尖，全为方形石块砌成。桥面均为长形青石板铺成，非常整齐一致。

龙潭桥前身名叫小龙潭桥，因桥建在淦水河一处深潭（小龙潭）边上而得名，后人们嫌麻烦，去掉了"小"字，改称龙潭桥。据清光绪八年《咸宁县志》中"小龙潭桥"有关记载，推测小龙潭桥建成年代大约在清同治五年至光绪八年间（1866—1882年）。1928年咸宁县长贺有年主持重修。新中国成立后，该桥超负荷承担着大量车辆的通行，加之地震影响，毁损严重。地方政府曾多次投资维修，该桥才得以安然无恙地横跨在淦水河之上，极大方便了两岸人民的出行。

坐标 N：29° 49′ 42.2″，
E：114° 18′ 53.5″。

龙潭桥

龙潭桥桥面

据当地老人介绍，修桥传说大致有两种：一说是小龙潭水深浪急，潭内蛟龙作怪，每年汛期巨浪翻腾，洪水滔滔，过河摆渡船只时有翻倾。为了降伏蛟龙，解除人民疾苦，当地有志乡绅组织商人、乡民进行募捐，历时数年，终于将小龙潭桥建成。另一说是过去咸宁盛产茶叶、苎麻，自古就有茶麻古道，四通八达，其中一条经官兴街过小龙潭至咸宁县城，出大幕乡茶地铺到通山县城。商贾们为了方便贸易，摆脱过河渡船之苦，便慷慨解囊，加之当地乡绅及乡民纷纷捐资赞助，修成此桥。小龙潭桥建成以后，当地乡绅曾对捐资者立碑以资纪念，后不知何故，石碑被人搬走流失，现已无从考证。

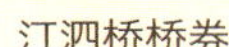

汀泗桥桥券

汀泗桥桥头

改建后汀泗桥桥型

汀泗桥

位于咸宁市咸安区汀泗镇老街中。三孔石拱桥。南北向跨河流。始建于南宋淳祐七年（1247 年），明嘉靖二十六年 (1547 年) 重修。拱券纵联砌筑。桥长 31.2 米，高 6.53 米，中孔跨径 9.2 米，两侧孔净跨 7.2 米。

全国重点文物保护单位。

坐标 N：29° 48′ 58.7″，E：114° 10′ 23.1″。

相传有个名叫丁四的乡民，住在河边，靠打草鞋为生。每见到老人小孩过不了河，总是主动前去背他们过河。若遇洪水，只能望河兴叹。他便暗下决心，筹资建桥。他省吃俭用，把卖草鞋的钱积蓄起来，五十年后终于把桥修建起来了。为了纪念他，当地村民便把这座桥称之为汀泗桥。

明代诗人袁秉亮在《舟抵汀泗桥》一诗中写道："卧身篷窗淅沥声，起来忽见雨初晴。一溪骤纳千山涨，寸步如登九折程。舟子问途迷远近，野人寄里欠分明。却看童仆欣然喜，遥指前村有吏迎。"

1926 年，北洋军阀吴佩孚在湖南吃了败仗，溃退汀泗桥，企图利用一面临山、三面环水的有利地形，调以重兵与北伐军决一死战。北伐军先头部队叶挺独立团在友军和咸宁人民的大力协助下，一举攻克汀泗桥，从此，汀泗桥名扬天下。

1961 年 12 月，我国现代杰出的诗人、作家、著名社会活动家郭沫若先生重访汀泗桥，追忆 35 年前那场战事，感慨万千，激动地写下了《登阅江楼怀叶挺及独立团诸同志》这首七（言）律诗："北伐从征忆昔年，铁军独立一雄团。纵教汀泗传天险，终使吴刘受痛歼。革命前驱红十月，捐躯遗恨黑茶山。阅江楼上遗风在，心绕延河烈士园。"

2001 年 10 月，在北伐汀泗桥战役胜利 75 周年之际，中国社会科学院历史研究所在咸安召开会议，海峡两岸近 50 位专家学者会集汀泗桥，进一步提高了咸宁在海内外的知名度，桥也改建成廊桥了。

程益桥

位于汀泗桥镇程益桥村。三孔石拱桥。南北向跨河流。建于明代万历年间（1573—1619 年）。相传为商人程益所修，故名程益桥。拱券纵联砌筑。桥长 30 米，宽 5 米，高 6 米。桥墩设分水尖。

程益桥南通崇阳，北去咸安、武汉，是古代一条重要的车道。此地不仅陆上交通发达，水上交通也十分便利，乘船可直通长江。桥南端曾客栈林立，商品贸易繁多，当地的竹木、土特产等大都从这里流向全国各地，各地商旅行人也大多在此落脚，人流如织。

坐标 N：29° 46′ 38.4″，
E：114° 16′ 33.2″。

上左：程益桥桥面
上中：程益桥桥墩和分水尖
上右：程益桥桥券
中：程益桥
下：程益桥桥头接的梁桥和古树

双姑桥廊内

双姑桥

双姑桥

位于咸宁市咸安区汀泗桥镇古田村二组。三孔石拱桥。南北向跨河沟。始建年代不详。拱券纵联砌筑。桥长 20 米，宽 3.1 米，高 3 米。桥上是由砖块砌成的廊墙，裸露的方形砖块陈旧中显露出古朴的风韵。

坐标 N：29° 44′ 51.6″，E：114° 14′ 56.5″。

双姑桥不仅仅是一座桥，还是历史的见证者。1000 多年前，“黄巢起义”的无情战火使这里荒无人烟。几百年后，有张姓两兄弟从江西的瓦砾街搬迁到这里，经过 600 多年的繁衍生息，才发展成为现在的规模。

说起这座廊桥，当地人心中充满了敬仰和骄傲。以前这里是崇阳、通山、蒲圻、咸宁四县的交界处，也是连接这几个地方的交通要道。产自崇阳、通山的煤、油、盐、米等货物都要通过这里运往汀泗，但山脚下这条河，给来往的商人带来了很大的不便。传说张家有两姑嫂在山上做尼姑，这两姑嫂向来心地善良，好善乐施。为了方便行人，她们拿出自己编草鞋的积蓄以及四处化缘、募捐来的钱物，还拆掉了庙庵，修建了这座桥。后人为了纪念她们，给那座山取名双姑尖山，这座桥就叫“双姑桥”。姑嫂俩的美德在当地被人们传颂着，并被一代代人继承了下来。几百年后，有个乐于助人、被人们亲切地叫做“保证妈”的老人，发扬两姑嫂的优良传统，常年在桥上为路人烧茶送水，也成为当地百姓口中的美谈。

双姑桥始建时并没有廊亭。约一百年前有个看风水的阴阳先生路过双姑桥，认为此桥上要修一个九尺高的廊亭作屏障，一面古田风水的外流。为此，当地绅士牵头，又在桥面上新建九尺高的廊亭。廊亭雕梁画栋，青瓦盖顶，亭亭玉立。亭的廊柱上还有一副“广两镇之玉宇，开四顾之金堤”的楹联。

新桥

位于咸宁市咸安区汀泗桥镇洪口村三组。单孔石拱桥。南北向跨河沟。初建于 1930 年。当地村民赵毅哉于 1940 年出资组织重修，并把桥亭由最初圆形的门改为方形。拱券纵联砌筑。桥长 7 米，宽 4 米，高 3 米，跨径 5 米。桥亭由青砖砌成，顶上盖着同样是青色的瓦，给人一种清新素雅的感觉。亭内的横梁上有重修时用毛笔书写的“礼义廉耻、孝悌忠信”、“提倡教育、改进社会”等文字，反映了当地百姓美好的愿望，也给后人留下了回想百年历史的空间。

坐标 N：29° 45′ 30.5″，
E：114° 16′ 01.9″。

上：新桥
中：新桥廊内
下：新桥桥券

山下桥

位于咸宁市咸安区汀泗桥镇洪口村一组。单孔石拱桥。东西向跨河沟。始建年代不详。拱券纵联砌筑。桥长 5 米，宽 2 米，高 3 米，跨径约 3 米。桥的一侧是一座小山，另一侧是广阔的稻田。平时村民去田间劳动，大多要通过这座小石桥。

坐标 N：29° 45′ 17.0″，E：114° 16′ 15.1″。

据当地老人介绍，他们不知道这座维系他们生活的小桥建于何朝何代，只知道他们祖先来这里时它就已经存在了，祖先们就是踏着小桥走过了无数的风雨。村民们还说，从前小桥旁边的一块方形稻田形状极其平整，桥下的河水也是两条分支汇合而流过，于是大家就把这座小桥与旁边的事物构成的图画想象成“笔砚图”，河水是毛笔，小桥是笔筒，方形稻田就是砚合。

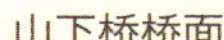
山下桥桥面

山下桥

架鼓桥

位于咸宁市咸安区汀泗桥镇大桥村六斗畈牛冲口处。单孔石拱桥。南北向跨河沟。建于明万历三十一年（1603 年）。拱券纵联砌筑。桥长 10 米，宽 3 米，高 5 米。因桥头南北两端各有一山，山形如战鼓，石桥架于两山之间，故起名架鼓桥。架鼓桥原为六斗畈出汀泗通往江西大驿路的必经之地，促进了当地的经济发展。现在公路改道，但它们仍为六斗畈人上山下田劳作的过往之桥。架鼓桥周围层峦叠嶂，春秋季节时有大雾弥漫，恍若仙境，过桥犹如腾云驾雾，故亦称为“驾雾桥”。

坐标 N：29° 45′ 17.0″，
E：114° 16′ 15.1″。

架鼓桥桥面

架鼓桥桥券

架鼓桥

冶家桥

冶家桥

位于咸宁市咸安区汀泗桥镇大桥村冶家堂。单孔石拱桥。南北向跨大桥河。建于明代嘉靖十四年（1535 年）。拱券纵联砌筑。桥长 9 米，高 5 米。

冶家桥为附近王姓人祖上所建，王姓人祖上从江西迁至冶家堂至今已有 120 多代，人丁兴旺，子孙繁多，皆勤劳朴实、热情好客。他们上畈劳作皆经过此桥。桥身古藤缠绕，青葛遍布；桥下流水潺潺，游鱼历历。桥头北面有巨石墩 2 个，光滑如镜，虽略有破损，仍巍然屹立，为王姓人在清乾隆三十年（1765 年）间中进士立桅杆所用。古桥旁边有株数百年古枫，枝繁叶茂，高大挺拔，如擎天巨伞。

坐标 N：29° 45′ 10.6″，E：114° 12′ 45.6″。

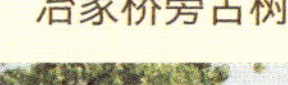

冶家桥旁古树

官桥

位于咸宁市咸安区官埠桥镇老街。三孔石拱桥。东西向跨淦水下游支流官埠河。建于清道光七年(1827 年)。拱券纵联砌筑。桥长 25 米，宽 5.5 米，孔跨 6.67 米。桥墩上下游均设分水尖。石板桥面建七间凉亭，木柱木护栏两侧各有 7 条共 14 条供游人小憩的长条木凳。单檐悬山顶。

坐标 N：29° 53′ 54.9″，

E：114° 19′ 41.1″。

传说明朝末年的一次洪水使官埠河水暴涨，一根 20 多米长的大松树干从上游马鞍山顺流直下，冲至官埠古镇中心河段转弯处，被沿河而建的房屋挡住，横于河面上，成了一座天然的独木桥。人们从独木桥上走过，安然无事。洪水退后，独木桥仍悬跨在河面上，老百姓认为是天意要在此修一座桥，于是纷纷捐钱，买来石板，请石匠在独木桥处修建了一座两墩三孔的石拱桥。那根 20 多米长的大松树干被锯开，用来做桥面上的长廊梁柱，粗大笔直，刚好够用。那些梁柱至今仍结实完好，岿然挺立。

那时官埠河直通长江，行船方便，进出咸安物产在此集散。桥头两端店铺林立，商贾云集，商号多达 200 余家，人口逾 3000 人，素有“小汉口”之称。因过往官员直抵桥边上下船而得名官埠。清代诗人胡光灿在《咏桥》一诗中写道：“春烟蔼碧不成丝，马到桥边细雨时。为爱如酥官道润，袖边觅句意迟迟。”

后因金水闸的修建，使水位骤降，官埠桥与江湖始无舟楫通航。1938 年粤汉铁路横沟桥火车站建立，该区域土特产均出横沟经铁路外运，此地日渐萧条。

上：官桥
中上：1968 年维修时贴的碑　廊内
中下：桥墩　桥券
下：桥廊　桥头

胡翰林村 1# 石梁桥

胡翰林村 2# 石梁桥，形制同 1# 桥，离 1# 桥 200 米

胡翰林村石梁桥

位于咸宁市咸安区官埠桥镇河背村胡翰林村。单孔石墩石梁桥。始建年代不详。桥长 7 米，跨 3 米，三列石板平铺桥面，石板 0.3×0.3 米。

坐标 N：29° 55′ 55.0″，
　　E：114° 18′ 48.4″。

河背桥

位于咸宁市咸安区河背村横沟河和官埠河交汇处。三孔石墩石梁桥。横跨官埠河南北两岸，南连官埠茅屋墩，北接张公河背街，故名为河背桥。始建于清代。桥长38米，桥宽6米。桥墩上下游均设分水尖，以减少水流冲击，以延长桥体寿命。

桥身于20世纪70年代利用老桥墩翻修，目前桥身整齐牢固，两边护栏各17根望柱，桥面平整。河背桥是河背村交通往来使用十分频繁的老桥。在还未通车的年代，这里的人们靠水路通往武昌，河背桥在当时起着重要作用。据当地百姓介绍，河背桥是由一名胡姓商人出资建造，最初是靠大船载着条石，待到涨水季节利用水的浮力而架成，因为没有水泥，当时只有用糯米黏合。枯水季节，上游的水草顺流而下，常常造成阻塞，等到开春之后，水流方才畅通。通长江的金水闸建造后，此处的河流现已不再行船。

坐标 N：29° 54′ 54.7″，E：114° 18′ 50.4″。

上　古桥墩
下　河背桥

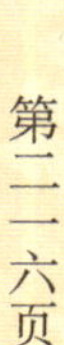

坳头桥

位于咸宁市咸安区高桥镇宋银村坳头刘湾南。单孔石拱桥。南北向跨高桥河上游支流。建于道光五年（1825 年）。拱券纵联砌筑。桥长 9 米，宽 4.3 米，孔跨 6 米。原桥面两侧设石护栏，现改水泥路面。

坐标 N：29° 49′ 34.6″，
E：114° 29′ 18.4″。

上：坳头桥
下：坳头桥桥券

朱家桥

位于咸宁市咸安区高桥镇程家村。单孔石拱桥。南北向跨河沟。始建年代不详。拱券纵联砌筑。桥长 9 米，宽 4.3 米，孔跨 6 米。

坐标 N：29° 49′ 23.4″，E：114° 29′ 00.6″。

朱家桥

孟家桥

孟家桥

位于咸宁市咸安区高桥镇高桥村。三孔石拱桥。东西向跨河流。始建于清乾隆二十九年（1764 年）。拱券纵联砌筑。桥长 30 米，宽 3 米，高 6 米。该桥三孔中，两孔旧有，一孔新建，桥墩上下游均设分水尖。桥头有石碑一通。

坐标 N：29° 50′ 28.1″，E：114° 30′ 53.5″。

孟家桥桥券和桥墩

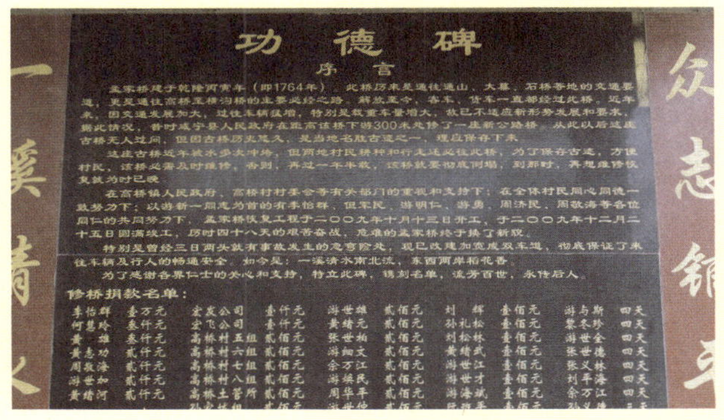

重修孟家桥石碑

张家桥

张家桥

位于咸宁市咸安区高桥镇青山村。原记载为双孔石梁风雨桥。东北至西南向跨淦水支流。清乾隆十八年（1753年）乡绅万和秉主持修建。桥长8.5米，宽3.4米。条石砌墩，四根圆木搭接两岸，木板平铺桥面。桥上建五间凉亭，单檐硬山小青瓦顶。

现古廊桥已无存，仅剩一座单孔石拱桥，拱券纵联砌置。旁边新修有现代桥梁通车，该桥已弃用。

坐标N：29° 52′ 27.0″，E：114° 33′ 34.4″。

高桥

位于咸宁市咸安区高桥镇高桥村东 。五孔石拱廊桥，东西向跨高桥河。建于同治八年 (1869 年)。桥长 55 米，宽 4.8 米，孔跨 8 米，高 6 米。拱券纵联砌筑，单券单伏，桥墩上下游均设分水尖，桥面两侧设石护栏。

高桥结构严谨，工艺精湛，气势宏伟。全桥 4 墩 5 孔，墩成棱形，桥洞拱形，均用青石块砌成。桥横跨河中，宛如雨后彩虹。东西桥头下由青石砌成护坡，桥西一桥墩下刻有“同治八年——我水”，碑文依旧醒目，这是造桥人的历史见证。桥面建有凉亭，凉亭由 96 根圆木柱为主柱，再由数根方木柱上下纵横连接，一排连接下方的长方木柱为凳。凉亭外面由石木柱连接青石块为一体，作防护栏。凉亭内雕刻别致，亭顶盖黑布瓦。亭中间为可容两人并肩同行的人行道。正桥面五级台阶呈凸字形，每级台阶宽 7 ～ 10 米。

因凉亭年久失修，在 20 世纪 70 年代一场特大暴风雨袭击中，桥面凉亭遭毁，桥身和桥面石板护栏完好。2000 年重修，恢复了廊桥的格调。

坐标 N：29° 51′ 10.4″，

E：114° 30′ 55.6″。

高桥

高桥河发源于大幕山麓之庙边村外朱邱庄，在咸安境内长 38.1 公里，沿途接纳支流 12 条，为咸安区境内第二脉系。

有河无桥，堵塞了咸安东部山区的物资交流通道，造桥为山区人的梦想。清同治年初，高桥陈家畈、朱家畈 7 姓 10 个门庄，陈、朱二门为大姓家族，由桥东的义门陈发起造桥，立宏济堂公所，设万年茶社，有郭公昆田捐施 3 年，继有公宝田幕施 3 年，当时的咸宁县东部山区高桥、石桥、大幕的家族民众，大冶、江西、汉口等省内外商人亦为造桥募施捐款，采石造桥。

据高桥功德碑记载："高桥虹跨于双溪之间，为武郡阛阓之通衢，亦楚南吴西之孔道也。长途酷暑过客谁僻乞敬闻"。同治八年，高桥建造落成。桥高孔多，为咸安区境内所少见，造桥人功高厚德"桥神"保佑高桥人福比山高。因而取"高"字故名高桥。

由桥东向西走，桥东右侧设宏济堂万年茶社，茶社外墙壁刻有 8 块功德碑。宏济堂万年茶社专施茶水，茶社将畈上百亩良田的出租金用作购茶制茶，开销茶社薪水。河下游生长一片浓密的水杨树，树结籽，飞籽成林，树蔸可再生。木质轻，是农家制作秧马、风车、木箱的优质木料，树枝作制茶柴火。茶社有专人烧茶水，春夏两季茶水不断，行人歇脚喝茶不收钱。茶亭多施用的是米泡茶、姜盐茶。

往日的高桥，市面繁荣，生意兴隆。桥东右侧，一排成一字形的二层木板房，如今仍保持着百年前的旧貌，这里是转运土纸销往汉口的货栈。桥西是一条成八字形的青石板街，左右两侧共 4 条小街，长约 300 多米。前街在桥西右河边，往后为后街，桥西左边为"七"字形小街，这就是古老的高桥镇。小镇街上店铺林立，商贾云集，有铁铺、店铺、磨坊、镀庄、酒坊、米店、药店、杂货店，仅饭铺就有 30 多家，来高桥的人大多在饭铺"打中伙"。过桥西下游老街，有一个大场，每逢传统节日搭台唱戏。场边有一福神庙，建有一个 10 米高的风水塔，寓意桥神避祸消灾。

传说高桥有很多神奇故事。造桥用的青石块是从本镇金尖山取来的，金尖山上的石头取完，造桥需用的最后一块石板也凿成了。造桥也有讲究：桥面铺青石板时，留一块铺的石板用以祭桥。一天，有一个挑棉花的老头路过桥上，脚踩入未铺石块的地方，摔了一跤。这时，几个造桥人就将最后一块石板铺上。那位老头回到家里，不几天就病故了。人们传说这老头是"桥神"，是来祭桥的。

高桥河河宽底浅，底部为坡石岩层。神奇的是，建桥百年，桥面上下还未有过伤亡一人的事。抗战时，日军飞机在桥上空投下两颗炸弹，当时桥面上有二十多人吓得跳河，待跳河人爬上岸一看，炸弹掉在桥下侧，炸弹投歪了，跳下去的人全都安然无恙。新中国成立后，人们见到掉进河里的人有十多个，却无人伤过皮肉。王旭村六组 70 岁的李炳南大爷讲述了一个真实故事：30 年前的一个盛夏，儿子李朝虎才 10 岁，在桥上玩耍时落入河下，不会游泳的他竟自己爬上岸来。桥神守护桥，山里人安家乐业，人称高桥为"神桥"。

上：两边桥头
中：高桥桥廊内
下左：重修高桥石碑
下右：高桥桥墩和桥券

刘秉桥

位于咸宁市咸安区高桥镇夏林村。单孔石拱桥。始建年代不详。拱券纵联砌筑。桥长 14 米，宽 3.5 米，高 3 米。

坐标 N：29° 52′ 46.4″，
E：114° 35′ 05.7″。

刘秉桥桥面

刘秉桥

上：三眼桥
下：三眼桥桥墩和桥券

三眼桥

位于咸宁市咸安区高桥镇黄铁村望家山脚下的黄家堰上。三孔石拱桥。因河面不宽广，石拱跨度也不大，桥倒映在水中，石拱和倒影连成一体，远看就像三只圆睁的眼睛，三眼桥也因此而得名。据当地老人介绍，它修建于清代道光年间（1821—1850 年）。拱券纵联砌筑。桥长 20 余米，宽 3 米余。桥墩上下游均设分水尖。

坐标 N：29° 49′ 36.5″，
E：114° 30′ 01.4″。

传说一大户人家女儿嫁到河对岸，女儿每次回娘家因河上没桥，过河总是个难题。大户人家为了方便女儿和村民，就修了这座三眼桥。他们还将青石板的桥面砌得非常平，让人们在一些重要节日里，在桥面上可以摆案祭拜。传说也许不太可靠，但可靠的是传说中所包含的感情——父母对女儿的爱。这种爱跨越时空，到现代仍然能打动人心。俗话说："嫁出去的女，泼出去的水。"更何况在等级森严的封建社会。可是，传说中的父母在女儿出嫁后仍然对她关怀备至，不仅疼爱女儿，还能为女儿做出一件恵泽后代事情，这样富有爱心、富有远见的父母人人敬重，也值得今天的为人父母者学习。

程家桥

位于咸宁市咸安区高桥镇黄铁村坳头刘庄入口处。两孔石墩石梁桥。建于清代。桥正好在两条乡村公路的交会处，在新中国成立前，这条官道，是通山、崇阳的商贩前往武昌的交通要道。现在则是新屋桥庄和坳头刘庄通往高桥的必经之路。

这座桥有两条石梁砌成的桥孔，桥孔很小，大约一人宽。桥头有棵古树，树干很粗，需两个成年人才能将它抱住。

据老人说，这座桥在清代就建成了，当时叫茶家桥。因为旁有茶亭，有专人烧茶，供给行人喝。行人多为通山贩纸贩茶的商人，他们挑着货物，走累了，就在此处歇脚喝茶，茶水是免费的。而现在当地人称这座桥为程家桥，大概是受方言影响的缘故。

坐标 N：29° 49′ 41.1″，

E：114° 29′ 26.4″。

程家桥

吴私桥

位于咸宁市咸安区高桥镇刘英村塘下吴，桥因村而得名。单孔石拱桥。南北向跨河流。修建于清代光绪十六年（1890 年）。拱券纵联砌筑。桥长 10 米，宽 4.3 米，高 3.5 米。桥面用水泥浇铸成了平顶，由于时代的久远，有些许裂痕。两边是长方形的小红砖砌成的护栏，高约 15 厘米，外敷水泥加以保护。桥面正中留有一方形穿孔，或是当年插灯杆所用，或用于封闭河道。以前，这座桥是刘英大队通往咸宁的交通要道。为了能够通行汽车，在距离桥约 10 米处修建了一条宽阔的水泥马路。“吴私”也许是“无私”，亦即无私奉献自己，只是在流传中误写了。历经二百年风雨，吴私桥默默地奉献着，而今也就功成身退了。

坐标 N：29° 51′ 59.2″，

E：114° 31′ 36.8″。“

上：吴私桥桥券

下左：吴私桥桥面正中一方孔

下：吴私桥

游家桥石阶

游家桥石阶

游家桥

位于咸宁市咸安区高桥镇孙家畈。单孔石拱桥。南北向跨小河。建于清朝宣统元年(1909年)。拱券纵联砌筑。桥长17米，宽5米，高6.5米，跨度11米。

据传明末清初时，这里只有一座小木桥供人通行。河边游家村有一位乡绅名叫游宾臣，因为他家在河对岸的孙家畈有很多田地，于是出资将木桥改建为石拱桥，取名游家桥。他还在桥上加建凉亭和护栏，给过往行人提供了避风挡雨和歇脚的绝佳去处。可惜1980年的一场龙卷风刮倒了桥上的亭子，但令人欣慰的是，几经洪水，桥身竟安然无恙，保存至今。

虽然桥在孙家畈，但游家村却在2011年出钱重修该桥，就是因为它叫“游家桥”，是游家的先人所建。

坐标N：29° 50′ 03.3″，E：114° 30′ 48.3″。

游家桥

游家桥桥券

石城桥

石城桥桥面

石城桥桥券

石城桥

位于咸宁市咸安区桂花镇港下雷村。三孔石拱桥。东西向跨淦水上游支流。清光绪三年（1877 年）雷贤栓修建。拱券纵联砌筑。桥长 24 米，宽 4.2 米，孔跨 6.67 米。桥墩上下游均设分水尖。

坐标 N：29° 42′ 12.3″，
E：114° 20′ 02.7″。

白沙桥桥头

白沙桥

位于咸宁市桂花镇白沙村。三孔石拱桥。明弘治年间（1488—1505年）白沙寺僧清理募建，明正德十二年（1517年）其徒续建。清嘉庆二十四年（1819年）及以后多有修缮。桥券纵联砌筑。几十米的长桥上铺的是一色的青石板。桥南北走向，青瓦盖顶，两侧有护栏。北面桥头刻有一副对联曰：“二水汇流碧潭白沙桥基稳，三山分出高峰深涧旅路安。”南面桥头也刻有一副对联：“白泉淦水天堑隔，沙脚龟头石桥连。”据说曾有一石龟立于南面桥头，现已不知所踪。

现在的白沙桥是2001年9月重修的。当时，百墩镇退休干部雷锡富、横沟高中教师刘纯燮等人牵头，民间捐资，重修此桥，此善举在当地一时被传为美谈。

坐标N：29° 43′ 06.8″，

E：114° 23′ 14.2″。

问起桥的来历，桥头纳凉的老妪如数家珍。她说：也不知是哪朝哪代，人们苦于两岸阻隔，开始在河上架桥。可奇怪的是桥一修完就垮塌了。于是人们没日没夜地修桥，桥则总是莫名其妙地垮塌。有一天，苦恼的村民又在修桥，这时忽然从天空传来一个悠远而又清晰的声音：“观音老母坐船边，不当我是女神仙。挖出白沙好下脚，建座大桥万万年。”人们抬头观望，观音老母却倏忽不见了。得到神示的人们不再忙于建桥，而是开始在河道边深挖桥基。挖呀挖，也不知挖了多少天，锄头边终于冒出了白亮亮的沙子。于是人们下脚建桥。由于桥基挖得深，建成的桥再也没有倒塌过。这座桥也由此叫白沙桥了。

桥上有一块石碑，碑立于清嘉庆二十四年（1819年）6月，石碑上方镌刻“粮堰万代”4个大字。碑文中有“田亩食为民天，民非田则食无所资，田非堰则旱无所济”的字样。碑文中还说，为了保护粮堰，使之不再受不法之徒的侵害，“各户堰长齐集斯桥，议禁刊碑以杜后患”。从碑文看，所谓粮堰，应该就是为灌溉农田而修筑的蓄水堤坝，碑文表达了人们对谷熟年丰的期盼。保护粮堰这样的大事议决于桥并刻碑立于桥以告众人，白沙桥在当地人心目中的地位由此可见一斑。

白沙桥

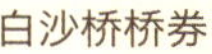
白沙桥桥券

白沙桥桥券和桥墩

白沙桥廊内

万寿桥

位于咸宁市咸安区桂花镇万寿桥村与石鼓山村之间的白沙河之上，距咸宁市城区约13公里。三孔石拱桥。南北向跨白沙河。清道光二十六年（1847年）王永开率众修建。拱券纵联砌筑。桥长34.4米，三孔跨径总长32.4米，桥宽4.8米，高6米。桥墩上下游均设分水尖。

桥头的拱形门两侧都有门廊，桥两侧各竖亭梁9根，门廊与亭梁用青砖砌成。桥亭顶部脊檩与椽子全用木条，为人字顶，以小青瓦覆盖。桥面全用大青石无浆干砌。桥头的门廊与18根亭梁将桥分为20间亭廊，每侧10间，左右两相对称。廊桥两边都建有木护栏，护栏内横置着青石条凳，以供行人憩息。

桥梁上有一块大石，“道光贰拾陆年建修”几个大字清晰可见。此桥历经风雨，多次重修，最近的一次修复是1968年6月。桥上廊亭的脊檩上留有毛笔书写的标语“人民，只有人民，才是创造世界历史的动力”，依稀留下了那个时代的印记。

坐标 N：29° 43′ 29.0″，
E：114° 22′ 32.7″。

万寿桥

万寿桥廊内

至于桥的来历，村中流传着这样一个故事。

从前，有一对青年男女，男的是河西石鼓山村人，姓王；女的是河东小村人，姓周。他们在一个偶然的场合相逢，一见钟情。可是，当时两村之间横隔着一条白沙河，相爱的人儿只能隔河相望。两人的爱情没有得到双方家长的认可，于是相约私奔。历尽了坎坷艰辛之后，王姓青年考取了状元，两个有情人终成眷属。后来两人都得以善终，享年 100 多岁。石鼓山乡人王永升有感于二人对爱情的忠贞、执着，遂拿出一大笔钱，准备在两村之间的白沙河上修建一座桥，乡亲们听闻这一善举，也纷纷解囊相助。桥建成后，就定名为万寿桥，一方面表达对王、周二人的深切怀念，另一方面又寄托对天下有情人的美好祝愿。

万寿桥桥头

万寿桥桥券

万寿桥桥墩

万寿桥石凳

万寿桥木凳

刘家桥廊内

刘家桥

刘家桥

位于咸宁市白沙乡刘家桥村。单孔石拱桥。南北向跨白泉河。始建于明崇祯三年（1630 年），重建于清道光十二年（1832 年）。拱券纵联砌筑。桥长 20 米，宽 5 米，高 5 米，孔跨径 10 米。桥前有石铺成的台阶九级，桥上建有木架凉亭，柱木瓦，两侧有木条凳可供行人小憩。当地村民还在两侧木柱上钉上“不许在桥上放猪闩（拴）牛”，以示爱护。

刘家桥村是汉皇刘邦同父异母弟弟刘交的第 60 代后裔刘伯常迁居于此后建筑繁衍而成的古民居群，已聚族居住 4 个世纪。刘家桥古民居始建于明崇祯三年，4 处居民村落建筑总面积 35000 平方米，共有大小房屋 740 间，楼道 38 条，天井 54 个，廊桥和独木桥（20 世纪 70 年代改为石板桥）各一座。刘姓用两座桥和石板路，将 4 处民居村落及学校连接成为一个整体。老屋依山从下而上呈阶梯建筑，其他则为平地起基。建筑风格为明清古庄园建筑雏形。刘家桥村被誉为“楚天民俗第一村”。

远望刘家廊桥，古朴典雅，碧绿葱葱，几株古柳掩映，清悠悠一脉白泉反照，有道不尽的诗情画意。正如廊桥上一副对联所云：“水秀山清古道萦纡墨第，峰回路转小桥飞跨刘家。”

坐标 N：29° 41′ 59.3″，
E：114° 24′ 22.5″。

刘家二桥

位于咸宁市咸安区桂花镇刘家桥村下新屋古民宅前的白泉河上。双孔石拱桥。南北向跨白泉河。桥长 9 米，宽 4.2 米，高 3.5 米。桥上可行载重车辆。这座桥是刘家桥村民通往原南川乡政府的必经之桥。

原刘家二桥建于清道光十一年（1831 年），刘交第 63 代后裔刘世宏在建下新屋时就建了此桥。他们在门前白泉河中间，用巨石建成一个梭形桥墩，两头尖尖的如利剑劈开水面。上面再用合拖大的柏树从中裁开，三块一排，一头置于石墩上，另一头置于岸上，形成双孔木梁桥，宽厚扎实，历两百余年而不朽。至 20 世纪 70 年代，开始有了自行车、拖拉机，木桥已不能满足村民的生活需求了，由生产队筹资重建了现在这座双拱石桥。桥下游是洗衣埠，一株百年老柳树长在桥埠之间，巨大的树枝伸至河的彼岸，桥、埠、树、水融为一体，形成了一道独特的风景，吸引了众多游客。

坐标 N：29° 42′ 08.0″，

E：114° 24′ 22.7″。

刘家二桥

三仙桥

位于咸宁市咸安区桂花镇柏墩村山下顾的柏墩河上。三孔石拱桥。东西向跨河流。始建年代不详。拱券纵联砌筑。桥长20余米，宽2米余。桥墩设分水尖，桥面由青石板铺成，有些已斑驳。桥上可分为5部分：两边是两座约2米见方的阁亭，内有4级台阶，两面墙上各有2扇六角形窗户，从阁亭内可以眺望到窗外的美景。整座阁亭高约5米，四角翘起，如同飞鸟。沿着台阶上去，只见两间普通的阁楼，也有2扇六角形窗户。再往里走就是分为3节的廊，两边是横木栏杆，有的已断裂。廊与阁楼高约3米，低于两边的阁亭，顶部连成一个整体，梁为三角木架，朱漆的颜色已淡褪。该座廊桥线条流畅，层次分明，造型典雅、古朴、飘逸，犹如一只展翅的苍鹰。它博采了民间建筑之精华，集亭、台、楼、阁于一身，确实是件难得的建筑艺术佳品。

坐标 N：29° 42′ 51.8″，
E：114° 20′ 19.0″。

三仙桥

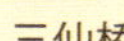

三仙桥廊内

三仙桥石凳

三仙桥桥券

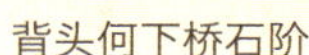

背头何下桥石阶

背头何下桥桥面

背头何下桥

背头何桥

位于咸宁市咸安区桂花镇柏墩村背头何十组。背头何桥也叫何家桥，由上桥和下桥组成，均为单孔石拱桥。东西向跨河流。

上桥历史悠久。据何氏宗谱载，生于清乾隆癸巳年（1773 年）的何伟公，字赤玉，家中很有钱，但数代均为单传，因而坚持做善事。为方便沿河村民交通，主持修建了此桥。修桥时，何伟公年仅30 来岁。拱券纵联砌筑，上下有十几阶石阶。上桥称得上是“桂花镇最高的单拱石桥”，高约 5 米。整座桥呈圆拱形，横跨在宽约 15 米的河面上。

下桥与上桥极其相似，也是单拱石桥，只不过高度、跨度都不如上桥。下桥的历史也不如上桥悠久，据当地人介绍，下桥修建于 1927 年。

下桥的修建者是当地的一位传奇人物——何柏川。何柏川一生经历坎坷，后热衷于修桥，如著名的马桥、白沙桥等均由他主持修建。

现在，上桥与下桥组成了一道历史的风景，镌刻在桂乡的大地。

上桥坐标 N：29° 43′ 09.5″，
E：114° 20′ 11.8″。

下桥坐标 N：29° 43′ 14.6″，
E：114° 20′ 27.6″。

背头何上桥石阶

背头何上桥

背头何上桥桥券

胜安桥

胜安桥

位于咸宁市咸安区桂花镇柏墩村山下顾九组。三孔石拱桥。东西向跨河流。据记载此桥建于清朝末年。拱券纵联砌筑。桥长 20 余米，宽 3 米。桥面青石铺面，桥墩上下游均设分水尖。虽经历了百余年的风风雨雨，但胜安桥依然坚固。

坐标 N：29° 43′ 07.2″，
E：114° 20′ 43.6″。

胜安桥桥券

胜安桥桥面

桃坪桥

位于咸宁市咸安区桂花镇刘家桥村桃坪。桃坪东邻通山界水岭，南接通山楚王山，西近石门水库，北出白泉公路。单孔石拱桥。东西向横跨徐家港。始建于清光绪二十五年（1900 年）冬月，是徐姓家族集资并请能工巧匠建造的。

拱券纵联砌筑。桥长近 6 米，宽 2 米余。桥上建有硬山顶廊亭，廊亭顶为“人”字形构架，上覆青灰布瓦，以遮阳挡雨。廊亭南北两侧横木为栏，栏高及膝；两侧中点，各设一矩形砖石立柱，以支亭顶。廊亭东西两端，各有一穹顶大门，形若古牌坊，仰望而生肃穆之感。

桥西端北侧有一株高出廊亭的柏树，桥龄就是树龄。柏树干粗如腰，正直不曲；皮泛鳞甲，其色青黛；枝疏叶密，枝青叶翠。柏树虽经风霜，却丝毫未显龙钟老态。

桥西端南侧本有一株同龄柏树，不幸为战火所毁。

坐标 N：29° 39′ 47.5″，

E：114° 23′ 54.5″。

上左：桃坪桥廊内
上右：桃坪桥桥券
中：桃坪桥
下：桃坪桥远眺

余家桥

余家桥

位于咸宁市咸安区桂花镇柏墩村背头何十一组。桥的一岸是余家湾，另一岸是数百亩良田。双孔石拱桥。南北向跨河流。建于清朝末年。拱券纵联砌筑。桥长近 20 米，宽 3 米。桥墩上下游均设分水尖。桥面平坦宽阔，可通行小型汽车或拖拉机等。

坐标 N：29° 43′ 03.0″ ,E：114° 19′ 57.9″ 。

水口桥

位于咸宁市咸安区桂花镇中田畈村柏墩十四组，因处在泉河和柏墩河汇合处的双河口而得名。三孔石拱桥。东西向跨双河口。桥建于 1924 年。拱券纵联砌筑。桥长 25 米，宽 4.2 米，高 4.5 米，跨径为 21 米。桥墩上下游均设分水尖。

水口桥的历史久远，与当地一位传奇人物何柏川有着莫大的关系。传说他是一个大盗，有豪侠之气，对为富不仁者痛恨有加，大有劫富济贫之举。他父母早逝，由祖母抚养成人。童年时因膝盖骨摔伤，左脚终生残废，他浪迹乡里，靠乞讨度日。中年后，从事窑业，有所盈利。富裕后他不忘邻里恩情，热心公益事业。

民国初年，中田畈村水口桥两岸崩裂，他提供大部分资金，主持改建石拱桥。水口桥是他修建的第一座桥，有了这次首善之举，此后他乐此不疲，热心修桥，终生不辍。据《咸宁县志》记载：附近木梓坳村孙家桥被洪水冲垮，乡里募捐重建，推举他为督理，他欣然接受，按期完成。马桥严洲畈，素有义渡，但每遇山洪暴发，夜深停渡，行人过往不便。当地民众原欲建桥，但工程浩大，不敢动手。何柏川毛遂自荐，要求承担建桥任务，当地士绅深受感动，纷纷资助。他亲自绘图设计，指挥施工，前后历时 7 年，终于将当时咸宁最大的七孔石拱桥建成，命名为“普渡桥”(后改称“马桥”)。何柏川修桥名扬全县。以后他相继主修了双港港头钱石桥、白沙金塘石桥、柏墩山下顾石桥、背头何石桥等 8 座桥梁，为修桥事业奔波近 20 年，为世人所称颂。至今，在鸣水泉生态旅游景区的吴刚雕塑群中，还矗立着何柏川的石像。

坐标 N：29° 43′ 21.3″，
E：114° 20′ 50.2″。

水口桥桥墩和桥券

水口桥

玉丰桥

位于咸宁市咸安区桂花镇毛坪村“玉丰电站”旁。五孔石拱桥。南北跨河流。始建于明朝。拱券纵联砌筑。桥长约50米，宽约5米。桥墩上下游均设分水尖。

坐标 N：29° 44′ 20.3″，
E：114° 21′ 37.9″。

说起玉丰桥的来历，颇有一段鲜为人知的故事。在玉丰桥的上游，蜿蜒流淌着两条河流，这两条河在玉丰桥现在的位置汇集。枯水时节，河流几乎见底，河床遍布整齐不一的石块，嶙峋突兀。附近村的居民可以直接涉水过河。一旦夏秋到来，洪水涨溢，两条小河的河水迅速汇聚在一起，不仅影响了周围人的交通，又直接淹没了河流两岸大片的农田，给毛坪村一带的生产和生活造成巨大的危害。因此，明朝时居住在本地的一个叫师玉丰的老人决定要修建一座桥梁解决这个问题。这位老人终生未娶，把他一生的积蓄全部捐献出来，修建了这座坚固的石头桥。桥梁的修建从根本上解决了毛坪村的痼疾，联系了这一带百姓的交往，也带来了村民粮食的丰收。为了纪念师玉丰老人的善举，后人就将该桥取名为“玉丰桥”。

据毛坪村民介绍，明朝有一位名叫王大寰的朝廷大员就出生在这里。他后来在总督漕院任职“御前侍卫”，在桂花镇一带很有影响力。曾出土发现了一块石碑，石碑上方雕有“跃鲤名渊”4个字，中间有“官任七省经略尊岳父江邑熊府廷弼芝冈大人钓鱼碑”字样，右边是王大寰的职务。从碑文我们可以想见当年这位朝廷大员的特殊身份。王大寰死后魂归故里，在他的墓葬图上标有“玉丰桥”标志，足见师玉丰老人的人格魅力。

上：玉丰桥桥面
下左：玉丰桥
下右：玉丰桥桥墩和桥券

龙里廊亭

廊内

龙里桥

位于咸宁市咸安区桂花镇盘源村龙里十六组。单孔石拱桥。建于清朝末年。

提到龙里桥，村里人颇为自豪，因为这座桥已有百余年历史，算得上是村里最古老的建筑了。龙里桥为石木混合结构，桥墩为青石砌成，桥廊部分原为木制的。据村里老人讲，以前发洪水，廊部分冲毁较为严重，后经过几次维修，才保留至今。老人还说，龙里的古桥比较多，但哪一座都无法与这座廊桥相比，因为它是龙里的标志。

实地考察它现在应该不能算是桥而只是一座廊亭了。

坐标 N：29° 46′ 08.8″，

E：114° 27′ 07.9″。

戴字桥

位于咸宁市咸安区桂花镇盘源村戴家三组。单孔木梁桥。东西向跨河沟。建于民国。桥长 6 米余，宽 2 米。远看像一座亭子，小布瓦、硬山顶，廊的部分显得较为破旧，油漆早已脱落，一些栏杆也已断裂。廊桥周围尚有不少高大的树木。

坐标 N：29° 45′ 20.6″，
E：114° 28′ 19.7″。

戴字桥

盘源桥

位于咸宁市咸安区桂花镇盘源村沙坪二组。单孔石拱桥。东西向跨河沟。建于民国。拱券纵联砌筑。桥长 6 米余，宽 2 米。岁月悠久，桥梁损毁较为严重，许多地方断裂，急需重修。

坐标 N：29° 45′ 40.5″，E：114° 28′ 01.4″。

盘源桥上游盘源水库

盘源桥桥券

盘源桥

北山寺桥

位于咸宁市咸安区桂花镇高升村山下董自然村、淦水十里长港。又名三十六人桥。三孔石墩木梁桥。南北向跨淦水河上游。始建年代不详。桥长30米，宽3米余，桥墩设分水尖。桥为木质结构，有9个档。桥两侧各有2.5米高3厘米厚的木板封闭桥面，中间是2米宽的人行道，人行道两侧各设置一排座位。桥顶盖有黑色布瓦，无论晴天雨天，人们都可在桥上休息。桥的南北两端各有一面墙，过桥的人从墙中半圆形大门进出。

坐标 N：29° 42′ 33.5″，
E：114° 28′ 39.5″。

相传很早的时候，当地久旱无雨，村民到附近的北山寺找佛山太祖菩萨求雨，太祖显灵，神汉出马，带领36人到北山寺对面的港里挖洞取水。挖到深处，见到龙角，太祖下令停挖。但村民求水心切，仍挖不止。结果，惹龙发怒。吐出洪水，将这36人淹死。当地农民为了纪念殉难者，将挖得的泉命名为三十六人泉。北山寺住持为了方便咸宁县（现咸安区）、通山县两地农民过港，拿出人们捐给寺庙的香火钱，在三十六人泉下游50米处的河段上建造了一座桥，取名为三十六人桥。又因为此桥在北山寺附近，而且由北山寺负责维修，后来人们又将此桥改称为北山寺桥。

这是淦水河上游的第一座桥。淦水河在这里叫十里长港。上游30米处的竹林山脚下与十里长港结合部是三十六人泉。它是地下河水出口处，涌水面积50平方米，常年平均流量3.4立方米／秒。泉水眼高出港底3米，流出5米远就汇入十里长港。

北山寺桥廊内北

它是咸安区境内最大的泉水眼、南川水库（金桂湖）的主要水源，也是淦水河的源头之一。

1957年9月，因桥梁老化，北山寺尼姑“一太”拿出香火钱彻底翻新，将此桥改称为跃进桥。为了纪念“一太”，北山寺时任住持将她埋在北山寺附近。

这是一座独具特色的文化桥。桥的两端各有一副对联。靠通山县的那端题写着："建设桥梁光荣千载，便利交通幸福万年。"靠咸安的这端题写着："青山绿水千年在，北达南通万古桥。"桥面上方的连接木梁上，靠咸安一方依次写着"德及咸通"、"恩流南北"、"日月齐光"、"天地同泰"、"五星炫彩"、"社会光荣"、"桥梁巩固"、"共产党万岁"；靠通山一方依次写着"人杰地灵"、"青山绿水"、"国泰民安"、"风调雨顺"、"幸福绵长"、"交通便利"、"世界和平"、"中苏友好"。

这是一座凝聚咸安、通山两区县人民感情的友谊桥。桥北下游500米是咸安区桂花镇高升村山下董自然村，桥南不远处是通山县黄沙铺镇上坳村四组刘家凼自然村。高升农民去上坳买竹，上坳农民到南川集镇买生活用品，两岸娶亲嫁女，都从此桥经过，故有不少村民又将此桥称为"咸通桥"。

北山寺桥桥墩

去北山寺桥路上遇见的一休息廊亭：小布瓦、硬山顶砖木结构。
坐标 N：29° 44′ 02.7″，E：114° 28′ 04.2″

北山寺桥

仙人桥

仙人桥

位于咸宁市咸安区桂花镇盘源村钟台山（又名桃花尖）仙人墩（自然村）境内。仙人桥没有桥墩，是一座天然石桥。桥面是一整块长方体巨石，长 3 米，宽 1 米，厚 0.4 米，桥面距溪底 3 米。

坐标 N：29° 44′ 51.6″，
E：114° 28′ 50.9″。

说到仙人桥，还有一个美丽的传说。

发源于桂花镇盘源村打牛窝红眼泉的仙人溪，流到盘源村，将相距百余米的新老屋、田坎两个自然村划分为南北两部分，给村民交通带来诸多不便。一天，八仙之一的吕洞宾扛着一块长条石路过田坎村下游，在仙人溪南岸歇息，看到一位老太婆过溪很艰难，就把条石横放在仙人溪上伸出的两块石岩上，成为新老屋与田坎来往的桥梁。后人便将此桥称为“仙人桥”。

不久，吕洞宾挑来两个石墩放在仙人桥下游，大的称大仙人墩，小的称小仙人墩。大、小仙人墩矗立在盘源桥至新老屋的半山腰上。大仙人墩呈圆柱形，直径 6 米，高 15 米，顶部可以开一桌席。小仙人墩位于大仙人墩东侧，直径 3 米，高 5 米，墩基低于大仙人墩 3 米。两墩相距约 7 米远，均为层石结构。无论雨淋、雪压、雷劈、火烧，它们都不变形，像保卫仙人桥的两个哨兵，忠实地守望在这里。悠久的岁月给它们披上了绿色的苔藓和藤萝，如今竟变成了美丽的长发女郎，迎候远道而来的游客。新老屋和田坎两个自然村也因仙人墩而得名，统称仙人墩。

白泉桥

位于咸宁市咸安区白河镇白泉村。双孔石拱桥。东西向跨小河。清同治年间（1862—1874年）修建。拱券纵联砌筑。桥长约18米，宽2米余。桥墩设分水尖，青石板铺桥面。

白泉桥原是一座木桥，后改为石拱桥。关于白泉桥的这一历史变迁，有碑文为证：

“是路虽属一隅，究为崇通江右诸境所必游，而严泉一水出焉，生生春涨秋潦，盈盈在目，行者裹足不前。自五族迁居于此，历有年所，未尝不架木为桥为鱼梁。但雨淫水溢，或木随水浮，日久朽坏，以致过客病涉，畏其灭项者亦屡屡不乏。族父老以利济为怀，见而患之。同治丙寅冬，因提首醵金，创修石桥，亦止于本族劝捐而异姓不与焉。不数月而工竣。明年春，余以公事来族，见此桥巍巍如虹腰，游人相续不绝，则虽在一隅之路，不啻通衢也。虽属一姓之功，要能普融，因书其末勒之石，以垂久远且不没诸父老利济之深心云。”

坐标 N：29° 41′ 24.8″，
E：114° 24′ 35.5″。

白泉桥石阶和老街

白泉桥

上：姚家村白泉桥
下左：姚家村白泉桥桥头
下右：姚家村白泉桥桥券

姚家村白泉桥

位于咸宁市咸安区白河镇姚家村。单孔石拱桥。南北向跨河沟。始建年代不详。桥券纵联砌筑。桥长 6 米，宽 2 米余。

坐标 N：29° 41′ 05.9″，
E：114° 25′ 01.0″。

宋坑新桥

位于咸宁市咸安区大幕乡东坑村西。单孔石拱桥。东西向跨高桥河上游支流。清光绪二十五年（1899 年）章什伦修建。拱券纵联砌置。桥长 8 米，宽 3 米，孔跨 5.5 米。现桥面铺水泥。

坐标 N：29° 46′ 06.2″，E：114° 31′ 11.5″。

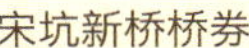

宋坑新桥桥券

桃花尖新桥

桃花尖新桥

位于咸宁市咸安区大幕乡。单孔石拱桥。东西向跨河沟。始建年代不详。拱券纵联砌置。桥长 7 米，宽 2.5 米，高 3 米。

坐标 N：29° 40′ 24.7″，
E：114° 30′ 37.9″。

桃花尖新桥桥券

桃花尖新桥桥面

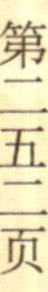

石屋夏桥

石屋夏桥桥券

石屋夏桥

位于咸宁市咸安区大幕乡。单孔石拱桥。东西向跨河沟。始建年代不详。拱券纵联砌置，拱上卵石垒砌。桥长 8 米，宽 2.5 米，高 3 米。

坐标 N：29° 46′ 29.9″，
E：114° 30′ 40.1″。

石伸臂细节

保存最好的一孔

东畈石伸臂梁桥

位于咸宁市咸安区大幕乡港背村港背东畈村，又名为大桥。三孔石墩石伸臂梁桥。南北向跨小河。桥长 16.5 米，宽 1.25 米，高 3 米。梁宽 0.4 米，厚 0.3 米。孔跨 6 米，三跨等距，桥墩上下游均设分水尖。桥墩、桥身、桥面等裸露在外的部分全部采用青石块砌成。据当地老人讲，该桥建于 1914 年，由当地村民集资修建，为首的是陈和平等人。

距此桥不远的地方原有一座白色宝塔，传说塔和桥之间有些关联，目的就是用来压邪和辟邪的。这种说法不一定可靠。但有一点可以肯定，当地淳朴善良的村民一向就站在邪恶的对立面，从来就没有放弃过对和平安宁生活的追求。

坐标 N：29° 48′ 54.3″，E：114° 35′ 00.2″。

对已断裂梁的补救

东畈石伸臂梁桥

港背陈石伸臂梁桥（残桥）

位于咸宁市咸安区大幕乡港背村港背陈。石伸臂梁桥残桥墩。始建年代不详。

坐标 N：29° 48′ 42.4″，E：114° 34′ 59.4″。

石伸臂梁桥残桥墩

金锁桥

位于咸宁市咸安区大幕乡港背村田畈上。单孔石拱桥。南北向跨小河。1917 年，在当地村民陈和平等人的带领下，通过集资募捐的方式建成此桥。

拱券纵联砌置。桥长 9 米，宽 4.1 米，高 4 米。此桥距今近百年，结构保存完整。

传说此桥的修建与文人的风雅趣事相关。当年此地文风甚浓，山中有一个梯云学馆，许多学子在春秋时节结伴外出郊游。此处有崇山峻岭，茂林修竹，于是他们也仿效当年王羲之《兰亭集序》中的描写，依山傍水、因地制宜地建成此桥。

坐标 N：29° 48′ 23.0″，
E：114° 35′ 00.3″。

上：金锁桥
中：金锁桥石阶
下左：桥头的小石梁桥
下右：金锁桥桥券

石家桥

位于咸宁市咸安区大幕乡石桥村。三孔石拱桥。南北向跨河流。拱券纵联砌筑。桥长约35米，桥面宽和高各约4米。桥墩、桥身、桥面等裸露在外的部分全部采用凿刻有规则的几何图形的青石块砌成，里面用麻石、鹅卵石以及石灰等材料集砌。桥墩设分水尖。

据史料记载，石家桥由当地村民及附近上马山（今石桥、南山、双垄村）一带的村民于清光绪二十六年（1900年）捐款建成。在20世纪60年代以前，是东连兴国（今通山、阳新、江西），西接高桥、官埠桥、江夏的交通要道上的重要桥梁。

2008年2月修通村公路时，它又一次得到修葺。

坐标 N：29° 50′ 01.3″，
E：114° 34′ 30.7″。

石家桥桥券　　石家桥

阮家桥

位于咸宁市咸安区大幕乡石桥村八组荷畈阮庄与高桥镇高桥村青畈阮交界处的河面上。五孔石拱桥。南北向跨河流。拱券纵联砌筑。桥长 54 米，宽 3 米，高约 6 米。桥墩上下游均设分水尖。

该桥由荷畈阮开足秀才和武举人阮开祥两兄弟于清朝末年主持修建。在 20 世纪六七十年代以前，是大幕乡各村至通山、阳新的必经之路。在桥的北面建有一座茶屋，为过往行人免费供茶。

1956 年前后，咸宁至通山黄沙公路逐步修通，这座桥的行人逐渐减少。2007 年 3 月荷畈阮卖掉山上的杉树，投资 4 万元进行维修，使得这座大幕乡最大的古桥能见证更多的岁月风雨。

坐标 N：29° 49′ 51.1″，

E：114° 32′ 03.2″。

上：阮家桥
下：阮家桥桥墩和桥券

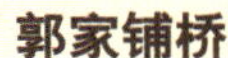

郭家铺桥

上：郭家铺桥石阶
下左：郭家铺桥和石板路
下右：郭家铺桥

位于咸宁市咸安区大幕乡桃花尖村的最南端。建造在两条小河与两条道路交错的位置上，方寸之间布局设计因地制宜，非常科学而又巧妙地解决了当地的交通问题。单孔石拱桥。南北向跨小溪。始建于清乾隆四十七年（1782 年）。拱券纵联砌筑。桥长 2 米、宽 1 米，与众多雄伟壮丽的桥相比，显得小巧玲珑，堪称十足的“袖珍桥”，但却是当地现存最古老的单孔石拱桥。全用地产青石干砌而成，未用任何砂浆填塞。结构简洁，桥身坚固，历经 200 余年风雨剥蚀和洪水冲刷，屹立不动，充分显示了建桥石工的精湛技艺。

旁边崖壁上方有一巨石，人称飞来石。又因酷似男人头型，又称男石。如果走近，会让人感到只要轻轻一推，就会滚落下去。

坐标 N：29° 46′ 46.4″，
E：114° 30′ 39.9″。

泉山桥（前山口桥）

位于咸宁市咸安区大幕乡桃花尖村。单孔石拱桥。南北向跨河流。始建年代不详。拱券镶面纵联砌筑。桥长 20 米，宽 4 米，高 4.5 米。

泉山桥位于郭家铺桥东北不足 300 米处，两桥同在一条河流上，像是两座姊妹桥。前者端丽、庄重，后者秀美、雅致，二者相映成趣，为当地增光添彩。

坐标 N：29° 46′ 52.5″，
E：114° 30′ 49.2″。

上左：泉山桥
上右：泉山桥桥券
中：泉山桥石阶
下：泉山桥桥面

灵官桥（招贤桥）

位于咸宁市通城县马港镇扬塘坳灵官村境内。单孔石拱桥。东西向横跨在发源于张师山麓的马港上游溪港上。拱券纵联砌筑。桥长 18 米，跨径 12 米，高 10 米，宽 5 米。桥面有石栏板。桥处群山叠翠、古刹青松之地，颇有超尘脱俗之境界。桥体坚固，雄伟大方，完整无损，历史悠久，是古代桥梁建筑艺术中的精品。

据县志载：“招贤桥名灵官桥，宋景定时（1260—1264 年）子贤修，桥面栏杆上中亦有‘前宋黄子贤公建修’字样的招贤桥志。”据考证，黄子贤乃黄庭坚（字鲁直）自洪州分宁迁至通城定居之后裔，扬塘坳附近的黄氏人家多数亦为黄子贤支下子孙。

湖北省重点文物保护单位。

坐标 N：29° 06′ 08.1″，
E：113° 45′ 36.8″。

上：灵官桥龙头雕得简约化
中：灵官桥
下左：灵官桥文物保护石碑
下中：灵官桥桥面
下右：灵官桥桥券

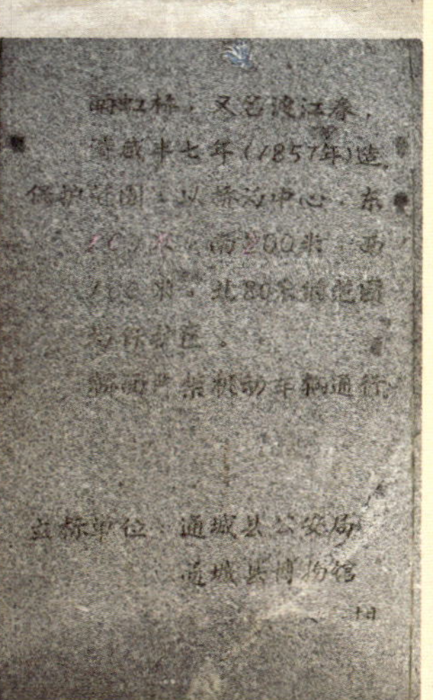

南虹桥

位于咸宁市通城县塘湖镇黄袍镇大虹村东北 200 米，东西向跨陆水河上游支流鲤港河上。因形若长虹，坐落于塘湖之南而名。五孔石拱桥。清咸丰七年（1857 年）建，为邑中著名石桥之一。拱券纵联砌筑。桥长 64.5 米，高 5.3 米，宽 5 米，孔跨 8.2 米。桥墩上下游均设分水尖，桥面两侧设石护栏。中间两墩各嵌“南虹桥”、“渡江春”石匾一方。设计大方，结构坚实。经历百余年风雨，迄今依然如故。

湖北省重点文物保护单位。

坐标 N：29° 12′ 13.4″，
E：113° 58′ 31.9″。

上：南虹桥
中左：南虹桥文物保护石碑
中右：南虹桥桥墩，墩尖雕鹅颈石
下左：1998 年洪水，与南虹桥同一条河下游，1992 年修的八燕桥却被冲垮了
下中：南虹桥重修后为阻拦机动车而立的牌坊
下右：南虹桥桥名石匾

上：嘴头陈桥
下：嘴头陈桥桥券

嘴头陈桥

位于咸宁市通山县大路乡宋家祠街附近嘴头陈村。单孔石拱桥。东西向跨小河。始建年代不详。桥券纵联砌筑。桥长 6 米，宽 2 米。

此处还有一座宋家祠桥，位于咸宁市通山县大路乡寺下村，古称双港桥。单孔石拱桥。始建于清顺治三年（1646 年），咸丰八年（1858 年）道人夏文郁募捐再建，三年桥成，构亭其上。光绪十五年（1889 年）重修。桥长 24.5 米，宽 5.3 米，跨径 5.8 米。1989 年改建，在保留原桥墩台及主拱的情况下，各加宽 2 米。已弃用。

坐标 N：29° 36′ 35.9″，E：114° 26′ 32.2″。

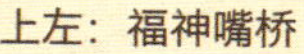

上左：福神嘴桥
上右：福神嘴桥接一小石梁桥
中：福神嘴桥桥券
下：福神嘴桥石阶和古树

福神嘴桥

位于咸宁市通山县燕厦镇新铺村东。单孔石拱桥。南北向跨一无名小河。建于清代。拱券纵联砌筑。桥长9米，宽3.35米，拱跨4米。青石板平铺桥面。

坐标 N：29° 35′ 05.0″，
E：114° 55′ 28.1″。

小源桥　（万寿桥）

位于咸宁市通山县闯王镇高湖乡小源口村。三孔石墩木梁桥。东西向跨小杨河。始建于明洪武八年冬（1375 年），清同治四年重修（1865 年）。桥长 20 米，宽 4.2 米。块石砌墩，墩设分水尖，木板桥面设护栏。廊设七间，硬山小布瓦顶。

坐标 N：29° 26′ 18.6″，
E：114° 36′ 28.1″。

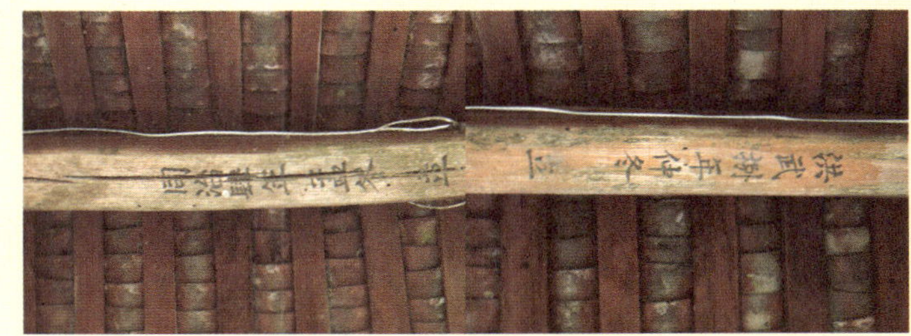

上左：万寿桥桥头碑
上中：万寿桥桥墩
上右：万寿桥硬山顶廊
中一：万寿桥廊内
中二：万寿桥梁上题字
下：万寿桥

石桥头桥

位于闯王镇去九宫山镇路上的南城村。单孔石拱桥。东西向跨小河。建于清末。拱券纵联砌筑。桥长 9 米、宽 3.5 米，拱高 3 米。青石板铺面，两端有石阶。

坐标 N：29° 30′ 52.5″，E：114° 40′ 25.8″。

石桥头桥

石桥头桥石阶

石桥头桥新旧两桥

犀港桥

位于咸宁市通山县大路乡犀港村。三孔石拱桥。东西向跨犀港。始建年代不详，清光绪十四年 (1888 年) 重修。拱券镶面纵联砌筑。桥长 20.6 米，宽 5.2 米。三孔等跨，孔跨 4.6 米。桥墩上下游均设分水尖。桥面原设五间木构凉亭，有护栏，目前桥面上只剩下一面山墙。桥东立光绪七年 (1881 年) 石碑 1 通。

坐标 N：29° 36′ 40.4″，

E：114° 28′ 46.1″。

犀港风雨桥只剩下一面山墙

犀港桥

吴家桥

位于咸宁市通山县大畈镇下杨村西。三孔石拱桥。东西向跨杨河。建于清代。桥券纵联砌筑。桥长 22 米，宽 4.5 米。三孔等跨，孔跨 5.3 米。桥墩上下游均设分水尖。石板桥面原建九间凉亭，单檐悬山顶。现在廊只剩三间。桥面青石铺面，两端有石阶。

坐标 N：29° 39′ 31.7″，
E：114° 34′ 10.1″。

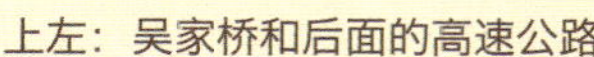

上左：吴家桥和后面的高速公路
上右：吴家桥桥面
下左：吴家桥
下右：吴家桥桥券

杨芳桥

位于咸宁市通山县杨芳林乡田铺村南。五孔石墩木梁桥。南北向跨杨芳河。建于清代。桥长 30 米，宽 5.8 米。条石砌墩，九根条木纵铺桥梁，木板横铺桥面。桥东部设四柱攒尖顶木构凉亭。现利用两老桥墩改建成现代桥梁。

坐标 N：29° 28′ 23.3″，E：114° 21′ 40.3″。

杨芳桥

现在人们去对面田里仍要从这残桥上走

驼背经桥（残桥）

位于咸宁市通山县杨芳林乡太平庄村。七孔石墩木梁桥。南北向跨杨芳河。建于清代。桥长 55 米，宽 5.4 米。条石砌墩，桥墩上下游均设分水尖，九根条木纵铺桥梁，木板横铺桥面。桥面设四柱攒尖顶木构凉亭。

近年被小孩玩火连续烧了两次。

坐标 N：29° 28′ 41.2″，
E：114° 22′ 37.0″。

上排从左至右分别为：
驼背经桥火烧的木梁
驼背经桥桥头
驼背经桥廊里结构
驼背经桥被烧垮的一段
中：驼背经桥

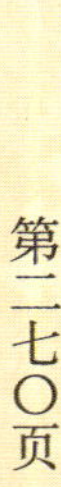

上左：斤丝桥桥券
上右：斤丝桥桥头雷劈过的树
下：斤丝桥

斤丝桥

位于咸宁市崇阳县桂花泉镇双港村双港桥南 100 米。单孔石拱桥。南北向跨虎爪河。建于明代。拱券纵联砌筑。桥长 11.2 米，宽 3.6 米，孔跨 6.3 米。

崇阳县文物保护单位。

坐标 N：29° 31′ 43.2″，E：113° 48′ 54.6″。

坳上桥

位于咸宁市崇阳县青山镇坳上村。单孔石拱桥，南北向跨小河。始建年代不详。拱券纵联砌筑。桥长 9 米，宽 2 米，高 3 米。

坐标 N：29° 24′ 23.0″，E：114° 05′ 38.2″。

上左：坳上桥桥券
上右：坳上桥桥面
下：坳上桥

拱券上的石碑

路边盛开的兰花

大梅亭桥

位于咸宁市崇阳县港口乡大梅村泉坑西300米。单孔石拱桥。建于清代。拱券纵联砌筑。桥长7.6米，宽3.18米，孔跨4.3米。桥修在山顶，桥券中有两排石凳，供爬到山顶的人、畜休息用。该路已经荒废。北券脸石嵌“大梅亭”石匾1方。拱内壁镶大小石碑17通。仅清嘉庆二十年(1815年)“三修大梅亭序”碑和民国十九年(1930年)“重修大梅亭序”碑字迹可辨。

崇阳县文物保护单位。

坐标N：29° 26′ 25.3″，E：114° 15′ 18.1″。

大梅亭桥桥券

大梅亭桥

印墩桥

位于咸宁市崇阳县肖岭乡蟹形村印墩桥湾北。单孔石拱桥。东西向跨石壁港。建于清代。拱券纵联砌筑。桥长 10.5 米，宽 3.8 米，孔跨 6.8 米。

坐标 N：29° 20′ 57.5″，E：113° 49′ 10.7″。

印墩桥

合心桥

合心桥

位于咸宁市崇阳县沙坪镇堰市村东。十六孔石墩石梁桥。东西向跨堰市河。建于清同治年间（1862—1874 年）。桥长 65 米，宽 0.35 ～ 1.05 米。一至两列石板平铺桥面。河对岸是湖南境。

坐标 N：29° 20′ 07.3″，E：113° 54′ 03.4″。

合心桥墩下裸露的木桩，每墩两组

合心桥桥面

蜀湖桥

蜀湖桥

位于咸宁市嘉鱼县官桥镇桥头雷村西北 500 米。单孔石拱桥。西北至东南向跨蜀茶湖港。县志载，元至正二十五年（1365 年）邑人李天申主持修建。拱券纵联砌筑。桥长 10 米，宽 4 米，孔跨 5 米。

坐标 N：29° 56′ 22.8″，

E：113° 57′ 30.1″。

蜀湖桥桥券内龙门石

温家桥

温家桥

位于咸宁市嘉鱼县官桥镇温家村东300米。单孔石拱桥。南北向跨舒桥港。清乾隆二十八年(1763年)温、罗两族集资修建。拱券纵联砌筑。桥长10米，宽3米，孔跨6米。原桥面两侧设石望柱栏板。

坐标N：29° 52′ 59.1″，

E：113° 56′ 17.1″。

温家桥桥券

温家凉亭

位于官桥镇温家村南600米。清嘉庆十四年(1809年)温家村百姓集资修建。南北长7米，东西宽3米，高3米，砖木结构，青砖墙体，硬山布瓦顶，中间为过道，南北开拱门。脊檩行书“皇道巩固帝道遐昌”、“皇清嘉庆十四年岁次己巳仲春月谷旦”字样。

坐标N：29° 52′ 59.5″，

E：113° 56′ 31.6″。

温家凉亭

周家桥

位于咸宁市嘉鱼县官桥镇大屋周家村东200米。三孔石拱桥。南北向跨舒桥港。始建于明正德十一年（1516年），清道光八年（1828年）重建。拱券纵联砌筑。桥长50米，宽3.5米，主孔跨4.5米，次孔跨3.5米。桥面两侧设石护栏。

坐标 N：29° 53′ 32.4″，
E：113° 57′ 44.7″。

周家桥桥面

周家桥

净堡桥

净堡桥文物保护石碑

净堡桥桥面石板，可行车

净堡桥

位于咸宁市嘉鱼县渡普镇烟墩静宝村。单孔石拱桥。东南至西北向跨峡港。元天统年间（1362—1366 年）静宝寺僧人张绍忠募化始建，清光绪三十三年（1907 年）重修。拱券纵联砌筑。桥长 60 米，宽 4 米，孔跨 8 米。原阶梯状桥面，现为便于行车改为平桥，青石板桥面。拱顶两侧分刻“净堡桥”、“万古千秋”，内壁刻“光绪三十三年岁次丁未吉立”。

湖北省重点文物保护单位。

坐标 N：30° 01′ 13.7″，
E：114° 05′ 59.8″。

下舒桥拱券已纵向开裂

下舒桥桥面

下舒桥

位于咸宁市嘉鱼县官桥镇舒桥大屋陈村北 50 米。单孔石拱桥。西北至东南向跨舒桥港。县志载，元至正元年（1341 年）嘉鱼知县李夔主持修建。拱券纵联砌筑。桥长 11 米，宽 3.4 米，孔跨 4.5 米。

坐标 N：29° 51′ 43.7″，
E：113° 54′ 55.7″。

下舒桥

枫桥平面呈弧形

湖北省第五批省级重点文物保护单位

枫　桥

湖北省人民政府二零零八年三月二十七日公布
赤壁市人民政府二零零九年九月二十日立

枫　桥

位于赤壁市车埠镇枫桥村7组枫桥小学北侧200米。桥体为单孔券拱结构，平面呈“八”字型，南北向横跨小河。桥面通长28米，宽4.5米，高约5米，北部引桥长12米，桥拱位于桥南部，拱跨约6米，高5米，该桥的年代为清代，体量较大，风格较特殊，为研究鄂南地区桥梁建筑工艺提供了实物资料。2008年3月27日公布为湖北省第五批重点文物保护单位。

枫桥文物保护石碑

枫桥

位于咸宁市赤壁市车埠镇枫桥村周家湾东南 1 公里。单孔石拱桥。西北至东南向跨横板港。明朝末年当地富户田枫溪主持修建。拱券纵联砌筑。桥长 25 米，宽 3.6 米，孔跨 6 米，高约 5 米。桥面两侧设石护栏，山花墙已部分倒塌。

湖北省重点文物保护单位。

坐标 N：29° 45′ 06.4″，
E：113° 39′ 53.2″。

斗门桥石阶

斗门桥桥券

斗门桥

位于咸宁市赤壁市车埠镇斗门桥村，又名卢氏桥。单孔石拱桥。南北向跨陆水支流。卢老儒人建于清同治五年（1866 年）。拱券纵联砌筑。桥长 9 米，宽 3.6 米，孔跨 4 米，高 3 米。

湖北省重点文物保护单位。

坐标 N：29° 42′ 34.5″，E：113° 44′ 07.7″。

斗门桥

斗门桥文物保护石碑

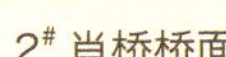

2# 肖桥桥面

2# 肖桥

肖桥

1# 肖桥：

位于咸宁市赤壁市车埠镇肖桥村任家湾。单孔石拱桥。建于清代。弧形桥券。桥长 1 米余，宽 1 米。

坐标 N：29° 43′ 22.5″，E：113° 46′ 53.7″。

2# 肖桥：

位于咸宁市赤壁市车埠镇肖桥村任家湾西北 60 米。单孔石拱桥。东西向跨横柏港。建于清道光二十二年（1842 年）。拱券纵联砌筑。桥长 10 米，宽 2.1 米，孔跨 3.8 米。

坐标 N：29° 44′ 28.4″，E：113° 46′ 47.4″。

1# 肖桥

1# 桥

2# 桥

马家边石家古桥

1# 桥：

位于咸宁市赤壁市车埠镇肖桥村任家湾马家边石家。单孔石墩石梁桥。始建年代不详。

坐标 N：29° 43′ 44.8″，E：113° 46′ 28.4″。

2# 桥：

位于咸宁市赤壁市车埠镇肖桥村任家湾马家边石家。单孔石拱桥。始建年代不详。拱券纵联砌筑。桥长 5 米，宽 1.5 米，高 2 米。

坐标 N：29° 43′ 42.3″，E：113° 46′ 26.7″。

3# 桥：

位于咸宁市赤壁市车埠镇肖桥村任家湾马家边石家。单孔石拱桥。始建年代不详。拱券纵联砌筑。桥长 3 米，宽 1 米，高 2 米。

坐标 N：29° 43′ 35.4″，E：113° 46′ 21.7″。

3# 桥

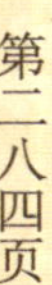

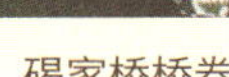

碣家桥桥券

碣家桥弧形桥面

碣家桥石阶和坡道

碣家桥

位于咸宁市赤壁市中伙铺镇碣家村碣家桥湾南 10 米。单孔石拱桥。东西向跨无名小河。建于清乾隆二十三年 (1758 年)。拱券纵联砌筑。桥长 12 米，宽 3 米，孔跨 5.2 米。桥面平面呈弧形，两端有石阶和坡道。

坐标 N：29° 48′ 15.0″，E：114° 02′ 59.4″。

碣家桥

宁益桥

宁益桥

位于咸宁市赤壁市中伙铺镇官庄村汪家西南 250 米。单孔石拱桥。西北至东南向跨排洪港。建于清光绪二十八年（1902 年）。拱券纵联砌筑。桥长 15 米，宽 4 米，孔跨 8.3 米。该桥连接的道路已断，桥亦废。

坐标 N：29° 49′ 20.5″，E：114° 04′ 11.3″。

三眼桥

位于咸宁市赤壁市中伙铺镇熊湾村熊家大湾南500米。三孔石拱桥。南北向跨小河支流。建于清乾隆二十三年(1758年)。拱券纵联砌筑。桥长35米,宽3.5米,三孔等跨,孔跨8米。原桥面两侧设石望柱栏板,近年维修过,用水泥重新勾了缝,加了砖砌的护栏。

坐标N:29° 48′ 18.7″,

E:114° 02′ 59.2″。

传说,三百年前,这条河上没有石桥,只在河中打个桩,两头各架一块杉木板,供南来北往的人过河,人走在上面一步三摇,提心吊胆,百姓管它叫“奈何桥”。

河北岸熊家庄有个叫熊文级的人,就住在河边。每日打开门,就能看见那些肩挑的、背驮的,男女老少都为过河发愁。他想在这河上修一座石桥,方便南来北往的行人。这事被他两个兄弟知道了,都来给他泼冷水,说他好管闲事。熊文级是个牛脾气,兄弟的话反把他说火了,铁心要修桥。俗话说:人争一口气,佛争一炷香。他独立修桥,一年下来,祖传的十石田卖了,老牛换了主,拆了房子卖了砖瓦,全家搬到村东的碾棚住。他老婆和女儿烧火做饭,两个儿子当小工,一家人齐心合力,没有一句怨言。

转眼,五个桥墩修好了四个。没想到,最后一个桥墩刚刚砌好基脚,忽地卷起一个漩涡,一下子就将基脚冲垮了。工匠们都望着漩涡发愁,想不出一个好办法。熊文级也急出病来了。有天夜里,他梦见一个老婆婆对他说:“墩基下有一条修炼了九百九十九年的鲇鱼,再修一年就要成精了。你修桥,挖了它的藏身洞,它不会让你轻易把桥修成。要修桥,就得用活人去填窝。”

文级醒来,天已经大亮。他走到河边,看见漩涡下面果然有个黑乎乎的洞,像要吞人。他想:自己修桥,就是为了方便行人,怎么能做出用别的活人填窝的事呢?于是牙一咬,纵身跳进漩涡里。“轰隆”一声巨响,漩涡里涌出一条大鲇鱼,肚皮朝天死了。从此,墩基旁的漩涡没有了,水平无波,清澈见底。这石桥不久就修好了。后来,桥下游来了一群白鳞鱼,围着桥基转,人们都说这鱼是熊文级变的,就把这鱼叫做“文级鱼”。还告诫子孙,离桥十丈之内,不准捕鱼。直到现在,这个规矩还在。四乡八保还流传着一首山歌:“血恋水,水护桥,乾隆造起到今朝。桥下有了文级鱼,千年桥基万年牢。”

三眼桥

袁家桥

位于咸宁市赤壁市中伙铺镇三眼桥村西南 200 米。三孔石拱桥。南北向跨无名小河。建于清光绪十四年 (1888 年)。拱券纵联砌筑。桥长 18 米，宽 3.7 米，三孔等跨，孔跨 4.8 米。

坐标 N：29° 44′ 46.6″，E：113° 58′ 40.2″。

袁家桥及古井

金龙桥

金龙桥

位于咸宁市赤壁市中伙铺镇长山村庄坑上湾东南 500 米。单孔石拱桥，东西向跨西凉湖支流。建于清光绪八年 (1882)。桥长 8 米，宽 3 米，孔跨 4 米。拱券纵联砌筑。该桥上下游均设有码头。

坐标 N：29° 47′ 20.5″，

E：113° 55′ 43.6″。

金龙桥上游码头

金龙桥下游码头

金龙桥桥面

李港桥

李港桥

位于咸宁市赤壁市中伙铺镇李港村南 1 公里。单孔石拱桥。北至东南向跨无名小河。建于清光绪二十七年 (1901 年)。拱券纵联砌筑。桥长 13 米，宽 5 米，孔跨 6 米。

坐标 N：29° 48′ 42.6″，E：113° 56′ 20.0″。

李港桥桥券

张家桥上游已毁古水闸和石梁桥

张家桥

位于咸宁市赤壁市中伙铺镇山下文家村。单孔石拱桥。建于清代。拱券纵联砌筑。桥长 10 余米，宽 2 米余。

坐标 N：29° 45′ 55.3″，E：113° 59′ 04.2″。

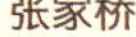
张家桥

龙会桥

龙会桥（遗址）

位于咸宁市赤壁新店镇朱巷村吴家湾西 200 米。单孔石拱桥。东西向跨小河沟。建于清光绪二十七年 (1901 年)。桥长 20 米，宽 2.5 米，孔跨 5 米。现拱桥已垮，利用原桥台架了混凝土梁。

坐标 N：29° 41′ 34.4″，E：113° 41′ 13.5″。

龙凤桥

龙凤桥

位于咸宁市赤壁市新店镇朱巷村对面的村子。单孔石拱桥。东西向跨小河沟。始建年代不详。拱券纵联砌筑。桥长 4 米，宽 2.5 米，高 3 米。

坐标 N：29° 41′ 38.4″，E：113° 41′ 26.4″。

夜珠桥（残桥）

位于咸宁市赤壁市新店镇南街东南600米，又称新店桥。三孔石拱桥。西北至东南向跨益阳港。建于明正德年间（1506—1521年）。拱券纵联砌筑。桥长40米，宽5米，主孔跨8米，北次孔跨7.6米，南次孔跨6.5米。原桥面两侧设石护栏。

坐标N：29° 38′ 31.2″，

E：113° 41′ 23.6″。

据说很久以前，这里没有桥，那时人们过河，都是赤脚涉水而过。有一天，吕洞宾和鲁班两位仙人云游到这里，正当春雨过后，溪水暴涨，两岸行人望河兴叹。鲁班见到这个情景，就对吕洞宾说：“我想在这里修座石桥。”吕洞宾说：“修桥好是好，只是误了我们的游期。”鲁班说：“我只要一个晚上就能修成，包管误不了游期。”吕洞宾说鲁班吹牛说大话，鲁班不服，跟他争了起来。结果，两人打赌，谁输了谁赔礼认错。傍晚，鲁班就动手修桥，天黑看不见做事，他就取出夜明珠当灯用。吕洞宾没事做，就到蒲首山一个山洞里睡觉去了。

吕洞宾一觉醒来，猛记起打赌的事，连忙来到新溪河边，一看，不由得大吃一惊。一座三拱石桥已横跨在新溪河上。这时还是四更，石桥只剩一个小角还没垒起。吕洞宾不甘认输，忙跳到空中，学了几声鸡叫，引起附近村子里的鸡都叫了起来。鲁班不晓得真假，听到鸡叫，误认为到了五更，就丢下手中的石块，叹了口气说：“输了，我输了。”

第二日清早，人们看到新溪河上架起了一座新桥，高兴万分。听说是鲁班用夜明珠照着连夜修造的，就取名夜珠桥。吕洞宾睡过觉的那个山洞，就取名仙人洞。

夜珠桥那个缺角，人们常进行修补，但修了又垮，垮了又修，也不知道修了多少次，至今还是一个缺角。人们都说，人工到底赶不上神工。

现在的夜珠桥可不仅仅是缺角了，为了盖房，几乎被人“活埋”。

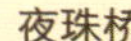

夜珠桥

万安桥（对岸是湖南）

万安桥抱鼓石一对

万安桥（过河桥）

咸宁市赤壁市新店镇西南600米。八孔石墩石梁桥。南北向跨新店河。建于清末。桥长130米，宽2米，高7.9米，八孔等跨，孔跨15米。现桥面建水泥板，水泥板下尚保存少量的青石石梁。桥南为湖南境。

湖北省重点文物保护单位。

坐标 N：29° 38′ 32.0″，
E：113° 40′ 51.4″。

桥头一条石板老街　　万安桥文物保护石碑

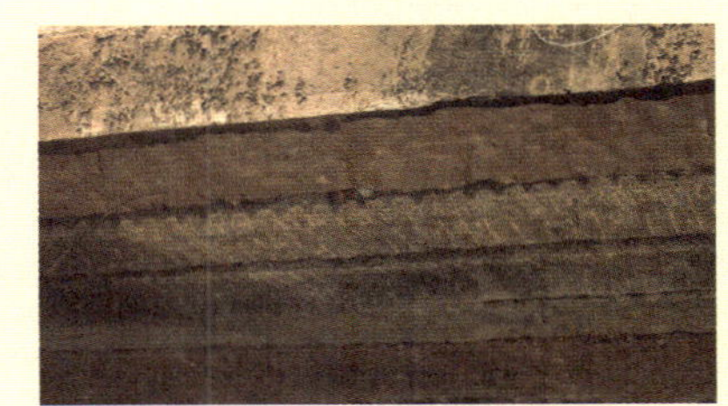

万安桥下三条原石梁

钟鸣桥

位于咸宁市赤壁市神山镇钟鸣桥村周家湾西北 200 米。单孔石拱桥。西北至东南向跨聂家湖。建于清同治元年 (1862 年)。拱券纵联砌置。桥长 23.5 米，宽 4.5 米，孔跨 5 米。

坐标 N：29° 47′ 20.5″，E：114° 05′ 00.8″。

钟鸣桥

方家桥桥券

方家桥桥面

方家桥

位于咸宁市赤壁市神山镇马家铺村毕家湾东南 500 米。三孔石拱桥。南北向跨西凉湖支流。建于清光绪二十八年 (1902 年)。拱券纵联砌置。桥长 25 米，宽 5 米，孔跨 6 米。桥面铺青石板。

坐标 N：29° 50′ 07.8″，E：113° 57′ 05.6″。

方家桥

新田桥

新田桥

位于咸宁市赤壁市官塘驿镇随阳东北 60 米。单孔石拱桥。西北至东南向跨双石河。建于清同治九年 (1870 年)。拱券纵联砌置。桥长 16.6 米，宽 9.5 米，孔跨 6 米。

坐标 N：29° 40′ 31.6″，E：114° 09′ 47.8″。

新田桥桥名匾

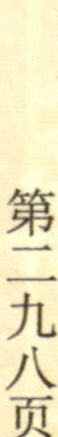

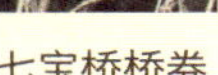

七宝桥桥券

港里捞出的原望柱现立在桥头

七宝桥

位于咸宁市赤壁市茶庵岭镇七宝桥村七宝桥湾西南 500 米。单孔石拱桥。南北向跨小河支流。建于清光绪五年 (1879 年)。拱券纵联砌置。原桥长 27 米，宽 8.5 米，孔跨 4 米。现在桥长只 3 米余，宽 2 米余。

据当地老人讲：有一胡姓状元回乡路过这里，走到河边，马过不去，他就修了一座桥。后人给它起名“胡公桥”。后来又改叫“七宝桥”。“文革”后重修，称为“七板桥”。

坐标 N：29° 35′ 42.0″，E：113° 45′ 41.3″。

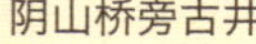

阴山桥旁古井

阴山桥和古柳树

阴山桥

位于咸宁市赤壁市官塘驿镇黄沙畈村西500米。单孔石拱桥。南北向跨黄沙河支流。建于清光绪五年（1879年）。拱券纵联砌置。桥长5.5米，宽2.7米，孔跨2.8米。2006年，里人罗余庆因为少年时经常从桥上往返，不愿看着它继续破败下去，故而独资重修，并在桥边赋诗立碑。桥旁还有一口古井，现也没人用了。村头和桥头均有百年古树。

坐标N：29° 42′ 52.6″，E：114° 06′ 10.2″。

阴山桥

任家桥

任家桥

位于咸宁市赤壁市官塘驿镇矮岭村陈家湾西北 300 米。单孔石拱桥。南北向跨汀泗河支流。建于清光绪二十七年（1901 年）。拱券纵联砌置。桥长 13.5 米，宽 4.1 米，孔跨 5.5 米。

坐标 N：29° 45′ 09.8″，E：114° 07′ 15.1″。

白沙桥

白沙桥桥券

白沙桥

位于咸宁市赤壁市官塘驿镇（易）叶家井村白沙袁家湾东北 400 米。单孔石拱桥。西北至东南向跨双石河支流。始建于清同治七年（1868 年），后被水冲毁，光绪元年（1875 年）重建。拱券纵联砌置。桥长 14 米，宽 5.1 米，孔跨 11.2 米。青石板铺桥面，两端设石阶。

湖北省重点文物保护单位。

坐标 N：29° 40′ 50.8″，E：114° 11′ 22.7″。

白沙桥桥面

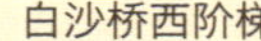

白沙桥西阶梯

白沙桥石碑

桥下河道

杨家桥石阶

杨家桥

位于咸宁市赤壁市官塘驿镇杨家村去熊家村路上。单孔石拱桥。东西向跨小溪。始建年代不详。拱券纵联砌筑。桥长约 4 米，宽约 2 米，高约 2 米。两端设石阶。

坐标 N：29° 41′ 39.9″，

E：114° 12′ 45.7″。

杨家桥

熊家桥

熊家桥

位于咸宁市赤壁市官塘驿镇熊家村。单孔尖拱石拱桥。东西向跨山涧。拱券纵联砌筑。桥长约22米，宽约3米，拱高约7米。南岸有石碑一通，记载捐钱者名单，落款约见“光绪一十八年（1892年）”。名为“修堤碑”而不是“修桥碑”，看来是为修堤才修的桥。北岸有石堤，宽同桥，高1米。

坐标N：29° 41′ 54.4″，E：114° 12′ 36.8″。

熊家桥石堤

熊家桥石碑

熊家桥桥面

永宁桥

位于咸宁市赤壁市泉口镇任家村海里覃家湾西 70 米。三孔石拱桥。东西向跨西凉湖支流。建于清康熙十五年 (1676 年)。拱券纵联砌筑。桥长 24 米，宽 5.1 米，主孔跨 5 米，次孔跨 4.3 米。原桥面两侧设石望柱栏板。

坐标 N：29° 49′ 34.1″，E：114° 05′ 08.9″。

永宁桥

谢家湾新桥

位于咸宁市赤壁市泉口镇独山村西南700米。三孔石拱桥。东西向跨西凉湖。建于清康熙五十七年(1718年)。拱券纵联砌筑。桥长20米,宽3.8米,三孔等跨,孔跨3.8米。桥面两侧设石护栏。

资料介绍是“谢家湾新桥”,而当地立碑为“方家新桥”,且三孔不等高,是重修的结果。

湖北省重点文物保护单位。

坐标N:29° 49′ 08.9″,E:114° 07′ 17.1″。

方家新桥

文物保护石碑

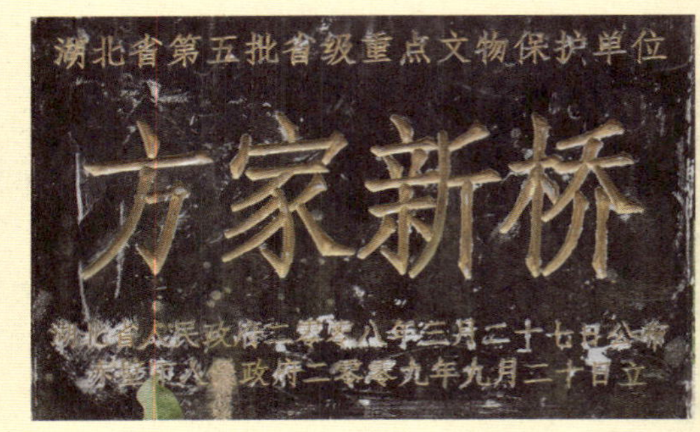

1966年重修时嵌的碑为“四清新桥”,颇据时代烙印

桥面

无名桥（残桥）

位于咸宁市赤壁市泉口镇 X044 公路下。当年应为石梁桥，现桥面铺的铁路枕木。始建年代不详。桥长 2 米余，宽 1 米余。

坐标 N：29° 49′ 27.3″，E：114° 09′ 38.2″。

上左：泉口镇无名桥
上右：无名桥桥台
下左：立着的石墩护驳岸
下右：卧着的石墩护驳岸，两岸相对

无名桥

位于咸宁市赤壁市泉口镇官庄与琅桥村之间的渠港上。单孔石拱桥。始建年代不详。拱券纵联砌筑。桥长4米，宽2米。

坐标N：29° 48′ 58.0″，E：114° 03′ 32.3″。

伍

鄂西篇

五、鄂西篇

鄂西涵盖了宜昌市、神农架林区、恩施土家族苗族自治州。该区域内古桥具有民族特色的风雨桥居多，颇具风采。

【宜昌市】

宜昌市下辖远安县、兴山县、秭归县、长阳土家族自治县（简称长阳县）、五峰土家族自治县（简称五峰县）5 个县，宜都市、当阳市、枝江市 3 个县级市，夷陵区、西陵区、伍家岗区、点军区、猇亭区 5 个区，共有 25 个乡、62 个镇、20 个街道办事处，素以"川鄂咽喉、三峡门户"著称。葛洲坝、三峡大坝、清江大坝耸立在江河之中，构成了上百里水上画廊，烘托着屈原故里和昭君故里。

宜昌远古属西陵部落，清雍正十三年（1735 年），升彝陵州为宜昌府，1949 年设宜昌市。

宜昌市收录单孔石拱桥 9 座、两孔石拱桥 2 座、两孔石墩石梁桥 1 座、天生桥 1 座，合计 13 座。其中改建 1 座。年代为明代 2 座、清代 10 座。

莫家溪石拱桥

位于宜昌市五峰县采花乡前坪村二组泗阳河流经莫家溪交流段，莫家溪支流几乎垂直流经泗阳河。单孔石拱桥。南北向横跨莫家溪，此处为采花盐茶古驿道必经点。建于清乾隆年间（1736—1795 年）。桥长 6.9 米，宽 2.8 米，高 8.4 米。桥北有七级石阶，桥面由十多块石板铺就，桥上雕刻的龙头龙尾“文革”时已毁。该桥现隐藏在灌木从中，人无法靠近，已弃用。

坐标 N：30° 09′ 13.3″，E：110° 25′ 36.8″。

桥面

灌木篷盖的莫家溪石拱桥

楠木桥桥面

楠木桥栏板

楠木桥村贞节牌坊

楠木桥

楠木桥

位于宜昌市五峰县采花乡楠木桥村一组。单孔石拱桥。东西向跨中溪河上游支流。清道光年间（1821—1850年）由皇上赐建（无史载依据，据当地年长者口述）。拱券纵联砌筑。桥长12.3米，宽3.7米，桥面至水面高10.3米。桥东头有五级石阶，每级落差高度为0.2米。桥西头有八级石阶。护栏高1.05米，长9米，桥面由二十多块青石条连缀铺就。龙头长宽均为0.2米，龙尾伸出0.1米。据传，该桥原为自然生成的楠木搭建，木桥朽坏，遂改建为石桥。现桥栏板仅剩望柱两根，栏板两块。

楠木桥村还有一座清代贞节牌坊。它建于清道光甲辰年（1844年），系道光皇帝“圣旨”赐封覃母向氏的贞节牌坊。楠木桥村贞节牌坊上，题有“道光甲辰阳月乙卯穀旦旌表节孝覃母向老夫人题赠”、“特署宜昌府长乐县正堂乔实授长乐县儒学正堂张仝赠”等字样，以实物和文字的方式，佐证了该牌坊的文物价值和社会性定位。为湖北省重点文物保护单位。

（摄影：周习兵）

桥面

桥券

龙头

龙尾

石栏

安化桥

位于宜昌市五峰县五峰镇沿河西路。原名得胜桥。双孔石拱桥。东西向跨春涨河。始建于清乾隆二年（1737年），乾隆四十六年(1781年)夏被洪水冲毁，同年10月至次年3月知县史伟烈重建改今名，意为土家族和汉族的安定同化。拱券纵联砌筑。桥长22.4米，宽4.8米，孔跨5米。南北券脸石雕龙首龙尾，桥面青石上刻有太极图案。桥两侧设0.7米高的石护栏，原雕刻为“八仙过海”，有38个金瓜瓣石护栏柱。西桥拱中两面为双龙托桥，南北望向，寓意“石龙呈瑞”。桥面正中有一化石呈“太极图”。原桥两头各有一座高三层的石塔化香炉。属县城八景之一。

五峰县文物保护单位。

坐标 N：30° 12′ 01.5″；
E：110° 40′ 30.7″。

安化桥

汉阳桥

上：主拱　　下：次拱

汉阳桥

位于宜昌市五峰县渔洋关镇曹家坪村八组汉阳河上柴埠溪口，河上游是柴埠溪景区。双孔石拱桥。东西向跨汉阳河。始建于清嘉庆年间（1796—1820 年），嘉庆《长乐县志》载：“在渔洋关柴埠溪口，两山对列，坡陡险峻，下置石桥，三洞跨极宽平，鹤乐出入要津也。汉阳人创建，人名年月无考。”桥长 29.5 米，宽 3.2 米。主拱高 6 米，净跨 9.7 米；副拱高 4 米，净跨 3.2 米。墩宽 2.90 米，伸出长 1.70 米。（今修旅游公路已填一孔）桥墩上下游均设分水尖。桥面分两段，西高东低，间设五步石阶。两侧设有条石护栏。

坐标 N：30° 37′ 03.4″，
E：110° 50′ 55.2″。

桥券

桥面

执笏山桥桥券

执笏山桥

位于宜昌市艾家镇七里冲村。单孔石拱桥。东北至西南向跨执笏山山涧。建于清代。拱券纵联砌筑。桥长 5 米，宽 2 米，孔跨 3.8 米。

1966 年重修过。现在用水泥电线杆做梁，将桥面加宽。

坐标 N：30° 37′ 31.5″，
E：111° 18′ 55.9″。

执笏山桥

龙门桥

龙门桥券脸装饰

龙门桥券顶图案

龙门桥

位于宜昌市夷陵区黄花乡黄花村五组。单孔石拱桥。东北偏西南向横跨丁家河。建于清代。桥是宜昌至远安交通干道上的重要枢纽。拱券纵联砌筑。桥长20.5米，宽7.2米，孔跨9.4米。拱顶中部嵌有双剑八卦图案一幅，桥南北两侧拱壁上分别饰有龙头龙尾石雕。该桥是三峡地区目前已知规模较大、体量较大、保存较完整的石拱桥，对研究山地交通运输史具有较高价值。

屈子桥

屈子桥

桥券

位于宜昌市秭归县屈原镇西陵村西 30 米。单孔石拱桥，东西向跨一无名小溪。建于清代。桥长 13.3 米，宽 3.6 米，孔跨 6.7 米。拱券纵联砌筑，北券脸石楷书“屈子桥”。

因位于三峡水库淹没区，现该桥拆建在秭归县城的屈原故里景区。

秭归县文物保护单位。

坐标 N：30° 49′ 26.2″，E：110° 59′ 09.3″。

桥面

石碑

屈子桥原址

千善桥

千善桥桥亭

千善桥桥券

千善桥

位于宜昌市秭归县屈原镇龙马溪村。单孔石拱桥。东西向跨一无名小溪。建于清光绪二十七年（1901 年）。拱券纵联砌筑。桥长 6.6 米，宽 2.7 米，孔跨 3.4 米。券顶上部嵌宽 1.48 米、高 0.84 米的石匾，阴刻楷书“千善桥”，落款“光绪二十七年春月立”。

因位于三峡水库淹没区，现该桥拆建在秭归县城的屈原故里景区。

秭归县文物保护单位。

坐标 N：30° 49′ 26.2″，E：110° 59′ 09.3″。

百羊桥

位于宜昌市兴山县南阳镇百羊村东南 2 公里。单孔悬链线石拱桥。南北向跨小河。明末清初农民军李来亨部修建。拱券乱石砌筑。桥长 9.6 米，宽 2.3 米，孔跨 4.8 米。三块石条平铺桥面，南北各有 6 步石阶。原桥面两侧设石护栏。

坐标 N：31° 19′ 04.4″，E：110° 36′ 10.8″。

百羊桥

桥券

桥面

丁公桥

位于宜昌市长阳县贺家坪镇三友坪村西南 1.5 公里。单孔石拱桥。南北向跨庑子河。建于清代。拱券纵联砌筑。桥长 25 米，宽 5.5 米，孔跨 8 米。桥面两侧设石望柱栏板。

坐标 N：30° 37′ 03.4″，E：110° 50′ 55.2″。

丁公桥现被掩盖在沪蓉西高速公路匝道——现代桥梁的下面了。

右上：桥券
右下：桥下的河道

石梁

向王桥　　桥连接的石板路

向王桥

位于宜昌市长阳县都镇湾镇麻池乡火石坪村西北 3 公里。双孔石梁桥。东西向跨一山间小溪。建于明代。桥长 3.6 米，宽 2.1 米。石块垒砌桥墩，石板平铺桥面。现在只剩一孔。

坐标 N：30° 37′ 03.4″，E：110° 50′ 55.2″。

仙人桥

位于宜昌市宜都市红花套镇，宜昌长江大桥下游500米江边。天然石拱桥。

坐标N：30° 33′ 23.0″，E：111° 23′ 39.1″。

远眺仙人桥

仙人桥

普济桥

中：桥券
下：桥面

普济桥

位于宜昌市当阳市庙前镇普济寺村。单孔石拱桥。西北至东南向跨漳水支流。建于清代。拱券纵联砌筑。桥长 24 米，宽 6 米，孔跨 8 米。券脸石两侧浮雕龙头，青石板铺桥面。原桥面两侧设石护栏。

坐标 N：30° 59′ 56.5″，
E：111° 54′ 18.5″。

【神农架林区】

神农架林区下辖 4 个镇、4 个乡。最高海拔 3105 米，有“华中屋脊”之称，是全球中纬度地区唯一保存完好的原始森林生态系统，被誉为“天然动植物园”、“自然博物馆”、“物种基因库”。1970 年设为省直辖林区。

神农架林区收录单孔石拱桥 2 座、天生桥 1 座，合计 3 座。年代为清代 2 座。

一心桥

位于神农架林区宋洛乡蛇草坪村。单孔石拱桥。东西向跨冯家沟。建于清代。拱券纵联砌筑。桥长 8 米，宽 3.8 米，孔跨 3.5 米。青石板铺桥面，两端呈阶梯状，设素面望柱栏板。南券脸石拱顶一侧楷书“一心桥”。现桥面仅剩望柱 4 根，栏板 3 块。

给桥拍照完之后，当地村民介绍说，因为桥是一家人修的，所以叫一心桥。现今有一条大蛇经常在桥上晒太阳，村民既不敢打它，也不敢过桥，基本已弃用。

坐标 N：31° 42′ 53.4″，E：110° 35′ 27.6″。

一心桥

上：桥券
中：残存的桥栏板
下：桥面

万福桥

万福桥

位于神农架林区阳日镇后河万福村龙盘垭。建于清代。东北至西南向跨后河。单孔石拱桥，长 8 米，宽 4 米，孔跨 4.6 米。券脸石雕龙首龙尾。

县道上新修现代桥梁，该桥已弃用。

坐标 N：31° 40′ 08.4″，E：110° 54′ 04.0″。

万福桥桥券

万福桥桥面

天生桥

位于神农架林区木鱼镇南部彩旗村，紧邻209国道，距神农坛4.8公里。

天生桥是地表水和地下水的流动、溶蚀、冲刷作用形成的。水滴石穿是对天生桥形成原因的最好解释。孔洞成葫芦状，高约17米，深10米。洞上方宽4米，下方宽5米。天生桥下的黄岩河由两条支流汇聚而成，一条发源于老君山的乌龟峡，一条发源于皇界山的黑水河，河水汹涌澎湃，势若蛟龙，气势宏伟壮观。悬崖峭壁上有“天生桥”三字。

这里海拔1200米，面积60平方公里，是一个以奇洞、奇桥、奇瀑、奇潭为特点的休闲、探险、览胜的新型生态旅游区。2003年4月正式对外开放。风情万种的飞瀑，鬼斧神工的天然石桥，香飘万里的兰花山，险峻扼要的石壁栈道，组成了一幅绚丽多彩的山水画卷。

传说当年太上老君炼丹在此取水时，正遇山洪暴发，黄岩河石步子全部被淹没，行人无法通过。太上老君将手中的拂尘架于黄岩河两岸，立即变成了一座石桥，这里的山民从此不再受山洪暴发时河水的阻挡。

坐标N：31° 27′ 17.6″，
E：110° 26′ 41.5″。

上：天生桥景区
下：远眺天生桥

上左：济川桥介绍
上中：济川桥侧面
上右：济川桥桥面
下：济川桥桥券

【恩施土家族苗族自治州】

恩施土家族苗族自治州下辖恩施、利川两市和建始、巴东、宣恩、咸丰、来凤、鹤峰六县，共有 46 个乡、37 个镇、5 个办事处。春秋属巴国地，北周置施州，清雍正十三年（1735 年）改土归流为施南州，1983 年设立鄂西土家族苗族自治州，1993 年更为现名。被誉为“华中绿肺”，各种古树群落世界罕见，野生动物和药材稀有珍贵，各民族风俗各具特色，自然风光以雄、奇、秀、幽、险著称。

恩施土家族苗族自治州收录单孔石拱桥 36 座、两孔石拱桥 4 座、三孔石拱桥 2 座、单孔石墩石梁桥 2 座、三孔石墩石梁桥 1 座、十孔石墩石梁桥 1 座、单孔石墩木梁桥 3 座、两孔石墩木梁桥 2 座、三孔石墩木梁桥 1 座、四孔石墩木梁桥 1 座、单孔木斜支撑复伸臂拱式木梁桥 1 座、天生桥 1 座，溜索桥 1 座，合计 56 座。其中改建 3 座、残桥 2 座。年代为唐代 1 座、明代 6 座、清代 35 座、民国 2 座、年代不详 10 座。

济川桥

位于恩施州巴东县东瀼口镇雷家坪村。单孔石拱桥。东西向跨县桥沟。始建于明代，清代重修。桥长 16.1 米、宽 4.6 米，孔跨 5.5 米。存“济川桥”石碑 1 通。“济川桥”碑青石质，圭首高 0.30 米，宽 0.57 米，厚 0.21 米；碑身高 1.66 米，宽 0.55 米，厚 0.21 米。楷书，额题“济川桥”，其下用满、汉两种文字各刻印款 1 枚，字迹模糊，碑文记重修济川桥事。

因三峡库区要淹没，现移建于县博物馆。

恩施州文物保护单位。

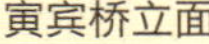

寅宾桥立面

寅宾桥介绍

寅宾桥

位于恩施州巴东县东瀼口镇绿竹筏村。单孔尖拱石拱桥。南北向跨韩家河沟。建于清代。桥长 50.2 米、宽 5.8 米，孔跨 12.7 米。桥体以规整石条横向叠砌，纵向发券。栏板、望柱均毁。

原该桥由两县各建一端，因此选料和构筑工艺不尽相同。尤其是此桥北侧桥孔中心分界两端的结构完全不一样。秭归一端，采用传统的拱券带眉石结构，而巴东一端，不设拱券，用逐层向桥孔中挑出的叠涩方式，东西合拢成为整体，桥洞自形成完整的拱形。秭归拱顶横推力作用于巴东叠涩墙上；巴东半“拱”不产生推力，其倾倒的趋势为秭归半拱推力所顶住。此为古桥中斗胜的奇构。

因三峡库区要淹没，现移建于县博物馆。

巴东县文物保护单位。

寅宾桥桥面

寅宾桥石阶

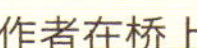
作者在桥上

桥面

拱券

重修石匾

原木桥的支撑孔和古渡口石阶

野三河桥

位于恩施州巴东县野三关镇与建始县交界处的野三河上。单孔石拱桥。始建于民国三十五年（1946年），1976年重修。该桥是建始连接巴东的古道，过此桥顺野三河可达清江，再可进长江下汉口。桥长20余米，宽4米。青石板铺桥面，桥面两侧有条石护栏，两端各12级石阶。桥下有古渡口码头和原木撑结构木桥的支撑孔遗址。

一阳桥

一阳桥

位于恩施州建始县官店镇雅池坝村四组。又名朝阳桥，俗称雅池坝桥。单孔尖拱石拱桥。南北向跨金家河。始建于嘉庆十五年（1810 年），光绪三十年（1904 年）大修。拱券纵联砌筑。桥长 26 米、宽 3.4 米，孔跨 6.8 米。弧形桥面，原两侧设石望柱栏板。（摄影：黄公卿）

一阳桥古石碑

一阳桥和古树

瓦子院桥

位于恩施州建始县长梁乡瓦子院村 5 组。南北向跨盛竹河支流。单孔石拱桥，建于清代。桥长 16 米，宽 3 米，孔跨 6 米。拱券纵联砌筑，两端有石阶上桥，石护栏已毁。

经建始县政协毛昌恒主任向当地一位 70 多岁的老人了解：

桥为单孔石拱桥，大约修建于 1860 年左右，亦即为清咸丰年间。当时修的时候，为 5 尺宽，后于 1985 年加了 6 尺，即变为公路桥，1990 年后，续加了 7 尺，现桥共宽 1 丈 8 尺，即 6 米。桥为东北—西南向，跨盛竹河支流桥头溪河，桥长约 16 米，桥面距河面 12 米。以前曾有修桥碑记，惜碑毁于文革期间，后人遂不知道桥名。（摄影：毛昌恒）

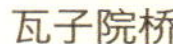

瓦子院桥

万寿桥

位于恩施州建始县业州镇杨柳池村。单孔石拱桥。东北至西南向跨恩施市、建始县交界的龙驹河。龙驹河又名稚妻河、赤溪河，其上游为太阳河，下游为南陵渡河。龙驹河东岸属建始县业州镇杨柳池村，西岸属恩施市柏杨高峰村，小地名散毛，古属散毛土司辖地。始建于光绪二十三年 (1897 年)。拱券纵联砌筑。桥长 54.4 米、宽 5.65 米，孔跨 7.8 米。桥面两侧设石护栏，现部分遗失，据说是当地年轻人比力气时被掀到河里了。桥西南端有石阶 30 余级。

桥东侧立石碑 1 通，高 1.6 米，宽 0.8 米，记此桥修建经过。清光绪二十三年（1897 年），恩施县首士王丹岩、建始县首士谢海楼采取以工代赈之法，倡修单孔石拱桥，于光绪二十六年（1900 年）春竣工。竣工后，于桥西侧立石碑一块，由恩施县庠生黄昭明撰述碑文。碑文详细记载了筹资修建万寿桥的始末。

坐标 N：30° 31′ 02.6″，

E：109° 40′ 06.7″。

万寿桥碑文（清光绪·黄昭明）：

□□□□□聚石，为倚言乎？桥因石聚，亘古不朽，非同夫横木为彴者之一手一足，不日能成也。近地龙驹河者，恩建要道，川楚咽喉，每当春流涨红，秋波泛碧，往来行人不无临河返驾之苦。此君子所以兴广济之怀，而手无斧柯者徒深望洋之叹矣。虽前辈曾设义渡，而水猛山狭，或舟因波撼，或彴因水漂，不有善状，焉垂久远？岁在丁酉，施州大荒义绅张办理赈务，途经斯河，怅然久之。欲用以工代赈之法，民可活而桥可成，一举而两得，洵善念也。知旧时王谢颇有祖风，爰请建邑首士谢君海楼、恩邑首士王君丹岩，偕建巡检马公仁□，相势下蹬于老路，得善地焉。于是发米筹款，踊跃兴工。唯谢君一人是任，时丹岩放赈未归也。自张公赴鄂后，冬月，瓮将成但费不敷。恩施县董公助钱贰佰串，委员吴给官米五千斤。桥瓮初成，而上下摆、水京桥栏杆未能告竣，资斧不济，群公袖手告退。君子谓善政之难继也，成功之可惜也，有初而鲜终也。张公连建数桥，而无一成功，他日张公来，何面目更相见也？戊戌六月，邑侯黄公自建归恩王丹岩家，谈及桥事，谓为山九仞，岂容功亏一篑？许以代为筹款。丹岩亦不忍没诸公之义，百计图为，必欲斯桥之成而始安。己亥六月复动工，计收罚款、捐资共二百余金，不敷之数，丹岩慨然自许。庚子春，桥始告成。是诸公之善名不朽者，皆丹岩踵成力也。从此，葭苍露白，无事望秋水而惊心；柳往雪来，旋见上河梁而携手。未当借驾夫鼋鼍，自无履薄临深之惧，不必致虑于偾陷，可邀任重致远之功，后遂无问津者。

钦命提督衔督办施南赈务湖北宜昌总镇都督府精勇巴图鲁１山左昌平傅、中书科□书会办建始县赈务张，各捐银壹佰两；钦赐花翎三品衔湖北施南府正堂额、钦赐花翎会办施南府赈务湖北即补府正堂黄、钦赐蓝翎五品□署理湖北施南府恩施县正堂董、钦加同知衔调署恩施县本任利川县正堂黄、钦赐花翎同知衔特授湖北施南府恩施县正堂刘、即□□县赈务总局委员吴，各捐银伍拾两。

庠生黄昭明拜题

庠生刘鱼田恭录

领修：恩建首士庠生王丹岩、贡生谢海楼

监修：于文辉

监修：恩邑首士监生刘能勷、刘宗潮

石匠：蔡廷纲

大清光绪二十六年仲春月之上浣

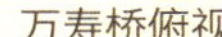

万寿桥俯视

万寿桥

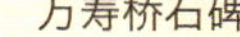

万寿桥石碑

万寿桥石阶

万寿桥石栏

万寿桥桥券

上左：桐麻园桥桥面
右：桐麻园桥
下左：桐麻园桥桥下

桐麻园桥

位于恩施州建始县业州镇杨泗庙村四组桐麻园。单孔石拱桥。东西向跨河沟。建于清代。拱券纵联砌筑。桥长 6.5 米、宽 2.3 米，拱高 5.5 米。青石板铺桥面，两侧设石护栏。

坐标 N：30° 35′ 54.5″，E：109° 34′ 48.9″。

后槽沟桥

后槽沟桥

位于恩施州建始县业州镇杨泗庙村十一组。单孔石拱桥。东西向跨河沟。建于清代。拱券纵联砌筑。桥长 15.2 米，宽 2.3 米，高有十几米。青石板铺桥面，两侧设石护栏。

坐标 N：30° 35′ 56.0″，E：109° 34′ 54.4″。

后槽沟桥石阶

后槽沟桥和河床

广福桥（前者）

广福桥

位于恩施州建始县高坪镇黄口坝村。原为双孔梁式风雨桥，东西向跨三涧溪。始建年代不详，清同治五年（1866年）重修。桥长7.65米，宽4.8米。木板桥面建单檐悬山青瓦顶凉亭三间。后改建成单孔石拱桥，改建年代不详。

周家坝桥

周家坝桥桥券

周家坝桥

位于黄口坝村与小水田村交界的周家坝。单孔石拱桥。南北向跨小河。民国初建成。拱券纵联砌筑。桥长 7.9 米、宽 3.3 米，拱高 3.7 米。青石板铺桥面，桥面设石护栏。因河上游出现天坑，所以小河已断流，现为一座旱桥。

坐标 N：30° 37′ 18.3″，

E：110° 02′ 24.3″。

普渡桥

位于恩施市建始县高坪镇石垭子村一组。单孔石拱桥。东西向跨河沟。建于清代。是古道恩施到宜昌的必经之地。拱券纵联砌筑。桥长 12 米，宽 3.4 米。桥面设石护栏。

坐标 N：30° 36′ 30.5″，E：110° 01′ 36.8″。

普渡桥桥券

普渡桥

通济桥

通济桥

位于恩施市建始县高坪镇。单孔尖拱石拱桥。东西向跨石门河谷。拱券纵联砌筑。桥长十几米，高约20米，宽3米余。青石板铺桥面，桥上的护栏已所剩无几，两端各有青石台阶数十步。

关于桥的名称以及建造年代等信息，各个版本不一。

清道光版《建始县志》校注卷一“胜迹”项下：“……涧底有石桥，名石曼桥。桥上有亭，今废。……”《新建石门佛寺记》：“……人从巴东傍石虎山东北下，趋而南三里许，至石蔓桥……”清同治五年版《建始县志》卷一“方舆志”：“……涧底有石桥，名石曼桥，上有亭，今圮，相传为仙人所造。……”

民间传说为明末“八大王”洗川时，为摆脱追兵，张献忠传令将士各带石头一块，一夜功夫将桥修起。亦有杨六郎、鲁班等修建的说法。

2009年8月6日，县文物管理所所长杨年友带领文物普查队为查明石门河桥的修建时间，三下石门河，终于在东岸发现了9块散落在路边草丛中关于桥的残碑。石碑边缘雕刻祥云，其中主体碑宽120厘米，厚20厘米，碑额自右至左五个篆书大字：“通济桥碑记”。左下边缘楷书：“天启五年九月乙未日吉旦”。中间有小楷正文，其中能够肯定的有一句：“石门隶属建始而夜郎之（所）”，这“所”字只有上半部分，凭经验判别得来。惜碑已残，全文损失太多，无法形成较为完整的句子，且因年代久远，风化严重，正文小字模糊难辨。另据现场观察，勒碑所用石质材料较差，部分残碑已经沿纹路裂缝。

如上述，该桥应为明天启五年（1625年）所建，且桥名应为“通济桥”。残碑内容表明，通济桥已经在石门河上巍然屹立了近400年！通济桥是全县现存桥梁中修建年代最早的石拱桥。

桥东基座北面悬崖处有一根紫薇，一人抱粗，树干笔挺，直插云天，当地人称为“马灵光”。相传有人见财起意，欲将其砍之，适逢夏季，突遭雷阵雨，偷树人以为是上天报应，慌忙弃斧而逃，自此再无人敢砍那棵树。不知何时，河畔乡民将那棵紫薇奉若神灵，逢年过节，上香燃鞭，披红挂彩，延续至今。

自桥东辗转陡上数十步，有一小坪，为“接官亭”遗址，亦是记载通济桥的残碑所在地。相传上级官员赴施南或建始视察，当地官员必到此迎接，并修亭以用于稍歇。自亭曲折上行二里许，曾有一寺，名“对佛寺”，系清乾隆四十三年（1778年）制军王公创修。所谓“对佛”，即对石门佛。据当地人讲，对佛寺依山而建，阶梯绵长，功能完备。大殿为坐东朝西方向，正对西岸石门佛寺。如今亦是香火全无，墙瓦俱毁，仅留三四块平田顺山罗列，默默地望着对门同样荒芜的石门。

（撰文：毛昌恒，摄影：黄圣碧）

洋鱼河桥

位于恩施州建始县龙坪乡店子坪村一组小桃园和高坪青里坝交界处。单孔石拱桥。南北向跨小河。建于清代。拱券纵联砌筑。桥长 6 米，宽 2 米余。（摄影：黄圣碧）

洋鱼河桥

安乐桥

安乐桥桥券

安乐桥

位于恩施州建始县花坪乡落水坪村五组。单孔石拱桥。南北向跨小溪。清光绪年间（1875—1908 年）修葺。拱券纵联砌筑。桥长 8 米、高 9.4 米，拱跨 6.8 米、宽 5.1 米。单边石阶有 16 级。有功德碑 1 通。

坐标 N：30° 27′ 02.2″，E：109° 55′ 42.3″。

川箭河桥

川箭河桥桥券

川箭河桥

位于恩施州宣恩县李家河乡川大河村北 1.2 公里。单孔石拱桥。南北向跨酉水支流黑龙河。建于清雍正六年(1728 年)，同治十年 (1871 年) 修葺。拱券纵联砌筑。桥长 18 米、宽 4.8 米，孔跨 6.9 米。券脸石雕龙头龙尾。桥头立石碑 1 通，记重修川箭河桥事。

坐标 N：29° 36′ 29.7″，

E：109° 27′ 52.2″。

南北桥

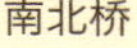

从湖南看湖北

南北桥

位于恩施州宣恩县沙道沟镇沙河溪村南 1.3 公里。又名“连心桥”。桥对岸是湖南龙山县境，故名南北桥。单孔石拱桥。东西向跨沙河溪支流。建于清代。拱券纵联砌筑。桥长 8 米、宽 3 米，孔跨 6.2 米。桥面两侧设石护栏，湖南境内一端有石阶 12 步。

坐标 N：29° 37′ 19.4″，E：109° 32′ 08.7″。

四里潭桥

位于恩施州鹤峰县铁炉乡唐家村四里潭北。单孔石拱桥。东西向跨溇水支流。建于明代。拱券纵联砌置。桥长14.8米、宽4.7米，孔跨8.8米。原桥面两侧设石望柱栏板。因溇水下游修了水库，该桥在丰水的情况下会被淹没。

坐标N：29° 41′ 00.4″，E：110° 26′ 37.2″。

从山上远眺四里潭桥

三多桥

三多桥桥券

三多桥

位于恩施州鹤峰县铁炉乡江口村龚家坡东。又称龚家桥。单孔石拱桥。南北向跨龚家溪。建于清乾隆五十年 (1785 年)。拱券纵联砌筑。桥长 7.8 米、宽 3.1 米，孔跨 4.6 米。石板平铺桥面。桥北立石碑 1 通，高 1.8 米、宽 0.81 米、厚 0.12 米。碑文楷书，碑阳面刻“三多桥”，碑阴面刻文 600 余字，记修桥事。因溇水下游修了水库，该桥整体往龚家溪上游移建。

坐标 N：29° 42′ 01.3″，E：110° 27′ 01.2″。

渔山溜索

位于恩施州鹤峰县铁炉白族乡渔山村六组和七组，是鹤峰县东南偏远的山村。渔山村距县城 150 公里，山高人稀，而该村六、七组是至今未通公路的小组。小山村被绝壁和深谷三面包围，村民走路进出山要一整天。为方便六、七组百姓出行，1997 年，当地在离谷底 480 米高的地方修建了一条长近 1000 米的钢缆索道，配备一个载人载物的“铁篮子”。从此，村里六、七组 196 名村民过往峡谷两边，全靠钢缆索道上的“铁篮子”，至今已有 16 年。虽说该溜索不属于古桥，但“溜索”是古桥发展过程中的一个环节，从藤到竹，再到铁链、钢索。从单索到双索再到多索、链，发展到现在大家还能看见的铁索桥。故“溜索”是古桥诸多桥式中的一种，特录入。（据《楚天都市报》报道文和图）

远眺溜索在峡谷中

身临其境中的溜索

近处为九峰古桥，远处为近代修石拱桥

九峰桥

位于恩施州鹤峰县容美镇张家村。单孔石拱桥。南北向跨深潭溪。容美土司田舜年建于康熙二十五年(1686年)，因田氏别号“九峰”而得名。拱券纵联砌筑。桥长25.1米、宽4米，孔跨6米。桥北立石碑2通，前后相距1米。均为青石质，圆首，碑文楷书。前碑高1.3l米、宽0.54米、厚0.16米，额题“彪炳千秋”，文10行421字，记维修九峰桥经过；后碑高1.48米、宽0.58米、厚0.31米，中竖书“九峰桥”，文4行101字，记修桥捐款人姓名。

湖北省重点文物保护单位。

坐标N：29° 54′ 07.3″，E：110° 03′ 31.1″。

上：九峰桥石碑
中：九峰桥桥面
下：九峰桥文物保护石碑

狗儿桥

狗儿桥

位于恩施州鹤峰县容美镇庙儿村。单孔石拱桥。东西向跨山涧溪水。据当地人说是荣美土司时期（清康熙年间）修建，后来加铺混凝土路面。拱券纵联砌筑。桥长10余米，宽4米余。

坐标N：29° 55′ 05.3″，E：110° 03′ 58.5″。

上左：南村桥
上右：土司南府石碑
下左：南村桥古道上马凳
下中：南村桥石阶和石碑
下右：南村桥桥券

南村桥

位于恩施州鹤峰县五里乡南村村西南1公里，是当年土司府所在地。当地人叫它“张爷桥”（即张飞）。单孔石拱桥。东西向跨让口河支流。建于清代。拱券纵联砌筑。桥长5.2米、宽2.6米，孔跨4米。青石板铺桥面，两端有石阶，桥面两侧设石护栏。

坐标 N：29° 54′ 00.6″，
E：110° 17′ 59.7″。

兴隆街风雨桥

兴隆街风雨桥

位于恩施州鹤峰县走马镇白果村北。单孔木梁风雨桥。东西向跨青龙河。始建年代不详，重修于清宣统二年 (1910 年)。桥长 12 米，宽 5 米。原以四根长 9 米、宽 0.45 米的方木搭于两岸，现加至七根圆木，木板平铺桥面，其上建单檐悬山青瓦顶凉亭三间。

鹤峰县文物保护单位。

坐标 N：29° 52′ 43.6″，
E：110° 28′ 02.4″。

兴隆街风雨桥桥下木梁

兴隆街风雨桥桥上凉亭木梁上的题字

跑马坪桥

跑马坪桥

位于恩施州咸丰县丁寨乡跑马坪村。单孔石拱桥。东西向跨河沟。始建年代不详。拱券纵联砌筑。桥面长 9 米，宽 2 米。桥面设石护栏。

坐标 N：29° 35′ 35.7″，
E：109° 08′ 05.5″。

跑马坪桥桥券

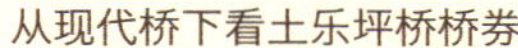

从现代桥下看土乐坪桥桥券

土乐坪桥桥券

土乐坪桥

位于恩施州咸丰县丁寨乡土乐坪村。单孔石拱桥。东西向跨高滩河。建于明洪武二年(1369年)。拱券纵联砌筑。桥长23.8米、宽3.74米，孔跨5.14米。桥面两侧设石护栏。现在古桥旁并列建一现代桥梁。

坐标N：29° 35′ 44.3″，E：109° 08′ 48.7″。

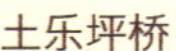

土乐坪桥

太平沟桥

位于恩施州咸丰县高乐山镇太平沟村西。单孔石拱桥。南北向跨邢家沟。建于清宣统三年（1911年）。拱券纵联砌筑。桥长15米、宽4.8米，孔跨9.2米。桥面设石护栏。

桥离咸丰县城不远。

太平沟桥桥券

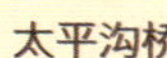

太平沟桥

杨家庄桥

杨家庄桥桥墩和桥券

杨家庄桥

位于恩施州咸丰县清坪镇杨家庄村西南。双孔石拱桥。东北至西南向跨唐崖河。建于清光绪年间（1875—1908 年）。拱券纵联砌筑。桥长 13.4 米、宽 2.8 米，孔跨 3.7 米。桥墩上下游均设分水尖，桥面两侧设石护栏，两端各有 12 步石阶。

坐标 N：29° 52′ 54.2″，

E：109° 09′ 37.2″。

土溪河风雨桥桥下木梁

土溪河风雨桥桥廊

土溪河风雨桥

位于恩施州咸丰县活龙坪乡水坝村西南。单孔木梁风雨桥，东西向跨土溪。建于清光绪二十三年（1897）。桥长 31 米，宽 3.4 米。四根 0.45 米木梁搭于两桥台，上铺木板，单檐悬山顶，桥面两侧有木坐凳和护栏，桥上木结构现由两根砼梁受力。

坐标 N：29° 45′ 59.1″，E：108° 43′ 05.7″。

土溪河风雨桥

十字路风雨桥

十字路风雨桥（斩龙桥、咸东桥）

位于恩施州咸丰县丁寨乡十字路村南。原名“斩龙桥”、“咸东桥”。四孔木梁风雨桥。东西向跨野猫河。始建于清初，咸丰年间（1851—1861 年）维修，民国五年（1916 年）原清朝议大夫秦朝昌捐资重建。桥长 44.8 米，宽 4 米。桥面起凉亭 13 间，单檐悬山顶，檐柱间设“十”字斜撑，正中建四角攒尖顶亭阁。桥墩上下游均设分水尖。

湖北省重点文物保护单位。

坐标 N：29° 37′ 11.4″，E：109° 05′ 58.8″。

十字路风雨桥石敢当

十字路风雨桥廊内（桥头告示严禁烟火，可廊内却开着火锅城）

十字路风雨桥上游残桥

残桥

位于恩施州咸丰县丁寨乡十字路村上游。原为三孔木梁风雨桥，始建年代不详。

坐标 N：29° 36′ 18.2″，E：109° 07′ 25.4″。

十字路风雨桥上游矴步和残桥

接龙桥

恩施州来凤县翔凤镇南拦河上的接龙桥，是来凤县爱国主义教育基地。双孔石拱桥。东西向跨拦河。拱券纵联砌筑。桥长 80.45 米、宽 5.3 米，大孔跨 15 米，小孔跨 10 米，两拱间利用河中一天然石作桥墩。大拱桥面高出小拱桥面 2 米，两端均有石级上下，桥面两侧有石望柱栏板，中部栏板嵌“接龙桥”石匾。桥虽然只有 80 余米长，5 米多宽，但作为一处著名的红色旅游景点，闻名于鄂湘渝黔边区各县。

坐标 N：29° 30′ 00.6″，

E：109° 23′ 50.5″。

接龙桥始建于清嘉庆十三年（1808 年）。自清乾隆元年（1736 年）“改土归流”后，封建王朝加重了对鄂湘渝结合部土家族、苗族聚集地区的统治。嘉庆元年（1796 年），爆发了以来凤玉龙山旗鼓寨为中心的白莲教大起义，清朝统治阶级调集湖广、四川、陕甘数省重兵，极其残酷地镇压了这次起义，土家族、苗族人民血流成河。灾难深重的来凤人民日思夜盼世道清平、五谷丰登，这美好的愿望化为一个传说：拦河两岸有两座山，南叫“玉龙”，北称“翔凤”，是龙与凤的化身，只因被拦河“拦”断龙脉，因此土家族、苗族人民屡遭劫难。一专看“风水”的土司还编了四句偈语：“河北翔孤凤，河南卧独龙。龙脉延过河，祥瑞满山中。”意思是：只要修一座石桥跨越拦河，接通“龙脉”，就会迎来“龙凤呈祥”的好日子。于是人们纷纷捐钱捐粮，请来能工巧匠，修起大小两个石拱，并在石桥上精雕一条石龙，凿上三个大字——接龙桥。

2013 年重修后的接龙桥

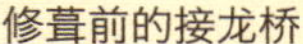
修葺前的接龙桥

胡耀邦题接龙桥名

廖承志的题词

“龙脉”接通了，但土家族、苗族人民并没有接来“龙凤呈祥”的好日子。来凤城头风云变幻，匪兵官绅此去彼来，人民的灾难日甚一日。

历史翻到20世纪30年代，拦河畔照进了希望的曙光，贺龙领导的红军，在湘鄂边打土豪、分田地，拦河两岸人民欣喜若狂，纷纷走上接龙桥，盼红军、接贺龙。从此接龙桥便被赋予崭新的含义，成了迎接红军和贺老总的桥，成了人民心向革命的象征。

1935年，国民党反动派调集重兵驻扎来凤，妄图堵截消灭红二、六军团。敌三十八旅旅长潘善斋在城南布防，猛见“接龙桥”三字，又见石龙栩栩如生，似欲飞腾霄汉，联想到群众时时讲“接龙”、谈“接龙”，顿感心惊胆战，便命人砸了石龙，凿了“接”字，换成“截”字，在桥上筑碉堡、布防线。但来凤人民没有被敌人的淫威吓倒，他们不仅把“接龙桥”叫得更响，而且不顾生命危险，为红军送信带路，支援粮食，更有数以千计的贫苦农民跨过接龙桥，参加了红军。在来凤人民的大力支持下，红军终于在1936年5月打到来凤境内，并在本县的刺猪槽和离来凤十几里的宣恩板栗园歼敌两个师，开始了万里长征。

14个春秋过去了，饱受磨难的接龙桥又一次接来了人民解放军，“接龙桥”三个大字重放光芒。然而“文化大革命”期间，土家族、苗族人民衷心爱戴的贺老总被迫害致死，接龙桥又一次蒙冤受屈，字被凿了，桥也更名了。1974年，党中央为贺龙同志平反昭雪，接龙桥又恢复了光辉的名字。十一届三中全会后，经国务院批准，接龙桥所在的公社被命名为接龙桥公社。

1984年4月7日，时任党中央总书记的胡耀邦同志视察来凤时，兴致勃勃地挥笔题写了“接龙桥”三个大字。

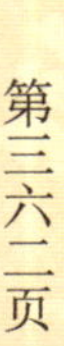

黄石桥 1#

黄石桥 1#

位于恩施州来凤县三胡乡石桥村黄石风景区。单孔弧形拱石拱桥。南北向跨小河。始建年代不详。桥面长 12.8 米、宽 3.2 米，桥面设石护栏。

坐标 N：29° 36′ 37.4″，
E：109° 18′ 05.1″。

黄石桥 2# 主桥石拱桥

黄石桥 2#

位于恩施州来凤县三胡乡石桥村黄石风景区。单孔半圆形拱石拱桥和两边石梁桥的组合。桥券刻的“唐朝邓氏”、“张文”等字样若隐若现。

拱券纵联砌筑。桥长 25 米、宽 2.5 米。拱桥长约 5 米多，宽 3 米，高约 4 米。

坐标 N：29° 35′ 54.9″，
E：109° 18′ 35.2″。

黄石桥 2# 两边的石梁桥

广福桥（寡妇桥）

位于恩施州来凤县三胡乡石桥村黄石风景区。双孔石拱桥。东西向跨山涧小河。始建年代不详。拱券纵联砌筑。桥面长 47 米、宽 4.3 米。因为由 12 名寡妇集资修建，故也称“寡妇桥”。主拱的拱顶有一排 12 块比较小而细长的石条，人们称之为“尖岩”，刻有“邓杜氏嗣尖”、“杜李氏嗣尖”、“李姚氏嗣尖”等红色字样，因为年代久远，有的却也模糊不清了。这应该是她们的姓氏。现在修旧如新。

坐标 N：29° 34′ 42.2″，E：109° 18′ 59.5″。

广福桥上刻字

广福桥

丰乐桥

丰乐桥

位于恩施州恩施市六角亭街道办事处高桥坝村。原名济政桥、跨虹桥。单孔石拱桥。南北向跨巴公溪。明嘉靖年间（1522—1566 年）施州卫指挥使唐贵、贡生李阳主持修建，原为木桥；万历年间（1573—1619 年）乡宦周汲泉改建为石桥；清嘉庆十六年(1811 年) 施南知府漂光祥重修，并改名丰乐桥。桥长 24.3 米、宽 6 米，孔跨 6.72 米。石护栏已不存。现在当地的华新水泥厂厂区里，已加宽加固。

坐标 N：30° 15′ 56.1″，E：109° 26′ 26.0″。

龙滨桥

龙滨桥石阶

龙滨桥桥券

龙滨桥

位于恩施州恩施市芭蕉乡芭蕉河村。单孔石拱桥。西北至东南向跨马鹿河。建于清光绪三年（1877 年）。拱券纵联砌筑。桥长 32.2 米、宽 5.6 米，孔跨 10.8 米。弧形桥面，两侧设石护栏，东南端有石阶 17 步。拱顶一侧原挂有一把铁剑，以镇河妖。桥头立残碑 1 通，记建桥经过。

坐标 N：30° 06′ 52.3″，E：109° 23′ 46.4″。

老拱桥

位于恩施州恩施市芭蕉乡龙滨桥下游。单孔石拱桥。南北向跨马鹿河。始建年代不详，估计与龙滨桥同时期修建。拱券纵联砌筑。桥长 27 米、宽 4.3 米。

坐标 N：30° 07′ 31.8″，
E：109° 24′ 19.3″。

老拱桥桥券

老拱桥石阶

老拱桥

太阳河风雨桥

位于恩施州恩施市太阳河乡西街。双孔石墩木梁风雨桥。东西向跨福胜河。建于清代。桥长 23.7 米，宽 3 米。六根长 12.5 米、直径 0.5 米的圆木搭接桥梁，桥墩上有一层木伸臂，两边桥台设石伸臂。木板平铺桥面，上建五间凉亭，单檐悬山灰瓦顶，两侧设木护栏及木凳。桥墩上下游均设分水尖。

坐标 N：30° 35′ 45.4″，
E：109° 31′ 09.4″。

太阳河风雨桥廊内

太阳河风雨桥

九道水凉桥

位于恩施州恩施市芭蕉乡石板溪村九道水。九道水，是从宣恩水田坝下流的暗河（大河）与从戽口下流的小河在这里汇合后形成的，名两分河。因为弯多，过去，上下要经过九道跳磡石，所以又叫九渡水。桥建在稍微有些平缓而不够宽阔的河滩中。单孔木梁风雨桥。东西向跨两河汇合处下侧。据古石碑碑文记载，桥由当地杨姓人家等建于清嘉庆十八年（1813 年）。碑上还刻有建桥捐款人姓名与数额。

桥长 14 米、宽 4 米，通高 3 米，四根巨木横亘两岸，上铺木板作桥面，桥面设栏杆、长条凳，重檐歇山顶小布瓦面，桥梁上绘有琴棋书画和八卦图案。2002 年，恩施州民族宗教局出资进行了修葺。

坐标 N：30° 04′ 57.3″，

E：109° 25′ 22.7″。

九道水凉桥桥下木梁

九道水凉桥廊内

九道水凉桥

三拱桥

三拱桥（残桥）

位于恩施州恩施市区龙洞河上。三孔石拱桥。已经垮了一孔，基本废弃。始建年代不详。

坐标 N：30° 17′ 23.0″，E：109° 30′ 06.3″。

福寿桥

老屋基老街

福寿桥（永兴桥）

位于恩施州利川市忠路镇老屋基村三组老屋基老街。又名永兴桥。单孔石拱桥。东西向跨木坝河。建于清乾隆十七年 (1752年)， 邑人黄天颖修。拱券纵联砌筑。桥长 7.6 米、宽 4.8 米、高 6.2 米，孔跨 6.5 米，拱券厚 0.40 米。《利川县志》（光绪）载：两会河“西南十里经老屋基场，为八乡水，以土著马、向、覃、田、孙、冉、陈、黄八姓名，有福寿桥”。

恩施州文物保护单位。

（摄影：孙孺，文字：方国剑）

两会滩桥

位于恩施州利川市东城街道办事处杉木村一组，清江河与元堡河交汇处，小地名两汇滩。单孔石拱桥。东西向横跨于元堡河上。建于明末。桥为弧形，拱券纵联砌筑。桥净跨 13 米，桥面高出水面 6 米，两端有石阶数级，桥面宽 6.5 米。元堡河从桥下由南向北，水流平缓。石拱桥西头引桥基础塌陷，主体保存较好。原桥面两侧设石护栏。

（摄影：孙孺，文字：方国剑）

两会滩桥

步青桥　　字库塔

步青桥

位于恩施州利川市毛坝乡双泉村一组。单孔石拱桥。南北向跨太平河支流。建于清同治十三年（1874 年）。拱券纵联砌筑。桥长 10 米、宽 3 米，拱跨 8.8 米，桥面高离水面 9 米。步青桥位于施南土司旧治所在地，是古川盐经利川理智坳盐库达咸丰、来凤的主要通道，也是咸丰、来凤经沙溪达川东的主要通道。

利川市文物保护单位。

（摄影：孙孺，文字：方国剑）

桥北头有字库一座，六边形石塔，高 5.7 米，分三层，每层间有翘檐，基座为正方形，条石修成，塔六面刻《复修步青桥记》。桥南 50 米处有清光绪元年（1875 年）刘杨氏节孝碑，与字库塔隔河相望。通高 5.2 米，一层西面嵌碑，正碑高 3.2 米，宽 0.48 米，厚 0.32 米，碑座高 0.5 米，宽 0.9 米，碑帽四角翘檐，中间攒尖。二层西面碎窗，额题“步青桥”、“文不在兹”。三层西面阳刻楷书“字库”。

节孝碑的四面均刻有铭文，正面为：“奉旨旌表刘肇珍之妻杨秀万之女刘玉成之母节孝碑”，额刻“圣旨”二字；背面刻“特授湖北施南府利川县成府张公天庆大人、湖北施南府利川县学正堂李公忠恕大人、湖北施南府利川县右堂田公鸣玉大人所题赠文”。

步青桥字库集字库与纪念碑于一体。既彰显了鄂西地区土家族人舍己救人、行善积德的社会风尚，又体现了该地区尊重知识、崇尚文化的良好氛围。字库塔镌刻文字之多、内容之广、书法刀法之精、保存之好为鄂西仅有。

步青桥飞虹跨水，皎月印波；字库塔檐角高翘，坚固挺拔；节孝碑高大雄伟，肃穆庄严。桥、塔、碑相映成趣，是古咸丰经利川达川东盐路上的一大景观。保护步青桥、字库、节孝碑及其附近清代刘氏陵园墓碑，对于研究利川交通史、桥梁史、战争史、盐运史及其当地风土人情具有十分重要的意义。

西门桥

位于恩施州利川市都亭街道办事处 (市城西) 清江河上。三孔石拱桥。南北向跨河流。始建于清嘉庆八年 (1803 年)。清光绪十五年 (1889 年) 修葺。拱券纵联砌筑。桥长 72 米，净宽 6.2 米，高 10 米，每孔净跨 20 米。桥面两侧设石护栏。西边正中有小石庙一座，庙下有石雕龙头，大可站人，东边正中有龙尾。为利川境内最大的一座古石拱桥。新中国成立后改为水泥桥面。桥下清江水流平缓，河面宽阔。与新建西门大桥和清江渡槽形成清江河上百米三桥的独特景观。

（摄影：孙孺，文字：方国剑）

西门桥

群策凉桥 （永顺桥）

位于恩施州利川市毛坝乡花板村二组。单孔木斜支撑复伸臂拱式木梁风雨桥。东北至西南向横跨三湾河。是古毛坝、团堡至施南等地的主要通道。始建于清咸丰九年（1859 年）。桥长 24 米，宽 2.9 米，桥面离水面 17 米。桥廊 8 列 32 柱，悬山瓦顶，高 3.3 米。桥头立有清咸丰九年（1859 年）刻“降之百祥”碑一通。现桥为 1990 年维修后面貌。

该桥是研究民族文化及桥梁建筑艺术的实物资料。

（摄影：孙孺，文字：方国剑）

永顺桥石碑

永顺桥

陶家沟桥

陶家沟桥桥面

陶家沟桥

位于恩施州利川市凉雾乡陶家沟村二组。单孔石拱桥。东南至西北向横跨在曾家河汇入陶家沟河的入口处。清同治至光绪年间（1875—1908 年），当地大户曾氏为培植风水所建。拱券纵联砌筑。桥长 10 余米，宽 4 米，高 5.5 米，净跨 8 米。桥两头各有 15 级石梯。整座桥坚固优美，保存完好，是利川现存不多的清代石拱桥之一。

（摄影：孙孺，文字：方国剑）

曾家河桥

曾家河桥

位于恩施州利川市凉雾乡陶家沟村四组。单孔石拱桥。东西向横跨在曾家河上。建于清代。拱券纵联砌筑。桥长7.3米，宽3米，高4米，净跨6.1米。是古时文斗、忠路、马前至利川、沙溪、毛坝的交通要道，也是川盐入鄂的主要通道。

（摄影：孙孺，文字：方国剑）

曾家河桥石阶

两河风雨凉桥

梁上题字

两河风雨凉桥

位于恩施州利川市凉雾乡两河村二组。双孔木梁风雨桥。建于清光绪十九年（1893 年）。桥长 13.8 米，宽 3.5 米，桥面离水面 4 米，桥上木屋穿斗梁架，屋顶重檐悬山，高 4 米。是古忠路、马前至沙溪、毛坝的贩盐大路，现仍为行人过往要津。是研究利川桥梁及交通史的实物资料。现改为混凝土桥墩。

（摄影：孙孺，文字：方国剑）

农科桥

桥头石碑

农科桥

位于恩施州利川市毛坝乡农科村四组。俗称高桥。单孔石拱桥。南北向横跨于毛坝河上。建于清代。拱券纵联砌筑。桥长 15 米，宽 7 米，离水面 14 米。桥南头崖上立建桥碑两通，高 1.75 米，宽 0.82 米，厚 0.18 米。桥上古道为古毛坝经青岩至利川的运盐大路。

（摄影：孙孺，文字：方国剑）

康济桥

位于恩施州利川市汪营镇大跳墩村一组与白泥塘村交界处。双孔石拱桥。西南至东北向横跨于清江河上。建于清代。拱券纵联砌筑，修建公路时改为平桥。桥面长 30 米，宽 5.4 米，高 7 米 (东侧)，单孔净跨 7.6 米。桥东侧中间嵌“长空蝃蝀”石刻匾，西侧 (上游) 嵌石刻“康济”桥匾。

（摄影：孙孺，文字：方国剑）

桥上嵌的石匾

康济桥

六、鄂北篇

鄂北区域涵盖了孝感市、随州市、襄阳市、十堰市。孝感市古桥居多。

【孝感市】

孝感市下辖孝南区、孝昌县、云梦县、大悟县、应城市、安陆市、汉川市，总共 12 个街道办事处、72 个镇、22 个乡、8 个农场、6 个经济开发区、1 个旅游区、3 个办事处。夏商时代设城为古荆州之地，后唐同光二年（924 年）改孝昌为孝感，1961 年时最多下辖 16 个县。素有“膏都”、“盐海”、“磷山”之称。历史上二十四孝，孝感占“董永卖身葬父”、“黄香温衾”、“孟宗哭竹”其三。

孝感市共收录单孔石拱桥 13 座、三孔石拱桥 1 座、五孔石拱桥 1 座、两孔石墩石梁桥 2 座、三孔石墩石梁桥 7 座、五孔石墩石梁桥 4 座、六孔石墩石梁桥 4 座、七孔石墩石梁桥 2 座，九孔石墩石梁桥 1 座，合计 35 座。其中已改建 3 座，残桥 4 座。年代为明代 6 座、清代 28 座、年代不详 1 座。

茶庵桥（广济桥）

位于孝感市西河镇五桂市茶岸湾。又名广济桥。九孔石墩石梁桥。清光绪年间（1875—1908 年）修建。桥长 39.2 米，宽 2 米，高近 3 米，桥墩上下游均设分水尖，部分桥墩出现沉降。五条石梁铺桥面，梁厚 0.25 米。

（摄影：马涛）

茶庵桥桥面

茶庵桥桥墩

茶庵桥

板子桥

板子桥

位于孝感市孝南区杨店镇杨店街南。原为三孔石墩石梁桥，南北向跨无名小河。建于清代。桥长 15 米，宽 4 米。桥墩设分水尖，麻条石平铺桥面。后改建为 7 孔石梁桥，桥长 20 余米。

（摄影：马涛）

板子桥桥墩

二公桥

位于孝感市孝昌县丰山镇二公村二公湾南300米。五孔石墩石梁桥。东西向跨一无名小河。建于明代。桥长20米，宽2.3米，孔跨3米。墩上有小伸臂结构，设分水尖，五条石梁铺桥面，梁厚0.25米。

（摄影：马涛）

上：二公桥桥墩
中：二公桥桥面
下：二公桥桥梁上明代的刻字

二公桥

百步桥

百步桥

位于孝感市孝昌县白沙镇双余村白沙铺。五孔石墩石梁桥。东西向跨白沙河。始建于清初，光绪初年整修。桥长19.05米，宽2.6米。石墩长2.6米，宽0.9米。桥由长3米、宽0.4米、厚0.3米的红砂石条平铺桥面，每根石条用圆木承托于桥墩上，现在石梁上铺混凝土桥面。孔跨依次为2.5米、3.45米、3.45米、3.45米、2.5米。桥墩设分水尖。

（摄影：舒福达）

百步桥桥墩

小河桥

位于孝感市孝昌县小河镇小河东街东。原为三孔石墩石梁桥，东西向跨一小河沟。始建于明宣德年间（1426—1435 年），民国重建。原桥长 1 5 米，宽 1.5 米，高 2.3 米。青麻石平铺桥面，两侧设石护栏。现改建为桥长 1 5 米、宽 6.1 米的三孔石拱桥，名红山大桥。

（摄影：舒福达）

小河桥石碑

小河桥

万寿桥

万寿桥桥面

万寿桥

位于孝感市孝昌县周巷镇燎原村路边湾南100米。三孔石墩石梁桥。东西向跨一无名小河。建于清光绪三十四年（1908年）。桥长9米，宽1.1米，三孔等跨2.5米。以长3.3米、宽0.6米、厚0.4米的石梁平铺桥面。桥墩设分水尖。桥东立石牌1通，楷书“万寿桥”。

（摄影：舒福达）

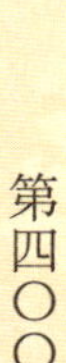

桥湾桥桥面

桥湾桥

位于孝感市孝昌县小悟乡桥湾村桥边湾西南 50 米。单孔石拱桥。南北向跨一小河沟。建于清代。拱券纵联砌筑。桥长 10 米，宽 3.5 米，孔跨 8 米。青石板平铺桥面，两侧设石护栏。

（摄影：舒福达）

桥湾桥

陈家桥

陈家桥桥面

陈家桥

位于孝感市孝昌县周巷镇大屋村陈家湾西50米。六孔石墩石梁桥。东西向跨小河。建于清代。桥长18米，宽1.25米，桥跨组合3孔2.5米、1孔2.8米、2孔3米。桥墩设分水尖。

（摄影：舒福达）

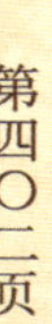

拱子河桥

拱子河桥

位于孝感市孝昌县花西乡冯庙村东北方向 300 米。单孔石拱桥。建于清代。拱券纵联砌筑。桥长 15 米，宽 2.2 米，孔跨 6 米。

（摄影：舒福达）

桂花桥

位于孝感市孝昌县季店乡大二村余季港湾南50米。单孔石拱桥。建于清代。拱券纵联砌筑。桥长8米，宽2.7米，孔跨6米。

（摄影：舒福达）

桂花桥

郭家桥

郭家桥

位于孝感市孝昌县小河镇友二村邹家稻场湾南 150 米。单孔石拱桥。始建年代不详。拱券纵联砌筑。桥长 10 米，宽 2.4 米，孔跨 6 米。

（摄影：舒福达）

胡李桥

位于孝感市孝昌县白沙镇新桥村胡李湾东 500 米。6 孔石墩石梁桥。建于清代。桥全长 25 米，宽 2.6 米，孔跨径 3.5 米，桥跨组合 6×3.5 米，桥墩设分水尖。

（摄影：舒福达）

胡李桥

黄湾桥

位于孝感市孝昌县小悟乡黄湾村黄湾150米。三孔石墩石梁桥。建于清代。桥全长12米，宽1.2米，孔跨依次为2米、3米、5米。

（摄影：舒福达）

黄湾桥

孟宗桥

孟宗桥

位于孝感市孝昌县花园镇长胜村南 100 米。单孔石拱桥。建于清代。拱券纵联砌筑。桥全长 8 米，宽 2.2 米，孔跨 6 米。

（摄影：舒福达）

潘家湾桥

潘家湾桥

位于孝感市孝昌县季店乡砑店村余潘家湾东 50 米。七孔石墩石梁桥。建于清代。桥全长 30 米，宽 2 米，孔跨均为 4 米。五条石梁铺桥面，厚 0.35 米。

（摄影：舒福达）

桥面留有深深的车辙

清明桥

位于孝感市孝昌县花西镇全民村老稻场旁。双孔石墩石梁桥。建于清代。桥全长 7.3 米，宽 1.7 米，孔跨均为 3.4 米。

（摄影：舒福达）

桥墩

清明桥

梳妆台桥

位于孝感市孝昌县小河镇老街后西北 20 米。三孔石墩石梁桥。建于清代。桥全长 12 米，宽 1.7 米，孔跨均为 2.8 米。五条石梁铺桥面，厚 0.35 米。

（摄影：舒福达）

上：梳妆台桥桥面
下：梳妆台桥

汤家桥

汤家桥（残桥）

位于孝感市孝昌县季店乡砑店村潘家湾南 20 米。单孔石拱桥。建于清代。拱券纵联砌筑。桥全长 10 米，宽 2 米，孔跨 6 米。拱券已经垮了 25%。

（摄影：舒福达）

乌石砦桥

位于孝感市孝昌县小河镇仙人石村乌石砦湾西南450米。单孔石拱桥。建于清代。拱券纵联砌筑。桥全长8米，宽1.85米，孔跨6米。

（摄影：舒福达）

乌石砦桥

小板桥

小板桥

位于孝感市孝昌县花西乡建一村池王湾养鸭场旁。五孔石墩石梁桥。建于清代。桥全长18米，宽2.4米，孔跨均为3米。桥面现保留有两列老石梁，桥墩纵向有小伸臂结构。

（摄影：舒福达）

小板桥桥面

邹家桥

邹家桥

位于孝感市孝昌县小河镇友二村邹家稻场湾西南 450 米。单孔石拱桥。建于清代。拱券纵联砌筑。桥全长 8 米，宽 2.1 米，孔跨 6 米。

（摄影：舒福达）

铁店桥

位于孝感市大悟县姚畈乡铁店村。单孔石拱桥。东南至西北向跨一无名小河沟。建于明代。拱券镶面纵联砌筑。桥长 10.7 米，宽 2.5 米，孔跨 5.5 米。采用本地地材大理石（红米金石）砌筑而成。

该桥是孝感大悟宣化店镇铁店村八组通往信阳罗山铁铺镇蔡楼的必经之桥。

（摄影：夏宗桥）

铁店桥桥券

铁店桥

铁店桥和古树

马城桥

马城桥

位于孝感市汉川市马口镇枣树村枣树湾东。单孔石拱桥。东西向跨一条小河沟。建于清代。拱券纵联砌筑。桥长12米，宽4米，孔跨5米。原桥面两侧设石护栏。

（摄影：明静）

刘家寨桥（残桥）

位于孝感市云梦县曾店镇刘寨村刘家寨东 50 米。五孔石墩石梁桥。东西向跨女儿港小支流。建于清代。桥长 17.5 米，宽 1.8 米，孔跨 3.5 米。五条石梁铺桥面，厚 0.35 米。目前该桥已是名副其实的“断桥”了。

（摄影：丁红国）

刘家寨桥

刘家寨桥桥面

严家塌湾桥桥面

严家塌湾桥桥墩

严家塌湾桥（残桥）

位于孝感市应城市田店镇畅马村蔡容湾。三孔石墩石梁桥。东西向跨富水河小支流。建于清代。桥长10．5米，宽1．05米。条石平铺桥面。原桥有九块青石板，3跨，据村民介绍，因十几年前桥旁修筑水坝，导致桥被冲垮三分之一（桥旁还散落有一块石板），故现桥只剩六块青石板，2跨。该桥桥墩石柱与联系梁为卯榫结构，是古桥中罕见形式，本省仅两例。

（摄影：吴慧玲）

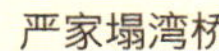

严家塌湾桥

河边湾桥

位于孝感市安陆市棠棣镇金泉村河边湾北 20 米。单孔石拱桥。南北向跨浸水小支流。建于清代。拱券纵联砌筑。桥长 10 米，宽 2.5 米，孔跨 5 米。原桥面两侧设石护栏。

（摄影：王守坤）

河边湾桥

河德桥

位于孝感市安陆市棠棣镇河德村。原名“江东桥”、“河坝桥”。六孔石墩石梁桥。南北向跨浸水小支流。始建于明代，清代重修。桥长 25 米，宽 6 米，墩长 6 米，宽 1.2 米，孔跨 3 米。桥墩设分水尖，红条石平铺桥面。

安陆市重点文物保护单位。

（摄影：王守坤）

上：河德桥
中：河德桥桥墩
下：河德桥文物保护石碑

双鹤桥

位于孝感市安陆市赵棚镇双鹤桥村。六孔石墩石梁桥（梁下有托木）。东西向跨浸水小支流。建于清代。桥长 28 米，宽 3.3 米，孔跨 3 米，墩长 3.5 米，宽 0.96 米。桥墩迎水面设分水尖。

（摄影：王守坤）

双鹤桥桥墩和梁下托木

双鹤桥

紫石桥（残桥）

紫石桥（残桥）

位于孝感市安陆市赵棚镇鹤山村刘家湾。双孔石墩石梁桥。东西向跨涢水小支流。建于清代。桥长 11 米，宽 4.5 米，孔跨 4 米。桥墩迎水面设分水尖，老的石梁已经无存。

（摄影：王守坤）

【随州市】

随州素有“荆豫要冲”之称，下辖曾都区、随县、广水市，共有7个街道办事处、35个镇、6个乡、2个管委会、1个开发区。被誉为“世界第八大奇迹”的曾侯乙大型编钟就出土在随州，65件编钟以其铸造之精、音律之全、音域之广、乐律铭文之珍贵，震惊中外音乐史坛。

随州市历史悠久，是炎帝神农诞生地、大舜耕耨之乡。以西周封国随为名。

随州市收录单孔石拱桥11座、三孔石拱桥5座、两孔石墩石梁桥2座、三孔石墩石梁桥3座、五孔石墩石梁桥2座，合计23座。其中改建5座，残桥1座。年代为宋代1座、明代1座、清代21座。

渡蚁桥

位于随州市广水市西原应山县应山街道办事处南关村。单孔石拱桥。为纪念北宋宋庠、宋祁以竹渡蚁而建，故名。宋庠（996—1066）与其弟宋祁（998—1061）为安陆人，后迁开封雍丘（今河南杞县）。皆北宋大臣，有文名，时称“二宋”。天圣二年（1024年），二宋同举进士，庠名列第一。《应山县志》载：二宋少年时随父颐寓应山法兴寺读书，见蚁为雨所溺，即以竹代桥渡之。宋绍圣年间（1094—1098年），太常少张来于此立桥以表其事。乡人相继建乡圣祠、联芳坊、双璧坊、状元坊等以资纪念。因岁久倾圮，仅存残碑3通。拱券纵联砌筑。桥长12米，宽4米，高2.3米，孔跨4米。古石栏已毁。当今城市道路建设，把古桥移至道路两边重修并保留。

坐标N：31° 36′ 29.5″，E：113° 49′ 16.5″。

渡蚁桥

相传，宋朝时这里还没有桥，来往行人走到这里都得涉水过河。有一年，赴京赶考的书生宋庠路过这里，也和他人一样脱了鞋袜，赤着脚趟过河去。当他走到河的对岸，正要上坎时，看见流水从上面冲下来一群蚂蚁。书生动了慈悲心，顺手在河坎上拣了根稻草，放在水面上，给遇难的蚂蚁搭了桥，蚂蚁就顺着这根稻草爬上了河坎。

后来，宋庠赴京应考。交卷前，他把所有文字仔细检查了一遍，发现在一个字的右下角趴着一只蚂蚁，他用手指轻轻地把它弹了下去。可不一会儿，蚂蚁又爬了上来，还是在那个地方停住不动，宋庠又把它弹下去，交了考卷。出场后，宋庠觉得这件事好生奇怪。再认真想想，大吃一惊：原来自己一时马虎大意，那个字少写了一点。蚂蚁是特意报救命之恩，来提醒他的，可他当时没有发现。后悔药难吃，宋庠觉也睡不着，饭也吃不香，整天愁眉苦脸，觉得没指望了。

可是，红榜一悬，宋庠却得了第一名。原来，阅卷官在批阅他的试卷时，那只蚂蚁依然趴在那个地方，阅卷官没留意，把它当成了墨写的点。

宋庠后来官至宰相。为了感谢蚂蚁的添点之恩，他又回到了应山，在当初用稻草渡蚂蚁上坎的地方，捐款修了一座三孔石桥，并给它取名为“渡蚁桥”。

渡蚁桥

渡蚁桥原桥券

马坪桥

位于随州市广水市马坪镇南街。又名会馆桥。单孔尖拱石拱桥。东西向跨府河小支流。清代由江西迁居马坪的商人所建。拱券纵联砌筑。长 14.3 米，宽 3.35 米，孔跨 4.83 米。桥面两侧设石护栏。

坐标 N：31° 35′ 45.1″，E：113° 33′ 24.0″。

马坪桥

左：桥券
右：桥面

桥面

平靖关桥

桥券

平靖关桥

位于随州市广水市蔡河镇平靖关村。三孔石拱桥。东西向跨三潭河。建于清乾隆九年（1744年）。拱券纵联砌筑。桥长18.5米，宽5米，主孔跨4.1米，次孔跨4米。桥面两侧设石护栏。

随州市文物保护单位。

坐标 N：31° 51′ 36.9″，
E：113° 55′ 55.2″。

平靖关桥和古树

古朴的栏杆

岁丰桥　　岁丰桥桥券

岁丰桥

位于随州市区沿河大道东侧双龙寺村花溪河上。以“岁岁丰收”命名。单拱石桥。判官孙益建建于明成化十五年（1475年），两次毁于洪水。明弘治十年（1497年）知州李允祠于桥南百步外改建石桥，清咸丰二年（1852年）重建。拱券纵联砌筑。桥长10米，宽3米，高4米。修桥时为牢固，有铁链联系两端桥墩，当河水清亮时，可见水底铁链被水冲得不停摆动，颇似蜈蚣。故民间有“岁丰桥下铁蜈蚣”之说。

坐标 N：31° 42′ 53.9″，
E：113° 21′ 56.1″。

从前，不知道什么原因，随州跟蝎子有缘：城的形状像个蝎子，城里头也到处都是蝎子。这里的蝎子跟别处不同，它有十只脚，厉害得狠。

西门外岁丰桥下有一对蜈蚣精，它们的子孙一进城就回不来，都被蝎子咬了。想跟蝎子硬打呢，又打不赢，它们就苦练本事。练呀练呀，直练得嘴一张，一团火像箭一样射出来。五月初五的半夜三更，两条蜈蚣顺着随州城墙飞了三圈，边飞边吐火，算是把城里火洗了三遍。不光把蝎子烧个精光，连房屋财物，都跟着一起遭殃。城里老百姓怨气冲天，惊动了南海观世音菩萨。

观世音睁眼一看，就明白是怎么回事了，驾起云头来到洛阳鸡公山界，叫才下凡的石头鸡公去降服这两个祸害。石头鸡公来到随州上空，见两条蜈蚣还在喷火，下去就啄住一条，不由分说，狠命地往肚里吞。哪晓得那蜈蚣的道行大，在鸡脖子里哽着下不去，哽得鸡公只打嗝儿。如今的鸡子吃了再小的蜈蚣也要打嗝儿，就是那次留下的毛病。

另一条蜈蚣见伙伴被鸡公吞了，吓得趁公鸡打嗝儿的功夫，哧溜钻进岁丰桥下的石洞里。鸡公追到桥边，抓也抓不到，啄也啄不着，急得团团转。这时候，观世音赶来，抛下一根五色丝线，拴住了蜈蚣两头，又取下头上的簪子，将蜈蚣和丝线撑成了弓形，蜈蚣再也跑不脱了。一年年过去，蜈蚣随着簪子一起变成了铁，再不能危害百姓了。这就是“岁丰桥下铁蜈蚣”的传说。

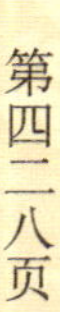

蔡家冲桥

蔡家冲桥桥面

蔡家冲桥

位于随州市南郊街道办事处前进社区，市国税局右侧。三孔石墩石梁桥。南北向跨无名小河。建于清代。桥长 9.2 米，宽 2.8 米。现已弃用。

坐标 N：31° 41′ 10.4″，

E：113° 22′ 46.5″。

鸡鸣山桥

鸡鸣山桥

位于随州市吴山镇种菜牛场村鸡鸣山。单孔石拱桥。东西向跨砂子河。建于清代。拱券纵联砌筑。桥长 4 米，宽 2.4 米，孔跨 2.2 米。原桥面两侧设石护栏。据当地老人讲这桥上当年战争时期还走过坦克。

坐标 N：32° 12′ 19.5″，
E：113° 04′ 43.4″。

鸡鸣山桥桥券

天地长春桥桥面

天地长春桥

位于随州市北郊街道办事处两水村。单孔石拱桥。东西向跨浸水支流。建于清代。拱券纵联砌筑。桥长 4 米，宽 3 米，孔跨 3.2 米。北侧拱券顶部嵌“天地长春”石匾。已弃用。

坐标 N：31° 46′ 58.5″，
E：113° 21′ 14.3″。

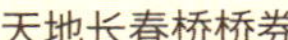

天地长春桥桥券

霸王庙桥

霸王庙桥

位于随州市北郊街道办事处两水村。单孔石拱桥。南北向跨溵河。建于清代。拱券纵联砌筑。桥长 3 米，宽 2 米，孔跨 1.8 米。原桥面两侧设石望柱栏板。

坐标 N：31° 46′ 58.7″，
E：113° 21′ 12.5″。

霸王庙桥桥券

平安桥桥券

平安桥

位于随州市淅河镇大堰坡白龙港村。单孔石拱桥。东西向跨白龙港河。建于清代。拱券镶面纵联砌筑。桥长 9 米，宽 3.5 米，孔跨 6 米。桥面两侧设石望柱栏板。券脸石顶部两侧分刻“平安桥”和太极图案。

桥已翻修过，保留了桥券，在拱肩上增加了两个小拱，以利过水。

随州市文物保护单位。

坐标 N：31° 35′ 04.6″，
E：113° 24′ 20.3″。

平安桥

朱家河桥

位于随州市淅河镇大堰坡朱家河村。三孔石拱桥。东西向跨朱家河。建于清代。拱券镶面纵联砌筑。桥长13米，宽1.5米，拱高2米。

坐标N：31° 34′ 57.1″，E：113° 24′ 39.7″。

上左：朱家河桥侧影
上右：朱家河桥桥券
下：朱家河桥

万福桥

万福桥桥券

万福桥

位于随州市大堰坡镇王家畈村杨树河湾。三孔石拱桥。东西向跨椒藤河南支流。建于清代。拱券镶面纵联砌筑。桥长 14 米，宽 3 米。桥墩刻八卦太极图案。

坐标 N：31° 34′ 12.5″，
E：113° 25′ 41.4″。

上：桥券一
下：桥券二

军民桥湾桥（残桥）

位于随州市南郊街道办事处泉水冲村。单孔石拱桥。南北向跨无名小河沟。建于清代。拱券乱石砌筑。桥长 10 米，宽 2.4 米，孔跨 5.8 米。桥面两侧原设石护栏。现在桥已垮了 50%。

坐标 N：31° 39′ 19.7″，
E：113° 19′ 53.1″。

军民桥湾桥桥面

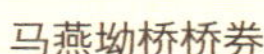

马燕坳桥桥券

马燕坳桥石碑

马燕坳桥

位于随州市洛阳镇易家湾村马燕坳东 120 米。当地人称任家拱桥、福德桥。单孔石拱桥。东西向跨紫金河。建于清代。拱券镶面纵联砌筑。桥长 15 米，宽 3 米，孔跨 7.6 米。桥面两侧原设石望柱栏板。桥旁有重建石碑一通。

坐标 N：31° 30′ 13.3″，E：113° 27′ 45.0″。

马燕坳桥

柏树湾桥　（残桥）

位于随州市万和镇邱家台村西 700 米。单孔石拱桥。南北向跨无名小河。建于清代。拱券纵联砌筑。桥长 5 米，宽 1.77 米，孔跨 3.2 米。原桥面两侧设石望柱栏板。现桥垮了一半，已弃用。

坐标 N：32° 04′ 33.7″，E：113° 17′ 12.0″。

柏树湾桥桥面

桥堰桥

位于随州市万和镇枣园村东 20 米。单孔石拱桥。东西向跨无名小河。建于清代。拱券纵联砌筑。桥长 3.8 米，宽 2.2 米，孔跨 2.5 米。桥面两侧原设石护栏。

坐标 N：32° 14′ 16.9″，E：113° 19′ 39.7″。

桥堰桥

上：八角庙桥
下左：八角庙桥桥墩
下右：八角庙桥桥券

八角庙桥

位于随州市双河镇杜家店村八角庙北 50 米。三孔石拱桥。东北至西南向跨无名小河。建于清代。拱券镶面纵联砌筑。桥长 25 米，宽 6 米，孔跨 6 米。桥墩设分水尖，桥面两侧原设石望柱栏板。

坐标 N：31° 40′ 05.6″，E：112° 49′ 41.9″。

徐家岩桥

徐家岩桥桥墩、桥券

徐家岩桥

位于随州市双河镇桥河村徐家岩子湾北 150 米。三孔石拱桥。东北至西南向跨小桥河。建于清代。拱券纵联砌筑。桥长 9 米，宽 1 米，孔跨 2.7 米。桥墩上下游均设分水尖，原桥面两侧设石护栏。

坐标 N：31° 41′ 50.8″；
E：112° 46′ 02.8″。

黄金桥

位于随州市万店镇沙坡村菜园子湾。三孔石墩石梁桥。东西向跨一无名小河。建于清代。桥长 8 米，宽 1.5 米。现利用原桥桥墩和石梁（梁下有托木），在老桥上加砼梁。

坐标 N：31° 50′ 11.5″；E：113° 31′ 06.5″

黄金桥

紫石桥

紫石桥桥墩

紫石桥桥面

紫石桥

位于随州市府河镇紫石铺村西。五孔石墩石梁桥。南北向跨天井堰河。据史料推来该桥始建于唐代，现桥建于清代。桥长 28 米，宽 2.7 米。桥墩上下游均设分水尖，桥面两侧原有条石护栏，5 根石条并连为宽，梁厚 0.3 米，桥墩由 2000 多块大型红石垒砌而成。紫石桥古为随州八景之一。

坐标 N：31° 31′ 26.8″，E：113° 32′ 17.3″。

徐家湾桥桥面

徐家湾桥

位于随州市府河镇清水河村东南 60 米。双孔石梁桥。东西向跨清水河小支流。建于清代。桥长 6 米，宽 1.1 米。块石砌墩，长条石平铺桥面。梁下有托木。现仅剩一孔。

坐标 N：31° 24′ 08.1″，E：113° 30′ 50.9″。

徐家湾桥

竹林湾桥

竹林湾桥桥面

竹林湾桥

位于随州市三里岗镇马家河村南 600 米。双孔石梁桥。东西向跨无名小河。建于清代。桥长 4.2 米，宽 1.45 米。块石砌墩，桥墩设分水尖，长条石平铺桥面。该村至今未通水泥路，通到桥前的土路窄得仅容一小汽车通行。

坐标 N：31° 31′ 18.1″；
E：113° 04′ 21.4″。

熊家岩桥

熊家岩桥

位于随州市三里岗镇张店村熊家岩西 50 米。五孔石墩石梁桥。东西向跨一无名小河。建于清代。桥长 13 米，宽 2.1 米。块石砌墩，条石平铺桥面，原桥面两侧设石护栏。现在利用原桥墩的两个，外敷水泥，桥墩上游的一半是新加的砼墩，重修。

坐标 N：31° 26′ 40.0″，E：113° 10′ 22.7″。

白桥堰桥桥墩

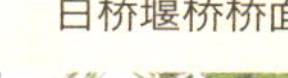

白桥堰桥桥面

白桥堰桥

位于随州市尚市镇群金村南 600 米。三孔石墩石梁桥。东西向跨无名小河。建于清代。桥长 5.5 米，宽 1.05 米。块石砌墩，长条石平铺桥面。现在桥墩高于路面，实为旱桥。桥的周边为大片的桃园。

坐标 N：32° 00′ 42.8″，E：113° 12′ 12.5″。

白桥堰桥

【襄阳市】

襄阳市下辖襄城区、樊城区、襄阳区、南漳县、谷城县、保康县、老河口市、枣阳市、宜城市，总共有24个街道办事处、72个镇、5个乡。襄阳有“东瞰吴越、南遮湖广、西带秦蜀、北通宛洛”之名，自古是兵家必争之地，是群雄逐鹿的古今战场，又是文人墨客荟萃之地，养育了诸葛亮、宋玉、孟浩然、张继、米芾等一批名士。

襄阳历史悠久，考古证实60万年前就有人类在此繁衍生息。樊城始于西周，襄阳筑城于汉初。

襄阳市收录单孔石拱桥10座、三孔石拱桥1座、两孔石墩石梁桥2座、七孔石墩石梁桥1座、天生桥1座，合计15座。其中残桥3座。年代为明代3座、清代11座。

相传，襄阳是一块浮在水面上的排形宝地。说起这块排形宝地的由来，民间还有一个传说呢。

从盘古开天地以来，襄阳就是个好地方。后来，天下洪水泛滥成灾，舜帝派鲧治水。不料鲧是个外行，他不疏通河道，而是从玉皇大帝那里要来息壤到处乱堵。结果洪水没制服，反而越闹越凶，连先前不闹水的襄阳，也成了茫茫大湖。人们逃到荒山，过着刀耕火种、半饥半饱的日子。舜帝一怒之下，杀了鲧，又派他的儿子大禹来治水。

大禹乘神排到了襄阳，见百姓们无处栖身，心里十分难受，心想，要是能把原来被淹没的土地还给他们就好了。于是，就把自己的神排留下，把父亲没有用完的息壤洒在排上，顷刻间化成了一块排型宝地。人们欢天喜地，纷纷搬到上面居住。

百姓们正准备垒土造屋，只见洪浪排空，狂风阵阵，神排随着巨浪剧烈晃动，洪水也漫了上来，大禹为了救黎民百姓，就抛下了自己的头盔，化成了铁帽山，系住了神排；留下保驾的神虎，化成虎头山，永远镇守这块排形宝地。然后带领百姓开山凿岭，整修河道，疏导泛滥的洪水，使滔滔汉水绕过襄阳奔流而去。

从此，这里根除了水患，百姓们在这块排形宝地上耕田织布，结网捕鱼，经商设店，碾米磨面。久而久之，便形成了城池。人们世代相传，没有忘记自己是住在排上。过去襄阳城里百业兴旺，单单不开榨坊，生怕油锤子把排砸穿了。人们还在汉水边扎下铁桩，让襄阳这块排形宝地更牢固。听老辈人说，有时候从排缝里还跳出鱼来，过去襄阳的鱼跃街，就是因此而得名。

直到现在，襄阳还流传着“襄阳是块排，只怕篙梁来”的民谣。

上：龙桥
下左：龙桥龙头
下右：龙桥垮掉的一半

龙桥（残桥）

位于襄阳市襄阳区双沟镇大岗坡村西北 500 米。单孔石拱桥。南北向跨无名小河。建于清代。拱券纵联砌筑。桥长 9.6 米，宽 4.4 米，孔跨 6.25 米。东券脸石雕一龙首。桥面两侧原设石护栏。

现在桥纵向垮了一半，有龙头的一边桥券尚存。

坐标 N：32° 12′ 22.8″，E：117° 23′ 20.5″。

同乐桥

同乐桥桥面

同乐桥

位于襄阳市襄阳区张湾镇王庄村肖王营西南 500 米。双孔石墩石梁桥。南北向跨无名小河。建于清代。桥长 5.1 米，宽 2.7 米。青砖和块石砌墩，条石平铺桥面。

桥现在已成了花生地里的旱桥了，桥上还能走车。

坐标 N：32° 09′ 28.2″，E：112° 18′ 56.1″。

发源桥

发源桥桥券

发源桥

位于襄阳市襄阳区双沟镇郑张村泥沟圈东。单孔尖拱石拱桥。东西向跨一大堰塘。建于清乾隆五十六年（1791 年）。桥长 14 米，宽 3.7 米，孔跨8.48米。桥面两侧原设石护栏。桥北侧嵌“发源桥”石匾。

坐标 N：32° 11′ 50.7″，
E：112° 21′ 15.2″。

邓城文物保护石碑

邓城南门桥桥面石板

邓城南门桥

位于襄阳市樊城区团山镇，为邓城遗址护城河南门上的桥。三孔石拱桥。拱券纵联砌筑。桥长 16 米，宽 3.5 米，桥面铺石板。现桥为明清时所重建。春秋时期邓国故都遗址又称邓城遗址，属国家重点文物保护单位，曾出土邓公乘鼎、吴王夫差剑等重要文物。

坐标 N：32° 04′ 46.4″，
E：112° 06′ 16.7″。

邓城南门桥

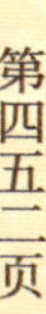

红石桥

位于襄阳市南漳县九集镇九仙观村西 1 公里。单孔石拱桥。东西向跨无名小河。建于明代。红砂岩拱券纵联砌筑。桥长 14.3 米，中宽 4.1 米，两端分别宽 5.6 米、4.2 米，孔跨 6.8 米。红石桥旁原有寺庙，后被拆除，附近还掩埋有残碑、龙尾石雕。

（摄影：栗斌）

当地老人讲了一个传奇：很早以前，天刮起黑风下起大雨，洪水欲翻越桥面，一浪高过一浪，红石桥在洪浪中搏击，时隐时浮，浪高桥面也高，始终没有让洪浪翻越桥面。从此以后，红石桥再没有发生过洪涝。

红石桥

遇事湾桥

上马石碑  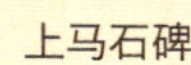 下马石碑

遇事湾桥

位于襄阳市南漳县九集镇古林坪村遇事湾南 400 米。单孔石拱桥。东西向跨泗堵河上游。建于明代。拱券镶面纵联砌筑。桥长 6.25 米，宽 3.94 米，孔跨 4.75 米，原两侧券脸石雕龙首、龙尾，现已毁。桥旁立有上、下马石碑各 1 通。

（摄影：栗斌）

自生桥

位于襄阳市南漳县蓬莱观西北约 1.5 公里。为一天然形成的石拱桥。东西向跨冥阳洞河。桥长 17 米，宽 3 米，孔跨 7 米。拱顶南侧雕一条青石龙。

自生桥碑位于自生桥北部，刻于清乾隆四十九年（1784 年）。青石质。高 1.24 米，宽 0.66 米，厚 0.4 米。楷书 11 行 248 字，记三景庄赞词。

自生桥、老龙洞、蓬莱观联冠三景，是八百里漳河发源地。桥奇、洞幽、壁险，天造地设，叹为观止。

（撰文、摄影：栗斌）

传说八仙跨海东游，在此结庐小憩，世称小蓬莱，遗迹尚存。历代文人墨客慕名趋至，清吟雅咏，挥毫题铭。籍典撷英，以博广闻。

明崇祯初年，慕资筑道，塾师闫在志为功德撰联：“文风启东南群山围列成三景，秀气钟西北一水长流贯九江”。人文地理，兼收并容，山川秀色，朗然在目。

明万年历间，漳西久涝成灾，县令杨铨赈灾济民，戏题老龙洞曰：“漳有西溪老龙者，能司水旱、致云雨，惟祷则应。予谓龙不宜山居，其能云雨，不知当正，以副人祷。”又嘲老龙云：“万里沧溟好置身，踌涔汉水恋修鳞。何年入洞今称老，有日乘云动作神！”并讪语代答：“分我

自生桥

暇晨初吁告，算他焦土既经旬。虽无蚤恩苍生意，容易深深下尺均。”反映了人们征服水患的愿望。

清康熙中叶，龙坪举子孙际澄赴京殿试，途览三景，口占绝句一首：“桥自玄工造，曲通古道旁。蓬莱留胜迹，龙洞致奇祥。映日桃花醉，迎风柳线长。一鞭催马去，回首望斜阳。”意犹未尽多促去，怀志离乡践考期。金榜题名中进士，官授巴侯锦衣归。借景抒怀再吟自生桥：“石梁天造设，开凿始鸿濛。赤壁承云际，青龙起涧中。漫劳题柱客，自有济川功。往来通行旅，奔流泻玉虹。”以诗言志。后迁任翰林学士，义筑路桥，督疏河道，造福桑梓，名垂后世。

著名学者朱自清游历至此，欣然歌曰：“自古石桥透天崖，蓬莱仙廓顺壁跨。老龙洞外山水秀，八百漳水自此发。”

漳河源石碑

老龙洞

自生桥桥面

大王庙桥（残桥）

位于襄阳市谷城县当铺镇大王庙村。单孔石拱桥。南北向跨白水河。建于清代。拱券纵联砌筑，现仅存券拱。桥长 18.6 米，宽 2.67 米，孔跨 5.65 米。

大王庙桥

桥券

旁边的古石梁桥

龙头

土地岭桥

土地岭桥

位于襄阳市谷城县盛𤫩镇土地岭村东。单孔石拱桥。南北向跨南河中游小支流。建于清代。拱券纵联砌筑。桥长 4.2 米，宽 3.6 米，孔跨 2.12 米。原券脸石两侧分别雕龙头、龙尾。现在桥面用现代梁桥加宽了。

谷城县文物保护单位。

（摄影：谷城县公路局）

加宽的桥券

万寿桥

位于襄阳市谷城县庙滩镇万寿桥村西南。单孔石拱桥。东北至西南向跨黄畈河源头支流。建于清代。拱券纵联砌筑。桥长10米，宽2.72米，孔跨4.7米。券脸石顶部两侧雕龙头龙尾。

谷城县文物保护单位。

（摄影：谷城县公路局）

万寿桥

上：龙头
中：龙尾
下：修补后的桥券

上：桥头桥名石
下：伴山桥

伴山桥

位于襄阳市谷城县茨河镇陶湾村西北 300 米。单孔石拱桥，东西向跨上磨石河。建于清代。桥长 8.55 米，宽 4.6 米，孔跨 5.6 米。拱券乱石砌筑。桥东北侧立一石柱，阴刻“伴山桥”及修桥时间。

谷城县文物保护单位。

（摄影：谷城县公路局）

桥面

土桥沟桥

土桥沟桥 （残桥）

位于襄阳市谷城县大峪桥镇土桥沟村东 250 米。双孔石墩石梁桥。东西向跨钉耙沟。建于清道光九年（1829 年）。桥长 9.13 米，宽 1.2 米。墩两侧各雕龙头、龙尾。桥西原散置修桥石碑 1 通，高 1.67 米，宽 0.70 米，厚 0.15 米，碑文楷书，14 行 526 字，记修建土桥沟桥事。现在桥上梁基本断完，换上了砼轨枕。

谷城县文物保护单位。

坐标 N：32° 19′ 49.4″，E：111° 31′ 19.9″。

龙头　龙尾

马万桥

马万桥

位于襄阳市保康县店垭镇潮水村。潮水村四周全是高山，由群山围绕出这一块方圆几公里的平地，颇有世外桃源的意境。单孔石拱桥。南北向跨沮河支流。建于清代。拱券纵联砌筑。桥长 19 米，宽 2.8 米，孔跨 3.8 米。原桥北散置石碑 1 通，高 1.3 米，宽 0.75 米，厚 0.18 米，楷书 8 行，记建桥原因、捐资人名及捐资数额。现碑已毁。

保康县文物保护单位。

坐标 N：31° 27′ 23.9″，E：111° 24′ 16.0″。

桥券

三仙观桥

桥券

桥面

三仙观桥

位于襄阳市保康县两峪乡麻坪村东 5 公里。单孔石拱桥。东西向跨西汉河上游。建于清代。拱券纵联砌筑。桥长 12 米，宽 2.5 米，孔跨 5.8 米。桥面呈阶梯状，原南北券脸石各雕一龙首。桥为进出三仙观之路桥，今观已毁。

（摄影：谷城县公路局）

高公村桥石碑

高公村桥

位于襄阳市枣阳市太平镇高公村。七孔石墩石梁桥。建于清乾隆年间（1736—1795 年）。桥通长 15 米，宽 3.1 米，桥面由 30 块长 2 米、宽 0.6 米的石条拼接而成。桥墩平面呈梭形，两端均设有分水尖，高 3.2 米。桥身两端砌有“八”字形青石护坡，厚 0.8 米，长约 20 米。桥头设有建桥记事碑一通，由碑座和碑身两部分组成，碑身为青石质，高约 1.5 米，厚约 0.2 米，圆首，碑文漫漶不清。该桥历来是“枣北”重要的交通枢纽。20 世纪 70 年代因寺沙路改道重建新桥而改作辅道使用。该桥使用时间长，保存较好，堪称鄂西北交通桥梁史上的奇葩。

高公村桥

【十堰市】

十堰市位于湖北省西北边陲，下辖茅箭区、张湾区、郧县、郧西县、竹山县、竹溪县、房县、丹江口市，总共12个街道办事处、62个镇、47个乡、4个经济开发区、1个武当山特区、4个农场。地处鄂西北山地，南属大巴山，中为武当山，北属秦岭。汉江上游的丹江口水库为南水北调中线的取水源，武当山古建筑群和道教圣地列入世界文化遗产名录。

十堰历史悠久，春秋时为麇、庸国地，清朝时因人们在百二河和犟河拦河筑坝十处以便灌溉，由此得名十堰。

十堰市收录单孔石拱桥9座、三孔石拱桥1座，合计10座。年代为元代6座、明代2座、清代2座。

渡春桥

位于十堰市郧西县原城关镇北街北部的直峪河上，现在已经是位于城区里了。单孔空腹式石拱桥。桥建于清朝康熙二十九年（1690 年）。主体由青砖、石头混合石灰、黏土浆纵联砌成。桥长 20 米，宽 4 米，孔跨 10 米。桥面两侧各立十二根石望柱，柱间嵌石栏板。中部栏板镌楷书“渡春桥”，八根望柱刻七律诗 1 首。石柱上镌刻着的对联“三千年前会秦楚，五百里内划庄园”正是当年其重要地位的写照。

郧西县文物保护单位。

坐标 N：32° 59′ 57.9″，E：110° 25′ 15.6″。

上左：渡春桥
上右：桥券
中：文物保护石碑
下左：桥面
下右：桥栏

复真桥

复真桥

十堰市武当山景区内。单孔石拱桥。南北向跨山间小溪。拱券镶面纵联砌筑。桥长 20 余米，宽 4 米，桥面设镂空石栏板。往山上 3 公里是天津桥。武当山古建筑群敕建于唐贞观年间（627—649 年），明代达到鼎盛。明永乐年间（1403—1424 年）“北建故宫，南修武当”，明成祖朱棣耗资数以百万计，日役使军民工匠 30 万人，历时 14 年，建成 9 宫、8 观、36 庵堂、72 岩庙、39 桥、12 亭等 33 座建筑群，明嘉靖年间（1522—1566 年）又增修扩建。

桥券

桥面及栏杆、望柱

天津桥

天津桥 （剑河桥）

天津桥又名剑河桥，位于十堰市武当山十八盘下 2 公里。三孔石拱桥。东西向跨河流。始建于元代，明永乐年间（1403—1424 年）修葺。1984 年维修，新装望柱石栏 19 套，增建石阶，补添桥堰石。桥长 52.1 米，宽 9.42 米，高 8.85 米，中孔跨度 9.6 米，边孔跨度 6.7 米。拱券镶面纵联砌筑，桥面设镂空石栏板。数百年来，历经无数次山洪冲击，仍安然无恙。剑河桥虽位于深山旷野，但这里古树参天，河水清幽，加上龙泉观和照壁两处建筑，让人有身在庭院的感觉。

湖北省重点文物保护单位。

坐标 N：32° 26′ 12.2″，E：111° 03′ 24.1″。

桥券

桥面

紫霄宫金水桥入口桥

紫霄宫金水河入口桥

位于十堰市武当山紫霄宫外。单孔石拱桥。南北向跨护宫金水河。建于元、明时期。拱券镶面纵联砌筑。拱跨 2 米，上砌围墙。桥是为了便于山水流经紫霄宫外而设。

坐标 N：32° 25′ 26.2″，E：111° 01′ 45.9″。

紫霄宫金水桥入口桥桥券

紫霄宫金水河正门桥

桥面和紫霄宫

紫霄宫金水河正门桥

位于十堰市武当山紫霄宫外。单孔石拱桥。南北向跨护宫金水河。建于元、明时期。拱券镶面纵联砌筑。长 16 米，宽 4 米。青石板铺桥面，设镂空石栏板。

坐标 N：32° 25′ 26.2″，
E：111° 01′ 45.9″。

桥券

紫霄宫金水河便门桥

紫霄宫金水河便门桥

位于十堰市武当山紫霄宫外。单孔石拱桥。东西向跨护宫金水河。建于元、明时期。拱券镶面纵联砌筑。长 8 米，宽 2.5 米。桥面设镂空石栏板。与正门桥相隔 30 米，桥正在维修中。

坐标 N：32° 25′ 26.2″，E：111° 01′ 45.9″。

下水桥

下水桥

位于十堰市武当山去金顶神道上。单孔石拱桥。建于元、明时期。拱券纵联砌筑。桥长 8 米，宽 2.5 米。桥面设镂空石栏板。

坐标 N：32° 24′ 26.6″，E：111° 00′ 49.9″。

桥券

桥面

上水桥

上水桥

位于十堰市武当山去金顶神道上。单孔石拱桥。建于元、明时期。拱券纵联砌筑。桥长 7 米，宽 2.5 米。桥面设镂空石栏板。

坐标 N：32° 24′ 21.3″，E：111° 00′ 51.9″。

桥面

会仙桥

会仙桥

位于十堰市武当山一天门和二天门间的神道上。又名摘星桥。单孔石拱桥。南北向跨山间小溪。始建于明永乐年间（1403—1424 年），明隆庆五年 (1571 年)、清乾隆和嘉庆年间（1736—1820 年）均有整修。拱券镶面纵联砌筑。桥长 9.7 米，宽 3.9 米，孔跨 6.4 米。桥面两侧设石望柱栏板。桥头散置石碑 3 通，均高 1.6 米，宽 0.7 米，厚 0.08 米左右，碑文楷书，记整修会仙桥事，分别刻于乾隆五十二年 (1787 年)、嘉庆十五年 (1810 年)。

坐标 N：32° 24′ 04.8″，E：111° 00′ 35.0″。海拔 1349 米。

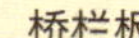

桥栏板

桥券

桥面

与竹山县交界的陕西白河卡子镇被硫磺矿污染的溪水及河道

长寿桥 （得胜桥）

被毁的龙头

位于十堰市竹山县得胜镇大桥村。又称“得胜桥”。单孔石拱桥。南北向跨汉水支流。始建于清嘉庆十年（1805年），道光二十五年（1845年）、光绪二十二年（1896年）维修。拱券镶面纵联砌筑。桥全长71米，两端引桥各长20米，正桥长31米，宽9米，孔跨8.3米。石板平铺桥面，两侧各设十六根望柱，柱间嵌石栏板。北拱券内壁嵌光绪二十二年（1896年）石碑1通，刻护桥六条禁令。

现在已加宽一倍，是该镇交通要道。

竹山县文物保护单位。

坐标 N：32° 27′ 01.8″，E：109° 51′ 12.2″。

长寿桥原桥券

长寿桥

恩施咸丰黄金洞

附录一：2013年因故未能到达和未找到的古桥简况

武汉市

◎ **梅家桥**

位于武汉市江夏区五里界街道办事处民主村梅家湾。单孔石拱桥。始建于清代。

◎ **五枫桥**

位于武汉市江夏区金口街道办事处花园社区115号。单孔石拱桥。始建于明代。桥东侧刻有“五枫桥”铭文。

◎ **秦家桥**

位于武汉市江夏区山坡乡园丰村土库陈湾。单孔石拱桥。始建于清代，1954年里人出资修葺。

◎ **狮子桥**

位于武汉市江夏区郑店街道办事处黄质村。单孔石拱桥。始建于清代。

◎ **熊家桥**

位于武汉市江夏区乌龙泉街道办事处土地堂社区张家湾。三孔石墩石梁桥。始建于清代。

◎ **自在桥**

位于武汉市黄陂区木兰山西山脚下张家冲。石墩石梁桥。据县志记载，木兰山寺庙始建于隋唐时期，自在桥一带原有竹林古寺，元末明初战乱时被毁，至今仍能见到残破的石料。清道光二十六年（1846年），利用原寺庙的石料修建该桥，将雕着云雷纹和双龙戏珠纹的梁面朝下，成为底部，以利车行，以致未遭“文革”破坏。

黄冈市

◎ **南门堰桥**

位于黄冈市红安县七里坪镇红坪村周家墩湾。单孔石拱桥，东西向跨倒水支流。建于明嘉靖年间（1522—1566 年）。桥长 12 米，宽 4.2 米，孔跨 7 米。拱券纵联砌筑，八列石条平铺桥面。

◎ **券明桥**

位于黄冈市红安县檀树岗乡熊家嘴村十丈山庙。单孔石拱桥，东西向跨倒水上游支流。建于明万历年间（1573—1619 年）。桥长 16.5 米，宽 4.2 米，孔跨 6.2 米。拱券纵联砌筑，石块平铺桥面。由十丈山庙僧人捐资修建。

◎ **寿星桥**

位于黄冈市红安县八里湾镇向家桥村毛家田。单孔石拱桥，始建于明嘉靖年间（1522—1566 年）。

◎ **河堰桥**

位于黄冈市红安县七里坪镇盐店河村罗庄。三孔石梁桥，南北向跨倒水上游支流。建于明天启年间（1621—1627 年）。桥长 10.5 米，宽 1.5 米。三列石条平铺桥面，两端设石砌护坡。

◎ **下畈桥**

位于黄冈市红安县八里湾镇陡山村石头嘴湾。四孔石梁桥，西北至东南向跨倒水中游支流。建于清康熙元年 (1662 年)。桥长 29.6 米，宽 1.2 米。两列石板平铺桥面。

◎ **肖家田桥**

位于黄冈市红安县八里湾镇陡山村肖家田。四孔石梁桥，东北至西南向跨倒水中游支流。建于清乾隆年间（1736—1795 年）。桥长 18.4 米，宽 1.08 米。条石平铺桥面。

◎ **涂家桥**

位于黄冈市红安县觅儿寺镇尚古山村夏家岗。六孔石梁桥，东北至西南向跨倒水中游支流。始建于明万历八年 (1580 年)。桥长 34.5 米，宽 1.5 米。三列青石板平铺桥面。

◎ **下郑家岗桥**

位于黄冈市红安县觅儿寺镇郑家岗村下郑家岗。七孔石梁桥，东北至西南向跨倒水中游小支流。建于清康熙三年 (1664 年)。桥长 54 米，宽 1.6 米。三列石板平铺桥面。

◎ **栋津桥**

位于黄冈市红安县太平桥乡栋津桥村漂洗岔。原名冻子桥。五孔石梁桥，始建于明崇祯年间（1628—1644 年），清光绪十四年 (1888 年) 整修。

咸宁市

◎ **女儿桥**

位于咸宁市咸安区马桥镇油炸钱庄。单孔石梁桥，南北向跨濯港。始建年代不详。桥长约 2 米，宽约 1．5 米，6 步台阶上桥面。

◎ **东边桥**

位于咸宁市咸安区桂花镇盘源村龙里十六组。两孔石拱桥，始建于民国时期。

◎ **风水桥**

位于咸宁市咸安区高桥镇刘英村九组。原名藤桥。单孔石拱桥，始建年代不详。

◎ **章家山桥**

位于咸宁市咸安区大幕乡大幕山主峰灶背岩北章家山村。单孔石拱桥，东西向跨溪沟，被当地林农称为卷棚桥。始建于清代。桥全长3米，宽3米，桥顶距桥下溪沟底3米。

◎ **陈桥**

位于咸宁市咸安区高桥镇李铺乡刘桢村。单孔石拱桥，始建于清乾隆十八年（1753年）。

◎ **余家港桥**

位于咸宁市咸安区官埠桥镇河背村胡翰林。单孔石拱桥，始建年代不详。

◎ **双河桥**

位于咸宁市通山县万家乡西庄村双港湾东。单孔石拱桥，东西向跨双港河。 始建年代不详，清嘉庆十三年（1808年）乡人集资重建。长20.6米，宽5.7米，孔跨7.6米。拱券纵联砌筑，单券单伏。桥北端立石碑4通，记集资修桥经过及捐资人姓名。

◎ **罗家桥**

位于咸宁市赤壁市神山镇礼庄村罗家湾西500米。单孔石拱桥，始建于清光绪十一年（1885年）。

◎ **两眼桥**

位于咸宁市赤壁市神山镇礼庄村中罗家湾西250米。三孔石拱桥，始建于清光绪七年（1881年）。

◎ **龙王庙桥**

位于咸宁市赤壁市陆水街道办事处荆泉村西北200米。三孔石拱桥，始建于清光绪十三年（1887年）。

宜昌市

◎ 裕安桥

位于宜昌市五峰县采花乡星岩坪村三组泗阳河上。单孔石拱桥。桥面铺青石条和石板，桥南有多级石阶。这里河床逼仄，水流湍急，两岸茶农出行凶险。光绪十六年（1890年）5月以民间集资方式兴建。民国十年（1921年）正月重建。现存四块碑刻中两块为清代刻立：“裕安桥”名碑，三个字每字约为120平方厘米；“并寿山河”碑，光绪十六年5月立，刻字14行，每行35字，碑长2.5米、宽2.1米、厚0.4米，记载领修人王澜堂和其他捐资善士。另外两块为民国重建时刻立。

◎ 长鹤桥

位于宜昌市五峰县牛庄乡金山村九组张家坡下严家河峡口段。木梁廊桥，南北向跨河流。始建于清乾隆五十三年（1788年）。桥由三根直径0.5米，长9.9米的圆木横跨峡口两岸，双柱四排悬扣穿架，双排护手护栏延至桥两端。桥宽2.2米，桥面距谷底35米，桥面为杉、杂木板铺成。脊高3米。桥北岸五峰境内有一建桥功德碑，碑高1.3米、宽0.6米、厚0.1米，立于清乾隆五十三年孟夏月初八日。碑上方阴刻“长鹤桥”三字，字为12厘米见方；碑文23行约971字，记载该桥捐资人姓名、款额、建桥年月。长鹤桥依山势横跨南北峡谷之上，为典型的土家地区风雨桥（屋桥），架桥技术讲究，整体美观大方，气势宏伟，高雄险峻，是土家先民劳动智慧的结晶，是宜昌和恩施两地人民友好往来的见证。

恩施州

◎ 匠科风雨桥

位于恩施州宣恩县晓关侗族乡匠科村。木构风雨凉桥，东北至西南跨纸坊大堰沟。建于民国初年，当地侗民集资修建。桥长9米，宽3米。凉亭为重檐悬山布瓦顶，桥面两侧设坐凳和木护栏。

◎ **平步桥**

位于恩施州鹤峰县容美镇屏山村东 1 公里。单孔石拱桥。始建于清代。

◎ **龙洞桥**

位于恩施州来凤县百福司镇捏车坪村。单孔石拱桥，东西向跨龙洞河。建于清乾隆二十年 (1755 年)。桥长 10 米，宽 3.4 米，孔跨 5.5 米。拱券纵联砌筑，桥面铺残碑两通，分刻建桥序及捐资人姓名。

◎ **桂花桥**

位于恩施州恩施市白果乡见天坝村东南 700 米。双孔石梁桥。始建于清嘉庆年间（1796—1820 年）。

十堰市

◎ **赛公桥**

位于十堰市丹江口市均县镇黄家槽村。三孔石拱桥，始建于明代。

随州市

◎ **云雾桥**

位于随州市柳林镇七一村杨家冲。单孔石拱桥，始建于清代。

◎ **洄河桥**

位于十堰市郧县白浪镇丹江村内的小洄河上。单孔石拱桥，始建于明代。

共计：34 座。

附录二：湖北遗逝古桥简况

武汉市

◎ 长虹桥

位于武汉市武昌区巡司河上。三孔砖拱桥。始建于明代。

◎ 熊骆佘小桥

位于武汉市江夏区湖泗镇海洋村。单孔砖拱桥。始建于清代。扩建国道 107 时已拆。

◎ 桥头李桥

位于武汉市江夏区流芳街道办事处牌楼舒村，桥头李湾东 100 米。单孔砖石拱桥。始建于明代。

◎ 何家桥

位于武汉市江夏区流芳街道办事处龙泉社区红旗村张桥湾。单孔石拱桥。始建于清代。

◎ 徐家河末桥

位于武汉市江夏区舒安乡徐河村。单孔石平梁桥。始建于清代。

◎ 余家桥

位于武汉市江夏区郑店街道办事处劳一村。两孔石平梁桥。始建于清代。

◎ 叶家桥

位于武汉市江夏区郑店街道办事处劳一村。两孔石平梁桥。始建于清代。

◎ **庙湖桥**

位于武汉市江夏区豹澥镇新保村。两孔石平梁桥。始建于清代。

◎ **福村桥**

位于武汉市江夏区豹澥镇新保村。单孔石拱桥。始建于清代。

◎ **庙岭村老人桥**

位于武汉市江夏区豹澥镇庙岭村。单孔石拱桥。始建于清代。

◎ **大马湾马家桥**

位于武汉市江夏区豹澥镇滨湖村。单孔石平梁桥。始建于清代。

◎ **周家石桥**

位于武汉市黄陂区王家河镇长堰以北周家村口。

潜江市

◎ **贺公桥**

位于潜江市熊口镇孙桥村。木梁桥。始建年代不详，1945 年重建。

荆州市

◎ **官桥**

位于荆州市松滋市杨林市镇官桥村南 1.2 公里。双孔石拱桥。始建于清同治年间（1862—1874 年）。

黄石市

◎ 栖儒桥

位于黄石市大（冶）金（牛）公路9公路处的栖儒公路桥上游百米处。木梁桥。始建于西汉。

◎ 还地桥

位于黄石市大冶县还地桥镇铁贺公路西侧。原名换绦桥，三孔石拱桥。始建于南宋嘉定年间（1208—1224年）。

◎ 保安桥

位于黄石市大冶县保安镇东1公里处。三墩木梁桥。始建于元戊寅年（1338年）。

◎ 金堤大、小桥

位于黄石市大冶县大（冶）金（牛）公路1公里处。石拱桥。始建于明万历十六年（1588年）。

◎ 寡妇堤无眼桥、三眼桥

位于黄石市大冶县106国道大冶县寡妇堤路段。皆为石梁桥。始建于清乾隆甲子年（1744年）。

◎ 高河桥

位于黄石市铁山区铁贺公路52公里+008米处。原名万寿桥。木梁桥。

黄冈市

◎ 三里桥

位于黄冈市罗田县凤山镇三里桥村。单孔石拱桥，南北向跨塔山河。始建于清代。原桥长 6 米，宽 2 米，孔跨 3 米。拱券纵联砌筑。

◎ 夫妻桥

位于黄冈市浠水县六神港乡六神港村南 100 米。三孔石拱桥。始建于清顺治七年 (1650 年)，康熙、乾隆年间多次维修。

◎ 绿杨桥

位于黄冈市浠水县城东一里。

◎ 大名桥

府志作大明桥，位于黄冈市蕲春县城北赤东湖口。

◎ 二天门桥

位于黄冈市黄梅县五祖寺南 1．5 公里。木构风雨桥。始建于清宣统元年 (1909 年)。

◎ 陡坡山桥

位于黄冈市麻城市浮桥河镇官田畈村陡坡山东 150 米。始建于清代。南北向跨浮桥河支流。单孔石拱桥，长 7 米，宽 3.4 米，孔跨 4 米。拱券纵联砌筑，花岗岩石板平铺桥面。

◎ **合心桥**

位于黄冈市红安县檀树岗乡长冲村方家湾。单孔石拱桥。始建于明嘉靖年间（1522—1566 年）。

◎ **下刘茂桥**

位于黄冈市红安县八里湾镇袁岗村旺家田。三孔石梁桥。始建于清同治二年 (1863 年)。

◎ **程家大湾桥**

位于黄冈市红安县永佳河镇程大村程家大湾。单孔石拱桥，东北至西南向跨尾斗河。始建于明代。原桥长 25 米，宽 3 米，孔跨 8 米。拱券纵联砌筑，桥面两侧设石护栏。

◎ **万寿桥**

位于黄冈市红安县永佳河镇刘金书湾西，又名永河桥。单孔石拱桥。始建于清乾隆五十三年 (1788 年)。

◎ **夏家墩桥**

位于黄冈市红安县太平桥乡新桥村铁匠湾。三孔石梁桥。始建于清乾隆五年 (1740 年)，道光元年 (1821 年) 重修。

咸宁市

◎ **琅桥**

位于咸宁市赤壁市中伙铺镇琅桥村南 250 米。单孔石拱桥。始建于清光绪年间（1875—1908 年）。

◎ **蛟龙桥**

位于咸宁市赤壁市中伙铺镇杨畈村周庄余家湾。单孔石拱桥。始建年代不详。

◎ **新桥**

位于咸宁市赤壁市官塘驿镇洋泉畈村大泉洞东南 1 公里。单孔石拱桥。始建于清代。

◎ **乘泗桥**

位于咸宁市赤壁市泉口镇龚孙雷村王宝铁湾西北 500 米。三孔石拱桥。始建于清光绪三年 (1877 年)。

◎ **万寿桥**

位于咸宁市赤壁市车埠镇东南端。单孔石拱桥。始建于明万历三十六年 (1608 年)。

◎ **大石桥**

位于咸宁市赤壁市莼川街道办事处陆水村。单孔石拱桥。始建于清乾隆三十五年 (1770 年)。

◎ **塔山桥**

位于咸宁市赤壁市官塘驿镇石塔村西北 250 米。单孔石拱桥。始建于清乾隆二十三年 (1758 年)。

◎ **袁宝桥**

位于咸宁市赤壁市中伙铺镇王家村西北 240 米。单孔石拱桥。始建于清乾隆二十三年 (1758 年)。

◎ **彭勤桥（蛟龙桥）**

位于咸宁市赤壁市中伙铺镇杨畈村周庄余家湾东北 200 米。单孔石拱桥。始建于清同治十年 (1871 年)。

◎ **龙门桥**

位于咸宁市赤壁市新店镇龙门桥村南 500 米。单孔石拱桥。始建于清咸丰十年 (1860 年)。

◎ **保桥**

位于咸宁市赤壁市新店镇望夫山村保桥湾西南 500 米。又名太平桥。单孔石拱桥。始建于清光绪六年 (1880 年)。

◎ **青石桥**

位于咸宁市赤壁市新店镇青石桥村西南 80 米。单孔石拱桥。始建于清乾隆二十三年 (1758 年)。

◎ **喻家桥**

位于咸宁市赤壁市官塘驿镇黄沙畈村破屋湾西 10 米。单孔石拱桥。始建于清同治十一年 (1872)。

◎ **雷公桥**

位于咸宁市赤壁市官塘驿镇雷公桥村。单孔石拱桥，始建于清同治十二年 (1873 年)。

◎ **刘家桥**

位于咸宁市赤壁市官塘驿镇黄沙畈村西 500 米。单孔石拱桥。始建于清光绪二十七年 (1901 年)。

◎ 雷家桥

位于咸宁市赤壁市赵李桥镇雷家桥村，三孔石梁桥。始建于清同治八年（1869年）。

◎ 东流桥

位于咸宁市崇阳市青山镇东流村曾家屋西5米。单孔石拱桥。始建于明弘治年间（1488—1505年）。

◎ 永兴桥

位于咸宁市崇阳市沙坪镇码头村黄台桥东5米。十七孔石梁桥。始建于清同治年间（1862—1874年）。

◎ 官桥

位于咸宁市嘉鱼县官桥镇金家村西300米。南北向跨密泉湖汊。单孔石拱桥。始建于元至正二十四年（1364年）。嘉鱼知县李夔主持修建。原桥长7米，宽4米，孔跨5米。拱券纵联砌筑。

◎ 上舒桥

位于咸宁市嘉鱼县官桥镇舒桥邵家湾村北100米。单孔石拱桥。始建于元至正元年（1341年）。

◎ 铁桥

位于咸宁市嘉鱼县八斗乡六甲孙家村东2公里。单孔石拱桥。始建于明洪武元年（1368年）。

◎ 任家桥

位于咸宁市嘉鱼县官桥镇。

◎ **南门桥**

位于咸宁市通山县南门。三孔石拱桥。始建于明代。

◎ **长里桥**

位于咸安市咸安区桂花镇南川乡白泉村。单孔石拱桥，始建于清咸丰十年(1860年)。

◎ **刘沙畈桥**

位于咸宁市咸安区白沙村刘沙畈九组。单孔石拱桥。始建于清朝末年。

◎ **罗家桥**

位于咸宁市咸安区桂花镇万寿桥村。石木构架的廊桥。始建于民国年间。

◎ **石壁下桥**

位于咸宁市咸安区桂花镇盘源村龙里十六组。两孔石拱桥。始建于民国年间。

◎ **兴桥**

位于咸宁市咸安区高桥镇高桥村刘家庄河。单孔石拱桥。始建年代不详。

◎ **刘桥**

位于咸宁市咸安区高桥镇大屋刘村。单孔石拱桥。始建于清嘉庆年间（1796—1820年）。

◎ **茅包桥**

位于咸宁市咸安区官埠桥镇河背村。单孔石拱桥。始建于清代。

◎ **周家桥**

位于咸宁市咸安区双溪桥镇高铺周家庄。单孔石拱桥。始建于清乾隆十年(1745年)。

◎ **段家桥**

位于咸宁市咸安区汀泗桥镇洪口村。单孔石拱桥。始建于清道光二年（1822 年）。

◎ **望花桥**

位于咸宁市咸安区汀泗桥镇大桥村六斗畈望花周。单孔石拱桥，始建于明万历二十九年（1601 年）。

◎ **西河桥**

位于咸宁市咸安区永安街道办事处永安路西段。七孔石梁桥。始建于明嘉靖二十八年 (1549 年)。

◎ **李堡桥**

位于咸宁市咸安区官埠桥镇陈大畈村。1 座三孔石拱桥，1 座单孔石拱桥。始建于清乾隆年间（1736—1795 年）。

◎ **傲下桥**

位于咸宁市咸安区大幕乡西山下村大屋湾。单孔石拱桥。始建于明嘉靖四年 (1525 年)。

◎ **港背桥**

位于咸宁市咸安区大幕乡港背村港背陈。三孔石拱桥。始建于清光绪六年 (1880 年)。

宜昌市

◎ 天会桥

位于宜昌市夷陵区三斗坪镇黄陵庙村。单孔石拱桥，西南至东北向跨石桥沟。始建于清代。县文物保护单位。桥长 4.3 米，宽 2.5 米，孔跨 2.85 米。拱券纵联砌筑，桥面两侧设石望柱栏板，栏板浮雕“八仙过海”图案。

◎ 一道桥

位于宜昌市秭归县。石墩石梁桥。始建年代不详。跨 3.4 米，宽 1.4 米，高 5 米。桥面由四块长石板平铺而成，石板厚 0.15 米，宽 0.3 米左右，长 3.4 ～ 3.6 米。桥面两侧另架有矮石栏。石栏是用整条大石凿成，高 0.3 米，宽 0.26 米，长 3.3 米。已淹入三峡库区。

◎ 鸳鸯桥

位于宜昌市秭归县泄滩乡坊家山村。单孔砖石拱桥。始建于明万历年间（1573—1619 年）。已淹入三峡库区。

◎ 金弓桥

位于宜昌市秭归县泄滩乡牛口村西 100 米。单孔石拱桥。始建于明代。已淹入三峡库区。

◎ 惠济桥

位于宜昌市秭归县屈原镇南坪村。单孔石拱桥。始建于清代。已淹入三峡库区。

◎ 江渎桥

位于宜昌市秭归县屈原镇南坪村。半圆拱单孔石拱桥。始建于清代。已淹入三峡库区。

◎ 珍珠桥

位于宜昌市秭归县屈原镇西陵村。半圆拱单孔石拱桥。始建于清代。已淹入三峡库区。

◎ 五马桥

位于宜昌市秭归县郭家坝镇东门头村。单孔石拱桥。始建于清代。已淹入三峡库区。

◎ 一善桥

位于宜昌市秭归县香溪镇望江村。单孔石拱桥。始建于清代。已淹入三峡库区。

◎ 二善桥

位于宜昌市秭归县香溪镇望江村。单孔石拱桥。始建于清代。已淹入三峡库区。

◎ 洗马桥

位于宜昌市秭归县香溪镇民主路中段。单孔石拱桥。始建于清代。已淹入三峡库区。

◎ 竹溪桥

位于宜昌市兴山县峡口镇秀龙村东南 1 公里。两孔石梁桥。始建于明代，清咸丰元年（1851 年）重修。已淹入三峡水库。

◎ 白氏溪桥

位于宜昌市长阳县龙舟坪镇永和坪村东 1.5 公里。单孔石拱桥。始建于清代。已淹入高坝洲水库。

◎ 付滩溪桥

位于宜昌市长阳县龙舟坪镇永和坪村南 60 米。单孔石拱桥。始建于清代。已淹入高坝洲水库。

◎ **磨市桥**

位于宜昌市长阳县磨市镇磨市村东 200 米。单孔石拱桥。始建于清代。已淹入高坝洲水库。

◎ **天知桥**

位于宜昌市长阳县资丘镇资丘村西 50 米。单孔石拱桥。始建于清代。已淹入清江水库。

◎ **任河口桥**

位于宜昌市宜都市高坝洲镇白鸭垴村北。两孔石梁桥。始建于清末。已淹入高坝洲水库。

◎ **广福桥**

位于宜昌市宜都市五眼泉乡石门村西南 30 米。两孔石梁桥。始建于清光绪三十四年（1908 年），民国九年（1920 年）维修。已淹入高坝洲水库。

◎ **双龙桥**

位于宜昌市宜都市高坝洲镇白鸭垴村北 50 米。单孔石拱桥。建于清末。已淹入高坝洲水库。

◎ **向龙桥**

位于宜昌市宜都市红花套镇骆家河村西北 60 米。两孔石拱桥，始建于乾隆三十八年（1773 年）。已淹入高坝洲水库。

◎ **霸陵桥**

位于宜昌市当阳市霸陵村。

神农架林区

◎ **穆家沟桥**

位于神农架林区松柏镇高桥村。单孔石拱桥。始建于清代。

◎ **众善桥**

位于神农架林区新华镇龙口。单孔石拱桥。始建于清同治年间（1862—1874 年）。

恩施州

◎ **万佛桥**

位于恩施州巴东县官渡口镇东坡村。单孔石拱桥。始建于清代。已淹入三峡库区。

◎ **无源桥**

位于恩施州巴东县信陵镇东南 1.4 公里。单孔石拱桥。始建于明代。已淹入三峡库区。

◎ **相公桥**

位于恩施州巴东下信陵镇凉水寺。单孔石拱桥。始建于清代。已淹入三峡库区。

◎ **青云桥**

位于恩施州巴东县信陵镇祭祀坪东。单孔石拱桥。始建于清代。已淹入三峡库区。

◎ **见龙桥**

位于恩施州巴东县东瀼口镇镇江寺。单孔石拱桥。始建于清代。已淹入三峡库区。

◎ **普济桥**

位于恩施州建始县高坪镇花石板村，又名永寿桥。原为木桥，始建于乾隆六年(1741年)。道光十九年(1839年)改建为单孔石拱桥。已淹入库区。

◎ **桥头桥**

位于恩施州宣恩县沙坪乡高荒坪村花罩岩北。木构梁桥。始建于清末。

◎ **云龙风雨桥**

位于恩施州恩施市屯堡乡沐抚乡云龙村西500米。木梁风雨桥，东西向跨云龙河。始建于清代。桥长18.1米，宽2.9米。五根长18.1米、直径0.6米的圆木搭接两岸为桥梁，木板平铺桥面，上建三间凉亭，重檐悬山灰瓦顶，两侧设木护栏。

◎ **龙溪桥**

位于恩施州鹤峰县容美镇沿河路东端。又称桂花桥。单孔石拱桥。始建于明正德九年(1514年)，清代重修。

◎ **黎家坝桥**

位于恩施州来凤县高洞乡新田沟村。木梁风雨桥。始建于清代。

◎ **安乐屯风雨桥**

位于恩施州恩施市盛家坝乡安乐屯村。两孔石梁桥，始建于清乾隆四十六年(1781年)。

◎ **九间桥**

位于恩施州恩施市双河乡校场坝村。两孔石梁风雨桥。始建于清嘉庆三年(1798年)。

孝感市

◎ **理丝桥**

位于孝感市老城东北5公里处滚子河上。单孔鸭蛋形粗石料圆石拱桥。始建于元朝，明万历元年（1573年）、清康熙三十二年（1693年）两次加修。

◎ **水口庙桥**

位于孝感市应城市田店镇张董村徐家湾。三孔石梁桥。始建于清代。已淹没于水塘。

◎ **陈家桥**

位于孝感市云梦县吴铺镇韩信村西南。原为九孔八墩石梁桥，东西向跨女儿港小支流。始建于清代。桥长1 3米，宽3.5米，跨4.3米。

十堰市

◎ **行宫桥**

位于十堰市丹江口市六里坪镇蒿口村。单孔石拱桥。始建于明代。

随州市

◎ **潘家店桥**

位于随州市洛阳镇潘家店村西。四孔石梁桥。始建于清代。

◎ **红石桥**

位于随州市淮河镇红石桥村西北120米。两孔石梁桥。始建于清代。

◎ **空山寺桥**

位于随州市府河镇骆家河村。两孔石梁桥，东西向跨骆家河。始建于清代。桥长 11 米，宽 1.27 米。

◎ **大陈家湾桥**

位于随州市尚市镇东岳村西 150 米。五孔石梁桥。始建于清代。

◎ **通津桥**

位于随州市西城街道办事处烈山大道南段。单孔石拱桥。始建年代不详，元至正元年 (1341 年)、明嘉靖二十五年 (1546 年) 重修。

◎ **王家桥湾桥**

位于随州市万和镇小河村南 1.1 公里。单孔石拱桥。始建于清代。

◎ **新堰桥**

位于随州市广水市十里街道办事处清水桥村易家湾西 200 米。三孔两墩石梁桥。始建于清代。

襄阳市

◎ **施家桥**

位于襄阳市枣阳市南城街道办事处霍庄村南。两孔石梁桥。始建于清代。

共计：115 座。

恩施利川永顺桥

附录三：
湖北现存古桥索引

湖北古桥

湖北古橋

湖北古橋

湖北古橋

恩施大峡谷栈道

附录四：湖北古桥传说

潜江市

◎ 脱衣桥传说

从前，潜江王家场附近有个王家窑，旁边有座石板桥。这石板桥三墩两孔，由三块一丈八尺长、两尺宽的青石板并排搭成。这桥有个怪名字，叫“脱衣桥”。

传说，当年修桥时，附近的老百姓为了行路方便，都自愿捐了钱。但桥修成后，石匠们却将桥头上留下了一尺来宽的缝，迟迟不肯搭拢来。原来，过去石匠修桥有个规矩，桥修成了不能当时合拢。据说，第一个过新桥的人，不久就会丧命，这就叫“祭桥”。如果不祭桥就合拢，石匠中就必定有人丧命。人们都怕祭桥，就绕着走，没得人祭桥，石匠也就不把桥合拢。一拖就拖了大半年。结果，修桥倒成了一桩拐事。

这事被观音菩萨知道了，她就变成个年轻美貌的红衣女子，来到桥头。石匠们等了大半年，喜得不得了，袖子一卷就去合那个缝。这当中有个老石匠，看这姑娘年纪轻轻，不忍心她送死，就打了个手势叫大家不要合拢。那几个哪里听，三下两下，就把桥合拢了。看着那姑娘踏上了石板桥，老石匠大喊一声：“快转来，当心祭桥！”姑娘只当没听见，走到桥中间，脱掉身上的红衣，向桥下一扔，念道：“脱掉红衣桥上过，十个石匠九个死。”

果然不久，除了老石匠，那九个石匠都死了。后来，人们就把这座石板桥叫“脱衣桥”。

（摘自《荆州民间故事集》，荆州地区群众艺术馆编，中国民间文艺出版社，1990.2）

仙桃市

◎ 万石桥·凉亭传说

沙湖有个地方叫“万石桥”，万石桥旁边有个村子叫做“凉亭村”。

传说，那年陈友谅带着两千人马，来到沙湖。朝廷官兵住在侏儒山，放风要攻打沙湖，活捉陈友谅。陈友谅一看地形，见北面是红土垸，估计朝廷官兵只能从红土垸南岸过来，就在南岸下面垒炮台，与朝廷官兵拼个你死我活。沙湖的百姓恨死了朝廷的官兵，都来帮助陈友谅的人马垒炮台。两天两夜搬来了上万块大石头，垒起了一个两丈多高的石台子。朝廷官兵杀到沙湖，刚走到红土垸南岸，就被陈友谅的人马堵住。陈友谅叫士兵把土炮搬上炮台，一阵炮轰，打得朝廷官兵不敢拢来。当时正是暑天，打炮的士兵热得要命，老百姓就在炮台旁边搭起了一个大凉亭，还为士兵烧茶解暑。这样一来，士兵们越打越猛，打得朝廷官兵落花流水。

后来，人们在炮台拆掉的地方，用拆的石头搭了一座桥，取名“万石桥”。人们看那座凉亭还有用处，就没拆，留着乘凉。这地方也被叫做“凉亭”了。

（摘自《荆州民间故事集》，荆州地区群众艺术馆编，中国民间文艺出版社，1990.2）

松滋县

◎ 万年桥传说

相传，松滋某乡几百年前，在小河上修了不少次桥，木的、石的，总是不牢靠，要不了好长时间，就松垮了。后来，这里搬来了一户石匠，只有父女两人，靠给别人做散工糊口。他们一有空，就到桥头把那些垮掉的石块、石条捞上来。在上面凿呀打的。人们看了很受感动，不少人都来帮忙。石匠女儿手巧，嘴儿伶俐，真是能说会道，逗得那些青年小伙子团团转。老石匠也多少看出些名堂，人家到底是吃百家饭的人呀！俗话说，白发经世故，老眼看春多，肚里才装得有呢。只是催女儿忙这忙那，说是时间不多了。

桥的石条备得差不多了，渐渐地也传出话来，说石匠女儿要嫁到南边很远的地方去了。出嫁的那一天，也是这桥修起的一天，最后一块石条架上去的时候，石匠女儿的花轿就过来了。人们都舍不得她走，拦住花轿，要她给桥取个名字。新娘子取名字，图个吉利呢！虽说那时娶亲的规矩大，石匠女儿一想，老乡们、后生们个个都熟呢，就大大方方的走出花轿，笑盈盈地说："徒弟打，师傅靠，鲁班门下学的窍。水长流来情常在，百年夫妻万年桥。"说完就进花轿走了。

后来老石匠去看姑娘也没有回来。不少人还到南边去访过，没有访到。都说这是鲁班先师下的凡，那姑娘就是鲁班的姑娘。不管怎么说，这座桥实实在在的，再也没有垮过。从此，这桥就叫"万年桥"。

可能已经过了一万年了，所以我们没见到此桥。

（摘自《松滋县民间故事传说集》，松滋县文化馆编印，1982.10）

荆州市

◎ 照影桥传说

那年，刘备和孙夫人回荆州，路过绣林山，看这里景致好，舍不得走，想在山上锦帻亭过一夜。两人走进锦帻亭，刘备不由得看了夫人一眼。这时，孙夫人才想起离开东吴时，因为慌慌忙忙，还没有梳妆打扮，就叫丫鬟取梳妆盒来梳妆。不料，梳妆盒掉在路上了，哪里找得到？孙夫人好恼火，说："掉了也要找到，明早我要用！"丫鬟们一听，更加着急，都说夫人性烈如火，找不到梳妆盒只怕没有活路了。那个管梳妆盒的丫鬟吓不过，跳进了山下一个湖里。丫鬟们连忙去救，哪晓得手拉手都被淹到湖里了。恰巧，王母娘娘路过这里，她从天上抛出一根白带，将丫鬟们救了上来。又用手一划，湖面上现出了一座石桥。临走时，说了句"桥可照影"。丫鬟们连忙跑到桥上，只见桥下的水好清亮，就像一面镜子，照出了自己的身影，这才放了心。

第二天，孙夫人对丫鬟们说："昨晚我梦见山下湖中有座桥，站在桥上能照见自己的影子，我们就到那里去梳妆。”丫鬟们个个都巴不得。孙夫人来到桥上，往下一照，见自己的容貌比平日还要好看，欢喜的不得了。丫鬟们一起说：“夫人真是貌似天仙。”

从此，这座桥就叫“照影桥”，成了石首“绣林十景”中的一景。

（摘自《荆州民间故事集》，荆州地区群众艺术馆编，中国民间文艺出版社，1990.2）

◎ 邱知县拆照影桥传说

一天，邱知县陪尚书刘大夏游绣林十景。两人登上绣林山，山东边是江，山南边是田，邱知县随口念道：“高山望水不见流（刘）。”刘大夏对了一句：“良田万顷何处丘（邱）？”

回到县衙，邱知县心想，刘大夏官高位显，这一世我是比不过他了，未必我来世都不如他？就去找算命先生算命。可左算右算，总是不如意。师爷说：“大人，我们这里有个牌楼堰，堰上有座照影桥，传说是刘皇叔纳孙夫人时建的，孙夫人每逢初一、十五便登桥梳妆。这桥得了灵气，能前照五百年，后照五百年，左边照前世，右边照来生。大人何不约刘尚书去照照？那就比算命灵得多！

第二天，邱知县派人接来了刘大夏，约他同去照影桥游玩。刘大夏猜透了邱知县的心思，满口答应。两人各坐一顶轿，来到照影桥。刘大夏先到左边一照，只见现出一只白鹤；又到右边一照，水中也是一只白鹤。邱知县心想，难怪刘大夏官能做到尚书，原来是一只仙鹤。他也先到左边一照，只见水中倒立一匹跛腿驴子；他不死心，又走到右边一照，水中还是一匹跛腿驴子。刘大夏说：“恭喜贵县前世来生大富大贵，老朽望尘莫及。”

回到县衙，邱知县越想越气，对衙役说：“那桥下有妖，你们用狗血给我往桥下淋，再把桥拆掉。”照影桥被邱知县拆掉后，老百姓才晓得奸臣的门生邱知县是个跛腿驴子转世，来世还是一个跛腿驴子。

（摘自《荆州民间故事集》，荆州地区群众艺术馆编，中国民间文艺出版社，1990.2）

◎ 遂心桥传说

荆州城东门外有一条小河，河上有一座桥，叫“遂心桥”。

早先，河东边住着姓张的寡妇，三十多岁，只有一个儿子，还没成人，日子过得蛮造孽。河西边有一座古庙，庙里有个年轻的和尚。有一年腊月间，和尚来跟张寡妇送灶书，张寡妇端出一碗米把他。和尚说：“你郎把这么一点米，回去我怎么向长老交账呢？长老吩咐，一份灶书收五升米，回去按分数结账，要是缺升少合，就要拿木鱼槌敲我的脑壳。”张寡妇说：“不是我舍不得，只怪家里太穷，劳师傅回去跟长老多念几句，就算周济我们孤儿寡母吧。”和尚听她说得怪可怜的，心就软了，说：“好吧，这点米我就不要了，我找发财人家多要点就行了。”说完，把担子一挑就走了。张寡妇觉得这个和尚蛮好。

过了几天，和尚又来送天行表。出门前，他避着长老偷偷注了一壶油，来到张寡妇家对她说：“你们家连米也不够吃，就别说油了。这点油给你们过个年吧。”张寡妇见和尚是真心真意，就把油收下了。这时，大风大雪，天气蛮冷，张寡妇就留他向火，坐了一会儿，和尚才走。

就这样，今日三，明日四，两人就有了那个意思。隔几天和尚就来帮张寡妇做点家务事，晚上就偷偷留下来过夜。到第二年春上，河里涨了水，不好过河，和尚就不能来了。两人就站在各自门口，隔河相望。幸好，张寡妇的儿子蛮醒事，有时就泅水过河，给他们传个话。

有一天，母子两人乘凉，儿子问妈妈：“天上怎么有条河？”妈妈就把牛郎织女的故事讲给他听。儿子心想：妈妈跟和尚，不就和牛郎织女一样吗？观音娘娘能跟牛郎织女搭桥，我也要给他俩搭座桥，行点孝顺，遂妈妈的心。恰好刮了七天七夜的火南风，河里漂来了几根木条，他就把木条捞起来，又在园前园后砍了几棵树，就把桥搭起来了。从这以后，他见妈妈的脸色又变好看了些，自己心里也就蛮舒服。

渐渐地，张寡妇老了，一场大病之后，没有爬起来。和尚就来给她开路发引，出殡安灵，帮助儿子料理一切后事。丧事办停后，儿子向妈的灵位拜了三拜，禀告说："妈，你郎为了我遭了一辈子孽，我没有好好报答你郎，只有一桩事我是遂了你郎的心的，这就算我敬了一点孝心吧……"转身又对和尚说："师傅，这些年难为你郎的照顾，我没有别的报答，请你郎受我三拜。"说着就对他磕了三个头。天已黑定了，和尚要回去，儿子把他送到桥头，儿子说："师傅，我俩就此分手吧。"说着就是一刀子，把和尚杀了。天一亮，他就跑到荆州府去投案，把事情的原委说了一遍。府官问他："既是这样，你为何又要杀和尚？"儿子说："我这是：母在，对母行孝；母死，替父报仇。"府官一听，觉得也有道理，就免了他的死罪。

后来，张寡妇的儿子死了，府官给他立了一块碑，碑上刻着"张孝子之墓"五个大字，又把这座桥取名为"遂心桥"。

（摘自《荆州民间故事集》，荆州地区群众艺术馆编，中国民间文艺出版社，1990.2）

◎ 砚池三桥传说

荆州城文庙里头，有一座石牌坊，牌坊内有一口池塘，叫砚池。从前砚池有三座青石拱桥，人们称为"砚池三桥"。

凡进出的人，都要过桥。两边桥上的石板，被行人踩得光溜溜的，中间那座桥，好像没人走过的样子。桥北边，有一道甬壁，东西各有一道门，中间没门。这三桥只有两门，中间一桥不走人，是怎么回事呢？

传说，这里是孔夫子讲学的地方。每当孔夫子讲学回来，总是带弟子们从两边的桥上过，进侧门，入殿堂。弟子们就问老师，怎么不走中桥中门。孔夫子说："中桥中门，只有天下最有学问的人才能进出，你们并非天下第一者，故而不能进出。你们要发奋攻读，等将来夺了天下魁首，才能过中桥，进中门。"

孔夫子有个学生，名叫颜回，觉得自己才华出众，应当从中桥中门进出。有一天，孔夫子带弟子出外讲学回来，一个人走在前头，先从西桥过去了。颜回等到最后走，就从中桥走过，哪晓得到了甬壁前，中门突然关闭，他一下子撞到墙上，脑壳碰了一个大包。孔夫子在屋里听见响声，出来一看，生气地说："大胆狂徒，好不自量，还不赶快返回去！”颜回只好从中桥退回，再从西桥过来。说也怪，他从侧门进，头上的包一下就消了。孔夫子指着颜回对弟子们说：“没有真本事，就想过中桥，定要碰壁。”从那以后，弟子们都用功读书。中间那道门再也没有开过，中间的桥也没人走过。

又不知过了多少年，荆州城出了个张居正，当了宰相。他的儿子张简修，勤奋读书，高中头名状元。张居正回到荆州城探亲，到文庙朝拜孔夫子，从中桥走过，甬壁上的门自动打开。有人说张状元是颜回转世，那次碰壁之后，发了狠心，终于夺得了魁首。从那以后，中桥就改名叫“状元桥”。

（摘自《荆州民间故事集》，荆州地区群众艺术馆编，中国民间文艺出版社，1990.2）

黄石市

◎ 太平桥传说

传说太平军追赶清兵来到阳新海口湖边，清兵败到北边，两军就隔湖扎下了营寨，相持不下。陈玉成见湖上有座很长的木桥，心里一动，生出一条计来。一天夜里，他令会水的士兵潜入湖中，把桥中间的木柱暗地里锯断了。随后便下令退兵到二十里以外。

早晨，清兵隔湖看见太平军退了，就从桥上杀过来。他们为了争功，争先恐后、你拥我挤、吵吵嚷嚷，像成团的蚂蚁上了桥。突然“轰”的一声，木桥断了，清兵人马纷纷落水。这时候，陈玉成一马当先，带着太平军又杀回来。清兵抵挡不住，又断了退路，大部分淹死了。打了胜仗后，太平军又把桥修好了，过了海口湖，去攻打武昌。后来，人们就把这座桥叫“太平桥”。

（摘自《中国民间故事集成·湖北卷——阳新县民间故事集》，阳新县民间文学三套集成编委会、阳新县文化馆编印，1988.10）

◎ 商量桥传说

阳新兴国镇西边有一座桥，人们都叫它商量桥。

相传，西乡有姓李的两兄弟，为了争执湖山的石头，要进城打官司。二人来到离县城不远的北煞湖，被一条小河阻隔了，不能进城，就坐在草坪上商量起来了。哥哥说："我们打官司都要进城，要进城就要在这条小河上修座桥。没有桥，过不去河，官司就打不成了。"弟弟说："这里是我们进城打官司的必经之路，应该把桥修好。我们赶紧回家办材料，尽早把桥修起来。"

商量好后，两人都回去把湖山的石头全部运到小河边来。修了七天七夜，终于在小河上修起一座坚固的石拱桥。这时弟弟说："我们进城打官司吧！"哥哥说："我们是为了石头打官司的。现在石头都搬来修了桥，还有么官司可打？"弟弟一想，是的，还打个么官司呢。于是，两人便一路回家了。

小河修了桥，进城就方便多了。人们为了纪念李家兄弟齐心合力修了这座桥，就把这座桥叫商量桥。

（摘自《中国民间故事集成·湖北卷——阳新县民间故事集》，阳新县民间文学三套集成编委会、阳新县文化馆编印，1988.10）

◎ 怀坡桥传说

阳新城里一些文人学士听说苏东坡来了，都去富川门迎接。他们一出东门，就在一座桥上碰到苏东坡，便在桥上打躬作揖，互相问好。这伙文人说："文星莅临敝地，教益匪浅。"苏东坡说："莫道教益浅和深，阳新山水唤来人。"有个文人接着说："吾辈才疏喝墨少，生在诗境不会吟。"

大家谈笑一阵后，苏东坡即赠《东坡秸录》一本。谢方柏隐士把这本书珍藏在叠山书院。

后来，人们就把这座桥叫为怀坡桥。

（摘自《中国民间故事集成·湖北卷——阳新县民间故事集》，阳新县民间文学三套集成编委会、阳新县文化馆编印，1988.10）

咸宁市

◎ 章家山桥

位于咸宁市咸安区大幕乡大幕山主峰灶背岩北章家山村。单孔石拱桥，东西向跨溪沟，被当地林农称为卷棚桥。

咸安区大幕乡东源村章家山桥，有 3 个咸安区之“最”：距咸安区屋脊海拔 954．1 米的大幕山主峰灶背岩最近；是咸安地势最高、通往地势最高村庄的古桥；是高桥河上游第一桥，并且有丰厚的文化底蕴。

章家山桥横跨在大幕山主峰灶背岩北麓东源港（茶地港）上游下边山水碾下，桥东是奔山，桥西是太平沟，都长满了楠竹。章家山桥全长 3 米，宽 3 米，桥顶距桥下溪沟底 3 米。它是章家山自然村 300 多年前由木桥改建的，是章家山进入孔家、港背的唯一通道。2007 年，国家改建和硬化大幕乡政府通往东源村陈金、郭家棚自然村公路。从章家山桥南端经过，并在上游 40 米处和 80 米处各建了一座公路桥。从此，人们从公路桥过往，章家山桥北岸成为堆放奔山竹木的场地。

发源于章家山竹林窝横路上方大幕山主峰灶背岩石壁下的泉水，沿途吸纳其他溪水顺山流下，被林农称为东源港（茶地港）。东源港接纳其他溪水，流入咸安区高桥镇境内，被称为高桥河。再经双溪桥镇流往鄂州注入梁子湖。章家山是高桥河上的第一座桥。

灶背岩东坡有个太母庙，庙的附近有座太母坟。唐朝刑部尚书、兵部尚书、卫国公的李靖 (571—649)，平定江南战乱路过这里，其母死于军中，葬于此，此山因此被称为太母山、太墓山。清同治五年编纂的《咸宁县志》上，有“李靖母墓在鄢”的记载。相传，李靖曾护送患病的母亲过章家山木桥，上灶背岩采中草药为其母治病。

大幕山脉群峰起伏，是鄂东南重要的天然屏障，为历代兵家必争之地。明末农民起义军领袖李自成由从章家山桥进入通山。太平天国时期，前清武举人、大幕乡泉山口村西岭然村章列候在章家山桥一带办团练，凭借天险与太平军作战。

第一次国内革命战争时期，这里是湘鄂赣苏区的一部分。1933 年，大幕山脉南部的塘岭自然村，是咸宁县苏维埃政权所在地、中国工农红军红 3 师革命根据地。抗日战争时期，时任新四军第 5 师 14 旅政委、鄂豫皖湘赣军区鄂南军分区司令员，新中国成立后任湖北省委书记的张体学，率部在此开展游击战争。在灶背岩下面竹林中，他脚部不幸受伤。一位大冶籍胡姓新四军战士冒着敌人炮火，将他背过章家山桥，背到孔家自然村养的伤。

（摘自《中国民间故事集成・湖北卷——咸宁地区民间故事集》，咸宁地区群众艺术馆编，中国民间文艺出版社，1990.5）

◎ 女儿桥

在素有“千桥之乡”美誉的咸宁，以桥名来纪事纪人的还真不少，可仅用来纪念一位女子的独此一座，它就是女儿桥。

女儿桥位于咸安区马桥镇一个叫做油榨钱庄的小山村里，村后两座山名为二龙山，合抱后将钱庄半拢怀中。屋前一条被当地人称作“港”的水渠，流水潺潺，一路迤逦侧卧笔架山旁。女儿桥就修建在这村口的濯港之上。两块长约 2 米、宽约 1.5 米的大青石支架在南北两端，6 步窄窄的台阶上做了桥面，桥沿上青藤蔓生，将小桥于斑驳之中装扮出几分清丽。听说桥头原有一座古朴挺拔的楼宇，可惜在岁月的风尘中荡然无存，只留下小桥独自吟赏朝晖夕月。

女儿桥纪念的这位女子便是生长于钱庄而闻名于江南的才女钱六姐。相传，钱六姐本名钱梅窗，生于明弘治己酉年，卒于明嘉靖甲辰年，因在兄弟姐妹中排行第六，故名钱六姐。江南有句俗语：“无歌不成刘三姐，无诗不是钱六姐。”说的便是她。这六姐出身于三代官宦世家，天资聪明，《钱氏宗谱》称她“五岁会吟诗，七岁能属对，诗词歌赋无不通晓，至今流传不朽”。据说，钱六姐为上族谱还与写谱先生进行了一番较量，写谱先生说：“你知道宗谱为什么写男不写女？因为男儿力大头顶田。”六姐说：“那您知道女子为什么要上宗谱？因为女子皇帝也念好。”写谱先生说：“男字加臼是为舅，高女一辈为舅舅。”六姐说：“女字加乃是为奶，高男两辈成奶奶。”

因此，钱六姐成了《钱氏宗谱》上唯一一个女子。

《咸宁县志》上称她为“才媛”，艺文卷中收录了钱梅窗诗联两首。其中最为脍炙人口的一联，说是有一年湖北武昌府有位才子来会六姐，出了一道怪对：“法泗洲洲流舟水流舟流洲不流”，聪慧的六姐即以咸宁的桥来作答：“咸宁桥桥晒荞风动荞动桥不动” 。才子听后非常钦佩。

钱六姐性格爽朗，才思敏捷，常用吟诗作对嘲弄秀才之迂腐，讽刺乡绅之骄横，甚至告审状元，制伏称霸乡里的权贵。有一次，朝廷新科状元打马游街把张寡妇的独子踩死了。六姐不平，代她写状纸到皇上那里告他。新科状元忙派师爷找六姐，求她撤回状纸，六姐不肯。师爷讥讽道：“公鸡不鸣母鸡鸣。”六姐回敬道：“公鸡本是母鸡生。”师爷又道：“公鸡头上重四两！”六姐又回敬道：“母鸡奶重育儿孙！”师爷斗不过钱六姐，只好灰溜溜地回去。

又有一次，一位姓朱的知县想请六姐为其写副颂扬他为官公正严明的对联，可六姐鄙薄其为人不愿写。被纠缠无法后，六姐提笔就作：“朱公不公，公难公。不公者总办公，能公者不办公。要朱公为公，除非朱公不违公。衙门无门，门内门。有门者总有门，无门者终无门。要衙门有门，除非衙门不设门。”朱姓知县自讨没趣，好不难堪。

听村里的长者光贵爹述说，钱六姐为了反抗包办婚姻，还曾通过对诗来自择夫婿。那是明弘治十五年，六姐 14 岁，父母将她许配给进士周家庆。六姐欲跳楼相抗，要以才择婿，父亲无奈，只得依她。弘治十七年，六姐与河南光山举人李宗乾对诗，你来我往，足足对了几个时辰，有答有对，丝毫不差，引起一阵喝彩。最终，六姐没有对赢李宗乾，便嫁给了他。如此蔑视传统风俗、敢与封建礼教作斗争，真乃一奇女子啊！

而这座承载了如许娟秀与厚重的女儿桥，能用己身去点缀一个奇才女子穿越时空的灵动，该是多么的荣幸啊！

（摘自《中国民间故事集成·湖北卷——咸宁地区民间故事集》，咸宁地区群众艺术馆编，中国民间文艺出版社，1990.5）

◎ 风水桥传说

风水桥原名藤桥，横跨山泉黎（水名）之上，因桥只是一根藤而得名。相传，这根藤白天是扁的，宽约 60 厘米，供人们行走，一到晚上，藤就变成圆的了，甚为神奇。这里风调雨顺，百姓生活安定，人们都认为是有藤桥的护佑。后来藤桥的秘密被一位风水先生发现了，不怀好意的风水先生趁人不备，将藤砍成两截。藤竟然出血了，流了 7 天 7 夜，河水都变成了血水。风水先生知道自己闯了大祸，不想遭世人的唾骂，赶紧用石灰把伤口掩盖。交通曾一度中断，村庄也随之衰败了。为了保住基业，村民们集资修建了一座石桥，取名“风水桥”，希望风水桥也能如藤桥一样保佑他们平安幸福。

风水桥，距今约有上千年的历史。桥长 8 米，宽 4 米，单孔石拱桥，由大小均一的石头堆砌而成，古朴敦实。桥上没有廊亭。旧时桥北头建有一座土地庙，据说是由 5 位举人集资所建，人称五举庙。庙内置有板凳、椅子，供行人歇息。桥的南边是一片茂密的树林。古代，这里是北边的金牛、武昌（今江夏）与南边的通山、崇阳等地商贸的交通要道，过往行人络绎不绝，热闹非凡。如今，五举庙于 1958 年被拆除后改造成了水田。据说拆庙时，有村民因此送了命，这似乎印证了风水桥的传说。桥边的古树林已经不见了踪影，被开垦成了一片田地。古桥在风雨的侵蚀下，一边坍塌了，露出了斑驳的石块，散落地堆积在河岸，似乎诉说着它的不幸。只有一株古老的红枫，虽然根部因长年河水冲刷而裸露，依然屹立在桥北头，陪伴着风水桥，走过沧桑的岁月。

藤桥黎村因藤桥和祖辈姓黎而得名，是一个中国传统的聚族而居的古村落。只是久经岁月，老屋已不多见，只是零星点缀着。但是一角翘起的屋檐，古朴典雅的廊柱，厚实的青墙砖，仅存的几座足以让人想见当年的繁盛。改建后的现代建筑，与老屋的整体走向一致，坐北面南，依山傍水而建。古代建筑与现代建筑交相辉映。

藤桥黎村三面环山，南面一水，清澈的泉水自村前淙淙流过。风水桥成了村庄的南大门，连通了外面的世界。这里风景秀丽，人杰地灵，百姓生活富裕。山上遍种楠竹，郁郁葱葱。家家户户都有自己的竹园，有的竹园是祖辈留下的，有的是后来发展的。咸宁植楠竹历史久远。清康熙《咸宁县志》载有邑人吟竹诗句：“竹影蟾光洁”、“月来窗写竹，风过砌梳荃”。楠竹不仅可以用来制作家用工具，如扁担、箩筐、簸箕、筛子等，还可以制作竹筷、梳子，甚至是精美的工艺品，畅销全国。又因单株围径大、竹肉厚、竹节稀、头尾匀称、篾性坚韧等特点，向来为省内外用户所争购，成了村民最重要的经济来源。

藤桥黎是远近闻名的书香门第，有书香世家之称。早在藤桥时代，他们就非常重视教育。桥北侧建有学堂，专请老师教授，终于有 5 人中了举人，即建庙的 5 位。可惜的是，学堂在“打到孔家庙”的口号下毁于一旦，现今成了一口水塘。但是藤桥黎人始终没有放弃教育下一代。时至今日，一共培养了包括硕士、博士在内的 12 位大学生，其中有一户人家就占去了 5 位，一时传为美谈。

虽然在历史风雨的洗涤下，风水桥失去了往日的风貌，但它的古朴，它的灵性，它所给予藤桥黎人的幸福平安，将永驻藤桥黎人子孙后代心中。

愿历史记住这座神秘的风水桥！也愿风水桥一如既往地佑着藤桥黎人！

（摘自《中国民间故事集成·湖北卷——咸宁地区民间故事集》，咸宁地区群众艺术馆编，中国民间文艺出版社，1990.5）

◎ 关刀桥传说

相传，三国时，有一次关羽与曹操交战失利，被大军围困。关羽经过好几次苦战，才突出重围。当他慌忙火急逃到通城的水兴时，已是深更半夜。掮着青龙偃月刀的周仓，跟着关公马后跑了整整一夜，这时困极了，不由一面走一面上下眼皮打架。关公看在眼里，也冇得法，军情火急，不容得停留。走到一座石桥上，关公担心士兵不留神摔下桥去，就大喝一声，好似半空中打了个炸雷，周仓吓得手一松，大刀掉在桥边一块青石板上，火星一喷。这一来，士兵们的瞌睡吓跑了，精神大振，走路也快了，终于在天亮前甩掉了追兵。

第二日早晨，当地人在周仓掉刀的地方，看到了石头上砸出的很深的一条槽，都惊叹关公的大刀是神刀，从此就把水兴桥改称“关刀桥”。

（摘自《中国民间故事集成·湖北卷——咸宁地区民间故事集》，咸宁地区群众艺术馆编，中国民间文艺出版社，1990.5）

◎ 螺蛳桥传说

相传很久以前，嘉鱼潘家湾镇有座由一棵树搭成的独木桥。

在桥附近的一个村子里住着一个寡妇和她的崽，母子俩相依为命。后来崽长大了，娶了媳妇，养了孙子，日子总算过得和和睦睦的。

谁知祸从天降，一天她的崽过独木桥，掉到河里淹死了，一家人哭得死去活来。寡妇不但没哭，反倒忙开了。她为了不再让人掉到河里淹死，求爷爷告奶奶，把家里的积蓄都拿出来，开始动工修桥。不久，一座用青石砌成的桥建了起来。乡亲们和过往的行人可以平安地过河了。

桥修成功那天，许多人都来庆贺。他们站在桥上，一眼看到清亮见底的河水中，有不少螺蛳拼命往上爬，可它们总是爬不出水面。有人说，这寡妇是螺蛳精变的，是神仙派下来修桥的，就给这桥起了个名字——螺蛳桥。直到如今，桥下都有蛮多螺蛳。

（摘自《嘉鱼县民间故事》，县文化馆编，1988.6）

◎ 三十（石）六步两眼桥传说

传说，皇帝爱李太清有才，就派他到湖广为御花园办些奇花异草、假山怪石，顺便让他回家探亲。

太清公领了好多银子，行了好多路程，来到了嘉鱼。一路上见到的是洪水冲毁良田；听到的是灾民啼哭哀嚎。乡亲们纷纷前来诉苦，说白知县不仅不放粮救赈，还逼收课税。太清看见乡亲们造孽，于心不忍，就把办皇差的银子统统散给穷苦百姓了。眼看期限已到，李太清回到京城交差，他是花冇买一朵，石冇采一块，甩着一双空手上了朝。皇帝果然问他事情办得怎么样。李太清不慌不忙地说：“我的家乡有条河，年年泛滥，庄稼颗粒无收，行人交通不便。我想圣明的皇帝是最体谅百姓的，就把银子用来修了一座桥，盖了一座庙，百姓人人称颂皇恩浩荡。”皇帝问：“这座桥叫什么桥？”李太清信口答来：“三十（石）六步两眼桥，对面山上一座庙，武将要下马，文官要下轿。”皇帝听了蛮新鲜，不但冇说李太清的拐话，反而夸奖他会办事哩！

其实呀，太清只用了三块石头，一块当桥脚，两块做桥面，桥长六步，岂不是三石、六步、两眼桥？山上的庙不过是座土地庙。桥上太窄，当官的非下马下轿不可。李太清还真把皇帝佬哄实了。

后来，有人在桥边立了两个石鼓，把这地方叫“石鼓岭”。

（摘自《嘉鱼县民间故事》，县文化馆编，1988.6）

◎ 马桥传说

三国的时候，曹操带八十万兵下江南，与孙刘联军打仗。

据说，诸葛亮在浮山前面的土垴上设下伏兵，准备捉拿曹操。曹操赤壁兵败，领残兵败将过浮山。他见满山竹木，山谷狭窄，地形险要，以为会有伏兵。不料兵过浮山，一路平安。曹操松了口气，对部下说：“人说诸葛亮神机妙算，其实不过如此。”话刚说完，刘备的人马已一起从山垴上冲杀出来，鼓声震天，战旗满山。曹操只身择一小路，落荒而逃了。后人把这山垴定名“旗鼓垴”。

曹操前面打马逃窜，刘备的人马后面紧追不放。一条小河挡住了曹操的去路，他打马朝河对岸跳过去。马失前蹄，曹操从马背上落下来，随后又爬上跛马。刘备兵至对岸，隔河不能过，眼睁睁看着曹操逃走了。刘备叫士兵赶紧造了一座木桥，让大队人马从桥上过去，可是曹操已走远了。

后人就把这座桥定名马桥。

（摘自《嘉鱼县民间故事》，县文化馆编，1988.6）

宜昌市

◎ 太子桥传说及遗址

相传，曹军将玄德家小重重围困在长坂坡，甘、糜二夫人被曹兵追赶得丢弃了车杖，甘夫人抱着阿斗跑啊跑，实在跑不动了，突然被石头一绊，摔了一跤，鞋子掉了，头发也散了。糜夫人赶忙接过阿斗，扶起甘夫人，又继续奔跑。迎面又来了一股曹兵，把甘、糜二夫人冲得各自东西。

甘夫人披头散发，光着赤脚，相随一伙百姓妇女往南逃生。赵子龙从望儿坡纵马赶来，看见一群妇女，高声喝道："甘夫人、糜夫人在不在里面？"甘夫人见赵子龙来救，放声大哭。正在这时，曹仁部将淳于导捉住了糜夫人的哥哥糜竺，绑在马上，解去献功。赵子龙大喝一声，挺抢跃马，直取淳于导，将淳于导刺落马下，救了糜竺，夺得战马二匹，立即扶甘夫人上马，杀出一条路来，将甘夫人送出长坂坡。

再说糜夫人被曹兵赶得往西奔逃，左腿中了一箭，行走不得，眼见前面一道砖砌拱桥，桥本不大，但时正是初冬枯水季节，桥下水小，正好躲藏，于是顾不得其他，抱着阿斗钻到拱桥下藏身。桥上战马往来，啼咚啼咚，刀砍剑击，杀气腾腾。糜夫人躲在桥下，不敢露面，也不敢吭声。桥下面阴湿，寒气袭人。糜夫人敞开衣襟，将刚满周岁的阿斗紧紧抱在怀里，躲至半夜。

糜夫人所抱小主人阿斗本是甘夫人于建安十二年在新野所生。生的那天晚上，有一只白鹤在新野县衙屋顶上飞来飞去，还高喊了四十多声。临分娩时，满屋仙气弥漫，一股异香扑鼻。其子生来不凡，故取名刘禅。禅，即禅让，认定将来一定要继承皇位的。

这一夜，阿斗的生母甘夫人不知下落，奶母也不在身边，糜夫人用体温暖和着小阿斗，想着小阿斗的性命，十分担忧，两眼泪水如串串珍珠落入小溪，溪水静静地淌着，像是在偷偷地呜咽。

这一夜，小阿斗也好像十分懂事，既不哭也不闹，两只水灵灵的眼睛，从桥孔盯住明亮的北斗星一眨不眨。传说，甘夫人原先经常做梦，有一次，在梦中仰吞了北斗，因而怀孕，故取乳名叫阿斗。因此阿斗对北斗星特别亲昵，每次哭闹的时候，只要抱着他仰视北斗，他就专心观赏星光去了。

半夜时分，突然刮起了北风，桥洞口朝南北，寒风直往桥洞里灌，冷得受不住，趁着朦胧的月色，糜夫人只得抱着阿斗找避风的地方……

因为这座小拱桥是糜夫人抱着阿斗避难的地方，故后来称它为"太子桥"

目前桥已不存，只剩遗址的纪念石一块。

（摘自《长坂坡三国故事传说集》，鲍传华编，1983.9）

◎ 琵琶桥传说

王昭君出塞前回乡省亲，在高阳镇娘家住了半个月，一晃就要回京城了。

这天，昭君家里亲朋满座，为昭君送行。正在这时，来了个老和尚。这和尚头上的癞子成堆，脸上的鼻涕结壳，腿又瘸，背也驼，身上的虱子爬成索，很不像样子。只见他走进门来，一不喊恭喜发财，二不念阿弥陀佛，大大咧咧地往堂屋正中的罗汉椅子上一坐，端着香茶就喝，拿着仙桃就啃，还大口大口地吐着浓痰，叫人一看就恶心，满屋子的客人都要把他轰出去。

昭君上前问道："老师傅，你莫非肚子饿了？"老和尚不吭声。昭君吩咐家人端出了斋饭。老和尚狼吞虎咽，吃了一碗又一碗，将偌大一甑子饭吃了个精光。

昭君见老和尚只披着一件千补百纳的破袈裟，又问："老师傅，你莫非身上寒冷？"老和尚还是不吭声。昭君吩咐家人抬来了衣箱。老和尚毫不推辞，穿了一件又一件，将偌大一木箱衣服都穿上了身。

昭君又问："老师傅，你老人家还要点什么？"老和尚仍不吭声，眼睛向墙上挂着的琵琶一扫，昭君立即取下琵琶，亲手奉上。谁知老和尚根本不会弹琵琶，"扑哧"一声，琴弦被他弄断了。接着又"扑通"一声，琵琶掉在了地上，成了两半截。这一下，把满屋子里的客人都惹火了，要揍他。昭君很痛心，还是拦着大家说："老师傅人老眼花，摔坏了琵琶，怎么办呢！我再做一个就是。对客人是应该讲客气的。"

听昭君这么一说，老和尚哈哈大笑，说道："昭君，你真是个好心的姑娘。我知道琵琶是你的心爱之物。你大大方方地让我吃了、穿了，我很感激，这琵琶么，我倒可以赔你一只。不过，你得同我一起到琵琶桥去，到那里我给你。"说完，老和尚起身便走。昭君不知其意，为送客人，只得同往。

琵琶桥离昭君宅不远，是一座石拱桥。在两山之间，小桥流水，垂柳袅袅，桥身造型别致，酷似一只平放着的琵琶，很是美观。昭君在家时常在这桥上拨弄琴弦，对月作歌，所以，人们给它起了个漂亮的名字：琵琶桥。这时，昭君和老和尚来到这里，老和尚在桥上顺手一摸，一只玲珑小巧的琵琶跳了出来。昭君又惊又喜，接过琵琶，轻轻一拨，琴声清脆悦耳，宛如凤唱鹤鸣，美极了。昭君再抬头一看，站在自己面前的老和尚竟变成了一位鹤发童颜、超凡脱俗的老人。昭君一愣，他不是太白金星么！

太白金星看透了昭君的心思，笑着说："昭君姑娘，实话告诉你吧！我乃太白金星是也。我奉玉帝之命，前来看你。你这次出塞和亲，顺人心，合天意。汉帝和蕃王本是青龙、白虎星，在天宫时他俩是一对好兄弟。下凡后，不守天规，竟成了干戈，玉帝很是恼火。现在他俩休兵息马，重归于好，胡汉结亲，你是合亲的天使。老汉前来送行，这琵琶送给你，到时候它会帮助你的。"说罢，清风一阵，太白金星不见了。昭君抱着琵琶，朝天三拜，回到家中。

却说昭君带着太白金星赠送的琵琶离开了故乡，回到了京城。又带着这只琵琶离开了京城，同呼韩邪单于一起，骑着枣红大马向漠北走去。

一路上，风尘仆仆，倒也顺利。不多久，来到了胡汉分界的黑河边上。突然，雷鸣电闪，天气骤变，风雨交加，河水陡涨，平静的水面翻起来几丈高的浪头，挡住了去路。昭君一行不得不停下来。第一天，风不停，雨不住，水不跌，浪不消；第二天，还是风不停，雨不住，水不跌，浪不消；第三天，仍然是风不停，雨不住，水不跌，浪不消，而且，风更大，雨更急，浪更猛了。昭君有些心急。呼韩邪单于说："昭君阏氏，这都是我的不好。从前，这黑河上本来有一座青石拱桥，胡汉两家车水马龙，人来客往，石桥就像一条纽带，把胡汉两家连在了一起。自从两家有了战事，我便下令把青石桥拆毁了。从那以后，黑河就成了灾祸，阻碍了两家的来往，隔断了两家的情谊。每到山洪暴发，被洪水卷走、葬身鱼腹者不计其数，现在想起来，我很是痛心的。"

昭君安慰他说："单于，往事莫多去想了。你怎么不再将这座桥修建起来呢？"单于叹道："我几次修复都没成功，只怕是苍天在惩罚我吧！"

昭君很想为单于助一臂之力。可是有什么法子呢？想着，想着，她突然想到太白金星临别时的赠言，便将琵琶取了出来，自言自语地说："琵琶呀，琵琶，你一直伴随着我，我现在有了难处，你怎么不帮我想想办法呢？"话音刚落，她手中的琵琶里冒出一股青烟，从河东飘向河西，化成了一座青石拱桥，牢牢地架在黑河上。这时，天空云散，风停雨止，彩霞满天，鲜花怒放，一阵阵鼓乐，一张张笑脸，迎送着昭君一行过桥前往。

几乎在此同时，昭君故乡的那座琵琶桥，竟不翼而飞了。只剩下两个桥墩，上面换成了木桥。人们说，这是昭君姑娘将这座石拱琵琶桥带到黑河，给胡汉两族兄弟搭天桥去了。

（摘自《兴山县民间传说故事集》，县文化局编，1983.12）

◎ 霸陵桥传说

位于宜昌市当阳市霸陵村的霸陵桥，距长坂坡 2.5 公里，是“蜀汉三雄”中的张翼德“拒水断桥”退曹军的地方。东汉建安十三年（208 年）长坂坡大战，张飞率 20 余骑断后，曹军追赶赵子龙至霸陵桥上，张飞横枪立马，厉声大吼：“吾乃燕人张翼德也，谁敢与我决一死战？”声若巨雷，威震敌胆。吓得曹将夏侯杰魂飞魄散，坠马而亡。曹操疑有伏兵，不战而走。从此有了张飞吼断桥梁水倒流的故事。清雍正年间，张飞后裔来到此地，立石碑一块，上书“张翼德横矛处”，六个大字至今保存完好。1984 年建张飞亭一座。

很久以前，这里有一座龙王庙，庙前有一颗五丈多高、水桶般粗的翠竹。传说这颗翠竹就是龙王天子的母腹，龙王天子在母腹中怀了三年零八个月。他之所以久久不肯出世，是因为他在等候一匹白马，白马一到，他就可以破腹而出，策马扬鞭，腾云驾雾，直驱朝廷，索取天皇宝座了。

一天，晨曦刚露，一只油嘴滑舌的小鸟在翠竹枝头喳喳地叫个不停。龙王天子在他母腹中侧耳倾听，分明听得小鸟的话语是：

“西边来了一匹白马！西边来了一匹白马！”

龙王天子一听，喜出望外。顿时，那杆翠竹辟剥爆开，一股殷红的血水倾盆而注，龙王天子破腹而出。待他前去仔细一瞧：哪里是一匹白马，原来是一头白牛。当即，龙王天子气死了。

要不是那只小鸟谎报了“军情”，这地方真是要出天子哩！人们期待着本土能出一个天子，故在庙前堆土为陵，称为霸陵，而这座桥也就叫霸陵桥了。

（摘自《当阳市民间故事集》，县文化馆编，1989.10）

恩施州

◎ 相公桥传说

传说有一天，寇准脱了官袍，换上了民服，一个人走出了巴东县城。他来到一条河沟边，看到有一个男人，守着一背篓破碗烂罐，面朝一块大岩石哭哭啼啼。寇准好生奇怪，就上前询问。原来这是个乡下人，背窑货到城里来卖的，走到这里不晓得从哪来滚出来一块大岩头，放在溪口上。他过河的时候，脚底下一溜，背篓撞到岩头上，一背篓窑货都打烂哒。

寇准一看这个男人老实、可怜，原打算把身上的银票都送给他的，转念一想，这个岩头放在这里总不是办法，如不除掉，迟早还要误事的。寇准看了看周围的山势，越看越不对头：后头的金子山隔这里几个坪坝，岩头哪门子滚到这里来呢？他对男人说："莫急，这件事不怪你！"那个男人说："是我自己滑了脚的，哪门子怪别人沙！"寇准说："怪这个大岩头！"男人说："怪它有么用呢？"寇准说："要它赔你的窑货！"男人说："岩头会赔么子窑货呢？"寇准说："它不赔，就到县衙门去告它！"卖窑货的男人不哭了，鼓起眼睛问寇准说："莫开我们穷人的心了，都晓得寇大老爷铁面无私，执法如山，我要是去告岩头，寇大老爷还不打死我呀！"寇准说："莫怕，你说这岩头故意撞烂了你的窑货，状就告得准。要是告不准，我赔你的窑货钱！"

男人一见寇准说得有板有眼的，就答应了。第二天，男人到县衙去告状。差人一听，这个男人告的是岩头，就哈哈笑起来，说他是个赖子。卖窑货的男人以为自己真受到了愚弄，气得一屁股坐在地上哭起来。正在这时候，寇准从后堂走出来，一问缘由，就说："告岩头的状，实在荒唐，不过，我还是要到溪口那里去问个究竟！"

百姓一听寇准要审岩头，都跑到溪口看稀奇。午时刚到，溪口边上已是人山人海了。寇准一声喊："带原告！"卖窑货的男人连忙磕头，跪在地上。寇准要那个男人抬起头来，男人抬头一看，原来正是那个要自己来告状的人，心里就不怕了。

寇准问男人："这个岩头与你有仇？"男人说："没仇！"寇准又问："你和岩头有怨？"男人是："没怨！"寇准说："那它哪门会撞烂你的窑货呢？"男人想了一想，就说："岩头的手脚发痒，对我的窑货拳打脚踢！"

看热闹的人一听，都哄笑起来。有个放牛娃说："岩头是死的，哪门会有手脚呢？"寇准问那个放牛娃说："你哪门晓得它是死的？"放牛娃说："这岩头在后山顶上，我放牛的时候，还在上头玩哩！"寇准说："它是死的，哪门会到这里来？"放牛娃说："前几天落大雨，它从山上垮下来，滚到张老大的苞谷地里了！"寇准问："是你看到它滚的？"放牛娃说："是的！"

寇准传张老大，张老大说："挖土不方便，就把岩头推到坡坎上，这岩头又滚到王老二的水田里哒！"寇准又传王老二，王老二说："我怕岩头挡我耕田，又把它推到坡上，没想到它又滚到李老三的菜地里！"寇准又传李老三，李老三说："我怕岩头占了菜地，又把它推到坡边上，没想到它滚到赵老四的梨子树下去！"寇准又传赵老四，赵老四说："我怕娃娃站在岩头上偷我的梨子吃，就把它推到河沟里，没想到它滚到溪口来了！"

这样一追查，看热闹的人都明白了寇老爷为什么事审岩头了。张老大、王老二、李老三、赵老四都跪在寇老爷面前，承认自己贪心，只管自己，不顾别人，让卖窑货的吃了亏，都甘愿拿钱赔他的窑货。

寇准见他们知错认错，心里喜欢得很，就说："大家知错认错就好。只是这个岩头留在这里，总是不好。大家有钱的出钱，有力的出力，把这个岩头当基墩，在这里修一座桥，大家都方便！"

百姓一齐说好，没多久，桥修好了，寇准亲笔题名叫"为公桥"。百姓记得寇大老爷的好处，叫它"寇公桥"。后来，寇准到京城当了宰相，百姓又叫它为"相公桥"了。

（摘自《鄂西民间故事集》，鄂西土家苗族自治州文化局编，中国民间文艺出版社，1989.10）

◎ 增和桥传说

增和桥在恩施州建始县龙坪乡申酉坪村罗兰娇家门前。一天，罗兰娇在桥下洗萝卜菜，一个和尚和一个秀才上桥来了。两人见罗兰娇长得标致，就说起四言八句来戏弄她。

和尚先说："有土也读'增'，无土也读'曾'；去掉'增'边土，添人变为'僧'。僧和尚，谁不爱，经书木鱼随身带。有朝一日发了财，哪个吃你萝卜菜！"

秀才接着说："有口也读'和'，无口也读'禾'；去掉'和'边口，添斗变成'科'。科秀才，谁不爱，诗书文章随身带。有朝一日中了举，我也不吃萝卜菜。"

说完两人打起哈哈笑。

罗兰娇听得不耐烦，"嚯"地一下站起来，说："有木也读'桥'，无木也读'乔'；去掉'桥'边木，加女变为'娇'。娇娇女，谁不爱，一胎生了两个崽。有朝一日长大了，大的当和尚，小的中秀才。"

和尚、秀才吃了哑巴亏，怏拖拖地溜了。

（摘自《鄂西民间故事集》，鄂西土家苗族自治州文化局编，中国民间文艺出版社，1989.10）

◎ 铁索桥传说

恩施州鹤峰城边有座山，名叫平山。平山只有一条路上得去，四周八围都是万丈悬崖。从县城到平山去，要走一座桥，这桥的名字叫铁索桥。

改土归流以前，鹤峰的土司叫容美。田土王时常和别的土司打仗，他想找一个好地方，让人家攻不上，打不来，自己住得又安稳。找来找去，找到平山。田土王上了山，住在万全洞里，心想，这个地方好是好，就是进出不方便，要是在两壁崖上修一座桥就好了。田土王于是张榜请石匠，可没人敢揭榜。好久好久过去了，来了一个叫花子，拄的拐杖有丈多长，棒槌粗。叫花子看了榜文，一伸手就扯哒。

田土王一听叫花子揭榜，恼火的很，说："你还敢揭我的榜？"

叫花子说："修桥沙！"

叫花子姓洪，人家都喊他洪叫花。田土王没法，心想：讨米的人，不做事也要把饭他吃的，就让他修，看他修不修得成桥。

洪叫花修桥不要人帮忙，就他一个人。就是吃起饭来不得了，一餐要两斗米。他把拐杖往悬崖上一插，就稳当当的，人坐在拐杖上用钻子往岩上打眼。隔老远听，只听峡里头热闹得很，像是有几百人在忙。走近一看，就他一个人。

不出半年，桥修起哒！桥是石头搭的，架在半岩上，好高好高。

田土王欢喜糊哒，就问洪叫花："这座桥能管好久？"

洪叫花说："两年半！"

田土王一听，恼火哒，想杀洪叫花。

洪叫花说："莫发火沙，你打一把铁索，把桥锁到起，前锁五百春，后锁五百秋呢！"

田土王一听，前五百年后五百年，一千年呢，要得哒。

洪叫花说完，抽出拐杖往悬崖上一拄，爬崖走得无影无踪。

田土王连忙叫人打了一把五斤重的铁索，把桥头做个门，把桥锁起来哒。

桥修起来刚刚两年半，天上雷攻火闪，只听一雷打在铁索桥上，桥偏哒，没垮，还走得人。人们看见铁索桥没垮，就编了几句顺口溜：

千年古迹万年牢，
取名叫做铁索桥。
前人铺桥后人走，
平山从此有通道。

（摘自《鄂西民间故事集》，鄂西土家苗族自治州文化局编，中国民间文艺出版社，1989.10）

◎ 云龙风雨桥

传说，有一条青龙，在这一带江中修行。修行是要做善事的，青龙只想给两岸住的人做点善事。这一段是个大峡谷，两岸是刀切一样的悬崖峭壁。不晓得是什么时候，一根好大的树压在峡谷上，架成了一座“树桥”，两岸的人都从树桥上过往。年长日久，树桥腐朽了，垮了，人们没法再过河，就要修桥。峡谷太深，江水太急，桥老是架不成功。青龙看见人们架不成桥，就腾云用身子托住桥身。有青龙腾云帮助架桥，桥很快就架好了。架桥的人看见青龙帮忙，就烧香叩拜。青龙做了善事，受了烟火，等桥架好，就上天做了神仙。

人们给这座桥取名云龙桥。后来，人们只要架桥，都在桥中间雕一个龙脑壳、龙尾巴。

（摘自《鄂西民间故事集》，鄂西土家苗族自治州文化局编，中国民间文艺出版社，1989.10）

◎ 风雨桥传说

传说，山里有个姓吴的木匠，家门口有一条河沟，沟两边山又大，过河要下沟、踩水、上山，难走得很。吴木匠就想修一座桥，方便来往行人。一天，吴木匠从山上砍来几棵树，搁在河边崖坎上，他走过去走过来，觉得很牢靠。吴木匠正在欢喜时，忽见对面山上来了个拄拐杖的老汉。老汉一上桥，压得桥直闪。老汉说：“这算么子桥？不稳当不稳当！”老汉话没说完，一个仰翻叉，掉下沟去了。

吴木匠脸都吓青哒，连忙下沟去救。哪晓得老汉安然无恙，正冲着吴木匠嘿嘿直笑。老汉说：“要修一座桥，千年万年牢。”吴木匠说：“求老汉指点！”老汉就用拄路棍，这里一戳，那里一点。说也怪，老汉的拄路棍戳的地方，岩壁就有了坑；点的地方，岩头就有了石墩。老汉又给了吴木匠一张草纸，草纸上画了一座屋桥，遮风挡雨，有亭有盖。吴木匠正要谢老汉指点，老汉却不见了。吴木匠想，莫不是鲁班先生指点？对，就照这座桥的样式修。

打呀造呀，直修了三年零七个月，这座桥修起了。吴木匠又在桥头上打了一块石碑，上刻三个大字：风雨桥。

（摘自《鄂西民间故事集》，鄂西土家苗族自治州文化局编，中国民间文艺出版社，1989.10）

◎ 桂花桥传说

位于恩施州恩施市白果乡见天坝村东南 700 米。建于清嘉庆年间。西北至东南向跨小河。双孔石梁桥，长 6 米，宽 2 米。桥头原立碑，刻对联一副：“桂花桥桥上养风吹养摇桥不摇枫香河河中鹤口口鹤飞河不飞”，今已毁。

传说在清嘉庆年间，见天坝的人聚资，在两条河的汇合处修桥，架好石墩子，用六块大石板一搭，桥就修成了。桥修成了，名字没取。有人说，桥修在两座山当中，就叫山峡桥；有的人说，山上开了好多野花，就叫花盛桥。人们七说八不一，争执不下。正在这个时候，山上传来了唢呐锣鼓声，一乘大红轿朝这边抬来了。人们看见娶亲的队伍，就喊了起来：“让新娘子取名儿！”

原来山里有个规矩，新姑娘要过新桥，就叫踩桥，踩桥要取名儿的。新姑娘踩桥取的名儿，又好听又吉利。这个新姑娘是个知书达理的人，她走出花轿，大大方方踩上新桥，来去两遍，然后说：“新人踩新桥，千年万年牢。我名叫桂花女，此桥就叫桂花桥！”

从此，桂花桥的名字就传开了，一直流传到如今。

（摘自《鄂西民间故事集》，鄂西土家苗族自治州文化局编，中国民间文艺出版社，1989.10）

襄阳市

◎ 鲤鱼桥传说

在宜城城西，环绕古城的鲤鱼桥水库，原来是一条从南向北流的小河沟。在南坝下约三十丈处，有一座古老的石桥。

相传，在很久以前，这里原来是一座木桥。在河东面村里住着一户姓关的书生，他幼年丧父，与母相依为命。同村有一个双目失明的孤老太胡氏无人赡养，他与母亲商量把她接到自己家里养活。本来他家就很穷，又添了个双目失明的老人，家庭生活就越发艰难了。为了度日，母亲纺线织布，他躬耕苦读，有时候饿着肚子去上学，年长日久，他逐渐面黄肌瘦。有一天，他上学去时，走到桥头，见一个农家衣着的姑娘站在桥头上，手里捧着一颗大菱角，害羞地上前说道：“公子，这菱角给你吃吧，吃了它你就不饿了。”书生接过菱角，还来不及问明情由，那姑娘就不见了。书生吃下菱角后，满面红光，精神振奋，读书大有长进。

有一天早晨走到桥头，那姑娘又出现在他面前。她手捧着一颗朱红色的宝丹说道：“公子，你进京赶考的日期快到了。为了帮助你求得功名，这颗朱砂宝丹给你带在身边，饥渴时把它含在嘴里，它不仅能帮助你解除饥渴，还可以使你读书不倦，下笔有神。”书生接过宝丹，姑娘又叮嘱他说：“满一百天的那天五更时候，你来到桥头，先拍三巴掌，再唤三声鲤鱼姑，我们又会见面，你就把宝丹归还给我，千万莫错过了时辰，倘若错过了，我就要遭受泥鬼的惩罚，变成一团污泥，永远不能回到阳间。”书生连忙上前打躬施礼，表示绝不失信。他问姑娘：“你为啥对我有这样重的恩惠呢？你有什么要求尽管对我说，我会报答你的。”姑娘说：“我是一个屈死鬼，名叫鲤鱼姑，是张胡氏的独生女儿。我十六岁那年，胡员外的儿子胡兰卓带着几个家奴到我家抢亲，我父亲被他们活活打死，我也跳到河里淹死了。留下老母孤身一人，多亏公子接到你家养活。公子对我恩重如山，怎能叫我不报呢？”

书生进京应考，果然金榜题名。他想起归还宝丹的时间快到了，急速启程返乡。谁知赶到家中，归还日期已过。他来到桥头，先拍三巴掌，再喊三声鲤鱼姑，竟不见她起来，只见桥下翻起一团污泥。他号啕大哭，一连哭了三天三夜，他的泪水与河水汇合一起，把一条小河冲成一条大河。

为纪念鲤鱼姑，他请求能工巧匠，拆掉木桥，就地建起一座砖石拱桥，头东尾西。桥上竖起一块高大的石碑，上刻“鲤鱼桥”三个大字。

（摘自《宜城县民间故事集》，县文化馆编，1990.4）

◎ 好汉桥传说

三国时候，青泥湾（现枣阳市太平镇）上有个张老汉，以卖豆腐为生。张老汉有个妞叫美容，年方一十八岁，生就苗条身材，美貌出众，不料被有钱有势的少爷郭虎看中了。这郭虎是“头顶长疮脚心流脓——坏透了”的家伙，他亲自上门，要取美容做七房。张老汉哪能把妞往火坑里送？任凭郭虎咋样逼迫，张老汉宁死也不答应。郭虎恼恨在心，就找机会寻张老汉的茬子。

一天，郭虎带着一班打手来到张老汉的家，上门就叫道：“给少爷我割块白肉！”张老汉见势头不对，忙给他端了一块又大又方的豆腐。郭虎又喝道：“再给我用麻绳拴好，我要提回去！”张老汉吓得糠糠战，说：“少爷，麻绳拴豆腐提不得呀！”郭虎大叫道：“提不得算什么豆腐？给我打！”那帮打手围了上去，又是打又是踢，张老汉给打倒在地，连声叫饶命。张美容看见爹爹挨打，忙出来讲理，不料郭虎吆喝一声，抓起她就走。

猛然听得一声：“住手！”震得地动房子抖。话没落音，一个黑脸汉子纵到郭虎面前。这汉子八尺身材，豹头环眼，郭虎一见骨头都酥了。再一看打手都还在，就定定神说：“你这黑脸想咋样？”黑汉说：“我叫你把人放了！”郭虎朝打手们使个眼色，那帮打手齐虎虎地扑了上去，一下箍住大汉手脚。只听那大汉“哎呀”一声胳膊腿一抖，打手们一个个被甩出一丈多远，爬起来就跑。

张老汉上前拉住黑大汉说：“大恩人啦，你救了我父女俩，我日后一定报答。眼下还是赶快逃命，要不，张家倒霉事小，连累恩人你是大事啊！”大汉一听老汉姓张，拉起老汉说：“咱俩还是一家子哩！我也姓张。走，小弟跟你去卖豆腐，看哪个敢动你一指头！”说罢就帮老汉挑起豆腐挑子，串街去了。

那黑脸汉子就是张飞，他受令巡江，沿江而上来到青泥湾，遇到这事，才出来打抱不平的。如今襄阳有句歇后语，“张飞卖豆腐——人硬货不硬”，就是说的这事。

一物降一物。别看郭虎厉害，他听说那黑脸汉就是喝断当阳桥的张飞时，吓得坐卧不安，三魂掉了二魂。他怕张飞还来找事，就想个法子讨好张飞。啥法子？给张飞竖了个碑。竖碑就竖碑吧，可那郭虎又想到了一桩缺德的事，要用青泥湾南桥上的两块石板。手下人劝说：“南桥是人们上街赶集必经之桥，若拆了它，不是犯众怒吗？”郭虎说：“顾自己要紧，管他众怒不众怒！”硬是把桥面的两块石板拉走了。从此南桥断了，南来北往的人都得脱鞋打赤脚过沟。

一天，张飞来到沟边，见一个老汉正要脱鞋，就上前打听。老汉咬着牙说："给那该死的张飞竖大碑了。"张飞连声说没有这事，老头火了，冲着张飞说："嗐！你是张飞的亲戚还是真不晓得？对你说，张飞跟郭虎结拜啦！"接着把郭虎拆桥的事一五一十说给张飞听。张飞一听，气得头发冲起三尺高，心想：郭虎啊郭虎，只恨当初没把你打死，留下你这样糟蹋老子。一怒之下，就要去找郭虎算账。那老头儿拦住，说："好汉你一说就要去，请留下高名大姓。万一你在郭虎那儿有个三长两短，我也好买几张纸给你烧烧。"张飞怒气没消，说："我就是你骂的那个张飞！"那老头儿扯扯耳朵，没听错，忙跪下磕头求饶命，说是有眼不识泰山，撅了英雄好汉。张飞扶起那老头儿，说："老伯你撅得好，你要不撅，我蒙在鼓里还不晓得要挨多少撅哟！"说罢，叫老头儿暂等一时，他像飞一样走了。不一会，只见张飞两个胳膊一边夹一块石板跑来，后边人喝马叫地追来一帮人，直喊："拿住盗碑的贼子。"张飞见是郭虎撵了来，放下石碑，迎上去就打起来。郭虎本以为撵的是个小贼子，没想到定神一看：我的妈呀，是他！忙把手下人喊住，一轱辘滚下马磕头求饶。张飞见郭虎来到面前，新仇旧恨心里直涌，他一把抓起郭虎，来了个霸王举鼎之势，就手一撂，还没等郭虎爬起身，又提来一块石板，往他身上压，只听"哇"的一声，郭虎小命归阴。从此，清泥湾就太平了。

乡亲们听说郭虎给打死了，都来看。张飞把石板放回南桥，要搀那老头儿过去，谁知那老头儿咋也不肯过。一问，原来他知道做过碑的石板上有名字，怕踩着张飞的大名。张飞哈哈大笑，说："只要众位乡亲过得沟去，踩着我的名字有啥妨碍！莫讲究恁些，尽管过吧！"

乡亲们听了都连声说："真是位好汉啦！"从此，南桥就得了"好汉桥"的名儿。

（摘自《襄樊民间传说》，省群众艺术馆编，1983.5）

十堰市

◎ 皇榜桥传说

武当山玉虚宫外，有一座皇榜桥。别看这座石桥不大，却整日人来人往，车马不断，是武当山有名的古迹。它有一段悲欢离合的故事。

永乐皇帝修武当山那年，四川有个年轻的石匠，名叫王小。夜里，他做了一个蹊跷的梦：晕晕乎乎走到武当山下，在玉虚宫外的石桥上，看见一个美貌端庄的姑娘正在画花。姑娘的牡丹刚画起，就飞来一对蝴蝶，落在花样上。王小心里很是佩服：天下竟有这样好手艺的姑娘！

王小从褡裢里掏出他的锤子和钻子，照着姑娘的花样，在旁边的石栏杆上也雕一束牡丹花。刚雕起，引了那对蝴蝶又飞过来，落在石头花上。姑娘扭头一看，王小雕的牡丹花比自己画得更好。她心里也暗暗高兴，天下竟有这样好手艺的石匠！

姑娘问王小：“师傅，家住哪里？”

“四川。”

“叫什么名字？”

“王小。”王小见姑娘对他很和气，又很有礼貌，也同样反问了姑娘。

姑娘说：“我姓张，名叫巧姐，就住在前面的草棚里。家中只有一个老爹，长年害病。因为没有生路，便靠画花样过日子。”

王小向那草棚一瞅，门前一颗柳树，树下一张石桌，石桌外一块菜园。王小暗暗记在心里。

第二天夜里，王小做梦又到了桥上。巧姐画了两株并蒂莲花，王小又照样雕了下来。第三天夜里，王小做梦又来了，巧姐画了一对鸳鸯，王小也雕了一对鸳鸯。巧姐说：“鸳鸯雕得好，不该是块石头。要是这对鸳鸯能在水里游，变成活的，我就和你成亲。”

王小抱着一对石鸳鸯，和巧姐一同走到桥下，石鸳鸯真的在水里游起来了。王小和巧姐也真的在河边双双跪下，拜天地成亲了。从这夜起，王小每回做梦就和巧姐在一块说说笑笑，像牛郎织女一样，两个人很快活。

第二年七月初七的晚上，王小睡下刚闭上眼睛，巧姐抱着个白胖白胖的孩子，站在他的床边，笑眯眯对他说：“王小，我们的宝贝出世了。”

王小抱过孩子一看，是个儿子，眼睛和脸庞像他妈，长得很秀气；耳朵和嘴巴像自己，长得很大方。两个人就给儿子取了个奶名，叫做梦娃。

巧姐对王小说："我天天只顾抱孩子，不画花样，日子过不下去了。那你应当招到我家来，和我住在一起。我爹还认不得你这个女婿哩！四川到武当山很远，你没走过这条路，我给你在路上留根红线，你明日顺着红线走。八月十五的晚上，月亮正圆的时候，我在石桥上接你。"

第二天早晨，王小醒来了，他不相信这是梦。他背起锤子和钻子就上路了。路上真有一根红线的影子，他顺着红线的影子就来到了武当山。

武当山玉虚宫外的石桥边上，真的住着姓张的父女两人。姑娘真的叫巧姐，会画花。巧姐夜夜做的梦和王小的梦一模一样。张家不远，住着一户有钱有势的员外。员外相中了巧姐的好人品，早想打她主意了，只因巧姐正经，不好下手。这天，他见巧姐不明不白地生了个儿子，就到处胡言乱语，借风过河，说巧姐不是正经人，便喊了许多打手，趁中秋节赏月的当儿，来抢巧姐。

月亮升起来的时候，巧姐抱着梦娃，正在石桥上等王小。猛听到人喊马叫，知道员外要对自己下手了。忙放下孩子，掏出一个窟眼铜钱，砸成两半。一半自己装上，一半系在梦娃的身上。随后便往黑影里一闪，逃走了。

二更时分，王小赶到石桥上，不见巧姐，只有梦娃睡在石桥上哭叫。过细一瞅，梦娃和梦中见的孩子一模一样。他更加相信，巧姐也一定是真的了。再看这里的山、水、村庄，也都曾在梦里见过，而且附近果真有个草棚，它门前一颗柳树，树下一张石桌，石桌外一块菜园。他抱起了孩子，走进了柳树下的草棚住下来，边打听巧姐的下落，边在武当山卖工，挣来的钱养活巧姐的爹爹和梦娃，苦熬苦做了十几年。

梦娃长大成人了，进京赶考，一举得中了状元，皇榜挂到了玉虚宫外的石桥上。王小很想念巧姐，新科状元要见他妈妈，就将那半块铜钱，吊在皇榜下，希望妈妈能拿那一半铜钱来配圆。

一人传十，十人传百，不几天偏沟小岙都知道了状元要找娘的这件事。巧姐在山洞里躲藏十多年，到底有了出头的日子。她走出来，掏出自己的半边铜钱，配圆了皇榜下吊的半边铜钱。王小这才第一次真正见到了巧姐，梦娃也见到了妈妈，一家人在皇榜下团圆了。

从那以后，这座桥就叫“皇榜桥”。直到今天，武当山还流传着这样一句俗话：“均州女子嫁四川，千里姻缘一线牵。”

（摘自《丹江口市民间故事集》，市文化馆编，1987.10）

◎ 龙门桥传说

丹江口是淅川、光化、谷城与均州的交界处。从前，到武当山朝爷的善男信女，都集中在这里上船；朝了爷，又从这里下船，各回各家。因此，来往行人，长年不断。

大路上有一座古老的石桥，桥洞两边，各雕一条石龙。两条龙张牙舞爪望着桥顶上一颗红彤彤的大珠子，活灵活现，就像真的要飞一样。这叫“二龙戏珠”。因这个典故，这座桥就叫龙门桥。

龙门桥年久失修，栏杆断了，石板破了，老百姓都想将桥修好。

那时，汤家庄有个汤员外。儿子在均州做官，有钱有势，是丹江口没人敢惹的人物。他在桥头贴告示：修桥补路，添福添寿。行人捐钱，住户捐物。只准多给，不准少出。齐交汤府，由我修补。

老百姓都是善良的。听说员外当揽家子修桥，高兴极了。过路人忍饥挨饿省下钱捐出来。白花花的银子，叮当当的铜钱，像水一样流进汤家。一年、两年、三年过去了，汤员外只说银钱不够，根本不提修桥的事。人们这才知道上了当，可是谁也没办法。

汤员外心满意足了。他摇着大蒲扇，洋洋得意地坐在桥头树下，望着龙门桥，这是他的聚宝盆啊！

正在这时，桥头传来了山歌声：

高高山上一树桃，

王母娘娘修龙桥；

九天仙女桥下睡，

汤家升高乐逍遥。

他一瞅，一个放牛娃站在那里，手里拿着挖镢。

这时，桥西头对起了山歌：

高高山上一树花，

龙门石桥快快垮；

九天仙女回宫去，

汤家死人房也塌。

两个放牛娃对罢山歌，就弯腰扒起桥来。

汤员外想起来了。他爷爷说过，汤家为啥发财，是因为沾了“仙女散花”的地气，这仙女就睡在龙门桥下。两个小子不怀好意，竟想把桥挖坏，让仙女升天，这咋得了！他一蹦跳起来，大喝一声：“小杂种不要命啦！”放牛娃拔腿就跑，钻进了森林。

汤员外为了升官发财，生怕仙女走开，当下就把桥修好。但是，他并没有升官。原来他中了两个放牛娃的计策。

从那以后，龙门桥更出名了。当过往行人走在这座桥上的时候，都从心里感谢这两个放牛娃。

（摘自《丹江口市民间故事集》，市文化馆编，1987.10）

◎ 马拐桥传说

在老河口孟楼附近有一座桥叫马拐桥。传说，李自成打河南时，人马行到孟楼附近一座石桥时，忽然，李自成的马腿卡进了石缝里，把马腿绊拐了。闯王问部下，这里是什么桥。部将说：“此桥无名！”闯王说：“那就叫马拐桥吧！”于是，“马拐桥”的名字就流传到了现在。

（摘自《老河口市民间故事集》，市文化局编，1989.6）

◎ 周家桥传说

在老河口百花山脚下，有一个村庄叫周家桥。传说过去这里有一条小河，河上没有桥，过往的行人要绕很远的路程。村民们想在这里修一座桥，因为没有钱，桥一直修不起来。

有一年，朝廷的娘娘得了重病，请来了全国的名医都没有治好，于是，出告示说，谁能治好娘娘的病，要官赏官，要钱赏钱。这个村有一个医生，名叫周大志，声称能治好娘娘的病，于是被请进了宫，给娘娘治病。大志用一根红线让娘娘牵着，红线的另一端拿在自己手里，不大一会儿，他就通过这根红线摸准了脉，查明了病因，对症下药，果然治好了娘娘的病。

娘娘十分高兴，问他是想做官还是想要钱，周大志说："我一不做官，二不要钱，只希望朝廷在我们那里修一座小桥就行了。"于是娘娘就下令在这里修了一座石桥。人们为了纪念这位姓周的医生，把这座桥叫做周家桥。

（摘自《老河口市民间故事集》，市文化局编，1989.6）

◎ 神仙桥传说

在老河口竹林桥西边十多里处，有个贺湾村，村子旁边有一座石板桥，名叫神仙桥。

贺湾村从前有一户姓贺的家里很富，媒人给他儿子攀了一门阔亲，岳丈叫徐老万，家有万贯家财。婚事定下了，两亲家公还没见过面，这一天，老贺在酒店吃酒，和一客人同桌，两人互不相识，各吃各的酒。不一会，那人的朋友过来搭腔说："徐老万，这回你姑娘出嫁，准备陪多少嫁妆？"老徐摇摇头说陪不了多少，陪多了怕亲家无处放哩！"这话，老贺一听就明白了，知道对面坐的正是自己的亲家。回去后就给徐家下书，要求喜日推迟，自己破土动工建造了一栋转角楼，大楼很快起来了，又在附近修了一间茅房。

一天，一个赶牲口的贩子一大早路过贺家湾村附近的桥，正是严冬，却见一个人在桥下洗头，他很是奇怪，上前问道：“大哥，现在水冷似刀割，你怎么在这里洗头？担心着凉啊！”那人叹道：“顶了一天的粪缸，不洗怎么行呢？”贩子一听，就知道他不是凡人，随口又问：“你怎么不惩罚他们呢？”那人说：“没到时刻！”贩子又问：“啥时刻呢？”那人说：“猫拉干鱼！”眨眼之间，那洗头的人不见了。

再说老贺转角楼建好后，开始为儿子筹办婚事。一切准备得差不多，家里请来了厨子，喜日子前一天开始下油过锅，干鱼也炸得不少，还在继续炸菜。老贺的小儿子正在逗玩一只猫，猫闻得腥味儿，挣脱小儿子拖起一条干鱼就跑，烧火的丫头拿起火棍就追，猫子越跑，丫头就越追，火棍头上的火越燃越旺。丫头追到最后高层，一不小心把窗子点着了，火越烧越大，那时候没有救火车，楼又高，水又远，不到半天就把转角楼烧了个精光。后来那个赶牲口的贩子才记起来“猫拉干鱼”的事，人们听说是神仙在桥底下洗头时说的话，就称此桥为“神仙桥”。

（摘自《老河口市民间故事集》，市文化局编，1989.6）

◎ 悔心桥传说

在老河口一带，流传着一个与兄弟情义有关的故事。

传说很久以前，有老大、老二兄弟俩，父母刚刚咽下最后一口气，他俩就吵着要分家。分过来分过去，不是老大说老二分的东西多，就是老二说老大想独霸家产，最后兄弟俩你拉我扯地要到县衙里打官司。兄弟俩都想把官司打赢，腰里都装着不少银子，准备买通县官。兄弟俩刚走出村子，忽然下起雨来，等走到离村子二里地的一条小河沟旁，雷雨大作，洪水陡发，把正在趟水过河的老二卷进洪水里去了。老大见老二掉进河里了，心想：咱们毕竟是一母同胞，手足之情。就跳进河里奋力把老二从水里救上岸。老二险些送了命，上岸后，眼里含着泪拉着哥哥的手说：“哥，咱们回家吧，家里的东西都归你，俺啥也不要了。”老大对弟弟说：“咱兄弟俩再也不分家了，好好劳动过日子吧。”从此兄弟俩勤劳地干活，日子过得一天比一天好。兄弟俩把准备打官司买通县官的钱修了一座桥，桥修好后要取个桥名，老大问老二取个啥名儿，老二说就叫“悔心桥”吧。

（摘自《老河口市民间故事集》，市文化局编，1989.6）

◎ 双阳桥传说

老河口和谷城交界的地方有一条小河，河上一座桥把两个县连起来。从前谷城叫筑阳，河口叫鄼阳，这座桥就叫双阳桥。

双阳桥一带有三件怪事：第一，接亲的习俗不一样。河东的接亲，男方不出门，到屋里等媳妇；河西的接亲，男方要到新媳妇屋里去接。第二，河两边的苞谷长得不一样。河东的苞谷砣上的籽籽是双行，河西的是单行。第三，一条河里的水两种颜色，靠东的水清亮亮的；靠西的水浑笃笃的。这三件怪事是由一个故事串起来的。

很久以前，这里有一对夫妻，两个儿子，老大叫大杉，老二叫玉谷。老两口岁数大了，临死前把两个儿子叫到床前，爹说："我留田地八亩八，东种苞谷西种杉。"妈说："我留河水日月流，忙时种地闲酿酒。"老两口说罢便咽气了。

爹娘一死，兄弟俩便照着老人家说的去做。老二玉谷在河东种苞谷，年年都是好收成；老大大杉在河西种杉树，几年就成了林。

常言说，牙跟舌头也有磕碰的时候。大杉接了媳妇以后，小两口对玉谷就另眼看待，不久就提出要分家，还恶抢死搭占了河西的房屋和杉树林。玉谷只好在河东搭起窝棚，种他的苞谷。

那时候河上没有桥，玉谷平时种地，遇到有人过河，他就背人家过去。一天，背了一位老奶奶，这个老奶奶是个神仙，背到河当中她使了个千斤坠，压得玉谷喘不过气来，一伙子板到河里。玉谷连忙扶老奶奶到自己草棚内，赔礼道歉，精心侍奉。老奶奶说："世上难找你这样的好人，我给你说个媳妇，行吧？"玉谷脸一红，笑着说："我穷得像啥子，连大轿都办不起，谁愿意来受罪？"老奶奶说："只要人勤快，心肠好，你到屋里等着，不愁没媳妇。"老奶奶说完就不见了。夜里，果然来了个漂亮的姑娘，跟玉谷成了亲。后来，河东的人都说，只要勤劳，心肠好，不用接，媳妇自己就会来。所以河东就兴起了等亲的风俗。

大杉一家子靠那一片杉树林，也不做活就有吃有喝，坐吃山空，不几年杉树卖光了，两口子也懒惯了，就开始偷鸡摸狗。

头一年，他们偷了玉谷的苞谷，种到地里，不薅也不上粪，长出的苞谷光秆不结穗，人们说这是滑杆。第二年又偷，种了以后光薅也不上粪，长出的苞谷有穗不结籽，有的只长几颗籽，人们称它稀老婆牙。第三年他们不偷了，明着去借苞谷种。玉谷两口子肚量大，心胸宽，跑去帮哥哥嫂嫂下种。玉谷媳妇是神仙，她想，要是哥哥嫂嫂不费劲苞谷就能长好，他们不是越过越懒？就使了仙气，叫大杉地里的苞谷只长单行，给他留个想头，叫他下功夫务弄庄稼。

玉谷两口子都勤快，吃不完的粮食就酿酒卖。他们一带头，河东的人都兴起蒸酒，做生意。靠东的河水也甜欢了，越过越清亮。

大杉两口子懒惯了，靠他这边的河水就跟他这个人一样，浑不几几的，想做酒也用不成。

（摘自《老河口市民间故事集》，市文化局编，1989.6）

◎ 赛公桥传说

传说赛公桥是鲁班所建。当年鲁班修桥前在画桥的图样，儿媳来喊他吃饭，刚喊一声就被鲁班打断："没看见我在做手艺？今夜就要把桥修好，你们先吃吧！"儿媳转身不服气地小声说："一不是金桥，二不是银桥，修座石头桥也这样大惊小怪。偏不信，今夜我也修座桥。"

鲁班没吃晚饭，整整忙了一夜，到鸡叫头遍就把桥修好了，看看天还没亮就回家睡觉去了。第二天一大早，鲁班就起床了，来到河边看看昨夜修的桥如意不。他一走到河边，就愣住了。原来在他修的石桥旁边，有人又修了一座石桥。那桥又高又大，上面两排石栏杆做工精细，把他修的桥比得又矮又小又丑。鲁班感到很是难为情，就走到大石桥上来看，只见桥头写着四句诗：大桥修在小桥旁，两排和尚看稻场。和尚只有四百八，只数单来莫数双。

鲁班看了笑起来："这人好大口气！我大桥修了千千万，小桥也修了万万千，做的比你看的多，莫说几根石栏杆，有什么了不起呢！"鲁班毫不在乎地走上前去用手指点着，数那栏杆的柱子。说也奇怪，数来数去，不是多一个，就是少一个。再过细数几遍，也是一样，总是数不够四百八。鲁班的脸"刷"一下红了，他知道还有比他更高明的师傅。

鲁班回家问他老伴："昨夜我睡以后，你听到外面有什么动静没有？"老伴说："鸡叫以后，好像儿媳妇开门出去了一次。"鲁班想起来了，原来昨晚儿媳喊他吃饭，他话说冒失了，儿媳便和他比起高低来，竟使自己跌了一次跟头。从那以后，鲁班不管对谁，哪怕不满三尺的孩童，都很有礼貌，非常谦虚。人们知道了这件事，就将这座大石桥叫做"赛公桥"。

（摘自《丹江口市民间故事集》，市文化馆编，1987.10）

参考文献

1. 唐寰澄 . **中国古桥技术史** . 科学技术出版社，2000.1.

2. **古今图书集成・考工典**，卷三十二，卷三十三，桥梁部 .

3. 浙江省文管会，浙江省博物馆 . **河姆渡发现原始社会重要遗址** . 文物：1976.8

4. 云梦秦墓竹简整理小组 . **湖北云梦秦简释文** . 文物：1976.6

5. **咸淳临安志**

6. **隆庆赵州志**

7. **水经注・济水**

8. **中国地方志集成・省志辑・湖北，第四卷，民国湖北通志** . 凤凰出版社，2010.4

9. 刘明恒主编 . **千桥流水** . 湖北科学技术出版社，2009.5

10. 吕调元修 . **湖北通志** . 上海商务印书馆，1934

11. 湖北公路史编纂委员会 . **湖北公路史** . 人民交通出版社，1990

12. 国家文物局主编 . **中国文物地图集・湖北** . 西安地图出版社，2002.12

13. 黄梅五祖寺志编纂委员会 . **五祖寺志** . 湖北科学出版社，1992

14. 湖北省文物局编 . **湖北省第三次全国文物普查重要新发现** . 湖北人民出版社，2012.12

15. 荆州地区群众艺术馆编 . **荆州民间故事集** . 中国民间文艺出版社，1990.2

16. 阳新县民间文学三套集成编委会、阳新县文化馆编印 . **中国民间故事集成・湖北卷——阳新县民间故事集** .1988.10

17. 咸宁地区群众艺术馆编 . **中国民间故事集成・湖北卷——咸宁地区民间故事集** . 中国民间文艺出版社，1990.5

18. 县文化馆编 . **嘉鱼县民间故事** .1988.6

19. 鲍传华编 . **长坂坡三国故事传说集** .1983.9

20. 县文化局编 . **兴山县民间传说故事**集 .1983.12

21. 县文化馆编 . **当阳市民间故事集** .1989.10

22. 鄂西土家苗族自治州文化局编 . **鄂西民间故事集** . 中国民间文艺出版社，1989.10

23. 县文化馆编 . **宜城县民间故事集** .1990.4

24. 省群众艺术馆编 . **襄樊民间传说** .1983.5

25. 市文化馆编 . **丹江口市民间故事集** .1987.10

26. 市文化局编 . **老河口市民间故事集** .1989.6

27. 县文化馆编 . **应山民间故事集** .1986.6

28. 县文化馆编 . **襄阳民间故事** .1983.7

29. 县文化馆编 . **松滋县民间故事传说集** .1982.10

30. 市文化局编 . **襄樊民间故事集** . 中国民间文艺出版社，1989.10

31. 市文化局编 . **咸宁市民间故事集** .1990

32. 鄂州市交通局编 . **鄂州市交通志** . 上海出版社，1984

33. 黄石市交通局编 . **黄石市交通志** . 上海出版社，1984

后记

自 2010 年始有编著《湖北古桥》的念头，希望能全面地反映和记录湖北的所有古桥，于是我开始搜集资料并着手撰写。2012 年，协助我父亲唐寰澄开始重新编著《中国桥梁技术史——古代篇》（全套 9 卷，古代 2 卷）后，此念更强。随着学习和积累，至 2013 年初，湖北古桥的资料搜集工作也初显成效。2013 年我的主要工作，就是实地考察，将资料里的湖北全省 500 多座古桥初步踏勘一遍，确认方位和地理位置，并拍摄照片（本书照片除署名外均为作者拍摄），以图文并茂的形式，完整地将湖北古桥奉献给热爱古桥的读者。

我用半年多的时间开车跑遍了全省各市县、绝大部分乡镇和古桥所涉及的村庄，行程 15000 余公里，完成拍片日记近 50000 字。虽未做到破万卷书，可行万里路的功夫是下足了的，个中艰辛，不足为外人道。实地拍摄到现存桥梁 408 座，其中单孔石拱桥 230 座、两孔石拱桥 11 座、三孔石拱桥 44 座、五孔石拱桥 6 座、七孔石拱桥 1 座、九孔石拱桥 1 座、五孔拱梁结合桥 1 座、三孔拱梁结合桥 1 座、单孔木斜支撑复伸臂拱桥 1 座、单孔石墩石梁桥 7 座、单孔石墩石伸臂梁桥 1 座、两孔石墩石梁桥 15 座、三孔石墩石梁桥 25 座、三孔石墩石伸臂梁桥 5 座、三孔石柱石梁桥 1 座、四孔石墩石梁桥 7 座、五孔石墩石梁桥 14 座、六孔石墩石梁桥 7 座、七孔石墩石梁桥 4 座、七孔石柱石梁桥 1 座、八孔石墩石梁桥 3 座、九孔石墩石梁桥 1 座、十孔石墩石梁桥 1 座、十六孔石墩石梁桥 1 座、十六孔石柱石梁桥 1 座、单孔石墩木梁桥 4 座、两孔石墩木梁桥 2 座、三孔石墩木梁桥 3 座、四孔石墩木梁桥 1 座、五孔石墩木梁桥 1 座、七孔石墩木梁桥 1 座，天生桥 5 座，古桥遗址 1 座。

另外确认遗逝古桥 115 座。搜集传说中的古桥 36 座。因道路、天气原因未到达古桥 27 座。未找到的古桥 7 座。

在整个工作中我得到了朋友、同学、同仁和文物系统、公路系统的古桥研究者、保护者、爱好者、维护者及路上遇见的老乡、村民、山民的大力支持、关心和帮助，感激之情，无以言表。

这里特别要感谢湖北省文物局陈飞处长，湖北省文化厅李波处长，《长江日报》高级记者傅克强、罗时汉先生，建始县政协毛昌恒主任，建始县摄影家黄圣碧老师，利川县文物局谭卫局长，巴东县文物局向勇局长，襄阳市公路局张大亮总工程师、肖遥工程师、栗斌工程师及协助拍片的他们的同事，黄石市公路局詹文都先生，五峰县采花乡周习兵书记，孝感市公路局吴毅祥先生以及协助拍片的他的同事马涛、舒福达、夏宗桥、明静、丁红国、吴慧玲、王守坤，湖北省烟草公司的邱常虹先生、雄伟先生，提供过文字资料的咸宁原旅游局廖局长、湖北省图书馆王现群女士、小学同学周金玲女士，帮助资料整理的余敏女士，陪我跑了黄冈地区和恩施地区拍片的武大同学何厚平先生、提供大冶古桥资料的贺立群先生。还要感谢支持此书出版的武汉出版社各级领导，尤其是付出了辛苦劳动的老社长彭小华先生和编辑孙敏女士。

在考察湖北古桥的过程中，我也常常在思考古桥保护的问题。从我一路下来看到的和听到的来看，上至省文物局领导，下到乡村的老百姓，古桥保护的意识都非常强。但实际中却发生过有的县连给每座古桥立一块文物保护石碑的资金都落实不了的情况，更谈不上修葺了。古桥目前是由文物行政管理部门分级管理，分级后的财政拨款如同杯水车薪，有些古桥随着现代化道路交通的建设逐渐废弃荒芜，那些尚能使用的古桥修葺工作的落实又在公路管理部门，加上用传统材料和工艺修葺古桥更是一个难度较大的工程……如此种种，抢救和保护古桥的工作既刻不容缓，也远远不是政府的一个文件或者某个单独的部门能够完成的。

古桥不同于其他的如古墓、古塔、古碑等古建筑文物，现存的古桥绝大多数还具备交通的功能。如何将文物部门监管和公路局修葺有机地结合在一起，可能是对古桥进行有效保护的完美途径。文物部门负责鉴定和规划，公路部门负责资金和维护，再聘请古桥周边的热爱本乡文博的居民担当义务监管员，随时视察和向文物部门报告古桥情况，使古桥处在有效的保护之中，方可永久留存。

随着城镇化建设和商品房开发，不可避免地会出现确实需要搬迁的古桥，也不能一拆了之。是否可考虑整体移建至城镇、景区？或在规划和卖地时就考虑在土地拍卖款项之中，由开发商来完成搬迁呢？只要能达到保护古桥的目的，还可借鉴国外的成功经验，考虑将古桥卖到外地和大城市。如 20 世纪 60 年代英国的伦敦石拱桥就卖到了美国亚利桑那州，现在该桥已是美国著名的旅游景点。

茅以升科学教育基金会古桥研究会在这方面已经开始并做了大量工作，古桥专家们就提出过分级保护、重点修葺的诸原则和建议。在城镇化建设日趋展开的今天，如何能使古桥在有效的保护之中永久留存，是一个不能忽视和必须提上议事日程的大事。

反映湖北古桥的现状是本书的目的，可深入发掘和研究工作远没有结束，保护古桥这一在世界古代科学和人类文明史上占有重要地位的遗产的工作更是任重而道远，需要我辈和后人努力再努力。

唐 浩

2015.01.10

(鄂)新登字08号

图书在版编目(CIP)数据

湖北古桥/唐寰澄,唐浩著.
—武汉:武汉出版社,2015.5
ISBN 978-7-5430-8979-2
Ⅰ.①湖… Ⅱ.①唐… ②唐… Ⅲ.①古建筑-桥-介绍-湖北省
Ⅳ.①K928.78

中国版本图书馆CIP数据核字(2015)第042132号

著　　者:唐寰澄　唐　浩
责任编辑:孙　敏
装帧设计:北京依尼诺展览展示有限公司
　　　　　唐　诠　张惠萍
书名题字:於贤德
出　版:武汉出版社
社　址:武汉市江汉区新华路490号　　邮　编:430015
电　话:(027)85606403　85600625
http://www.whcbs.com　　E-mail:zbs@whcbs.com
印　刷:武汉精一印刷有限公司　　经　销:新华书店
开　本:880mm×1230mm　1/16
印　张:35.125　　字　数:700千字
版　次:2015年5月第1版　　2015年5月第1次印刷
定　价:268.00元